Faktische Gleichberechtigung

STUDIEN ZUM INTERNATIONALEN, EUROPÄISCHEN UND ÖFFENTLICHEN RECHT

Herausgegeben von Eibe Riedel

Band 2

PETER LANG
Frankfurt am Main · Berlin · Bern · New York · Paris · Wien

Jutta Schumann

Faktische Gleichberechtigung
Die Grundgesetzerweiterung des Art. 3 II S. 2

Die Deutsche Bibliothek - CIP-Einheitsaufnahme

Schumann, Jutta:
Faktische Gleichberechtigung : die Grundgesetzerweiterung des Art. 3 II S. 2 / Jutta Schumann. - Frankfurt am Main ; Berlin ; Bern ; New York ; Paris ; Wien : Lang, 1997
   (Studien zum internationalen, europäischen und
   öffentlichen Recht ; Bd. 2)
   Zugl.: Mannheim, Univ., Diss., 1997
   ISBN 3-631-31819-7

D 180
ISSN 1430-5380
ISBN 3-631-31819-7
© Peter Lang GmbH
Europäischer Verlag der Wissenschaften
Frankfurt am Main 1997
Alle Rechte vorbehalten.

Das Werk einschließlich aller seiner Teile ist urheberrechtlich geschützt. Jede Verwertung außerhalb der engen Grenzen des Urheberrechtsgesetzes ist ohne Zustimmung des Verlages unzulässig und strafbar. Das gilt insbesondere für Vervielfältigungen, Übersetzungen, Mikroverfilmungen und die Einspeicherung und Verarbeitung in elektronischen Systemen.

Printed in Germany 1 2 3 4 5 7

Meinen Eltern

Vorwort

Als ich im Dezember 1994 den Entschluß faßte, die Neubestimmung des Art.3 II S.2 GG im Rahmen einer Dissertation zu untersuchen, war mir nicht bewußt, wie sehr ein solches Thema von emotional geprägter Diskussion durchdrungen sein würde. Dieser Umstand gab mit Gelegenheit, mit Vertretern extremer und vermittelnder Meinungen in der Frage der tatsächlichen Verwirklichung von Gleichberechtigung ins Gespräch zu kommen und eröffnete mir immer wieder neue und überraschende Ansätze.

Ich möchte an dieser Stelle zuerst meinem Doktorvater, Herrn Prof. Dr. Eibe Riedel, herzlich für seine ständige Bereitschaft danken, meine gedanklichen Ansätze kritisch zu hinterfragen und mir dadurch neue Anregungen zu geben, auch wenn wir in vielen lebhaften Diskussionen nicht immer zu gleichen Ergebnissen gelangten. Außerdem möchte ich ihm für das zügige Lesen der Arbeit danken, das den raschen Abschluß des Promotionsverfahrens erst möglich machte. Dank gebührt für die Erstellung des Zweitgutachtens Herrn Prof. Dr. Otto Depenheuer. Die Studienstiftung des deutschen Volkes ermöglichte mir durch ein Promotionsstipendium dankenswerterweise ein finanziell unabhängiges zügiges und konzentriertes Arbeiten. Für zahlreiche Diskussionen, die mir manchen Einblick in Lebenserfahrungen einer anderen Generation hinsichtlich der Gleichberechtigungsfrage gab, möchte ich ganz besonders meinen Eltern danken. Nicht zuletzt haben viele Freunde und Freundinnen das Vorankommen meiner Arbeit interessiert verfolgt und mich durch ihre fortwährende Gesprächsbereitschaft viele Ansätze neu überdenken und unter anderen Blickwinkeln betrachten lassen. Besonderen Dank schulde ich Wera Lillteicher und Jens Homann, die viel Zeit für das Lesen des Manuskripts geopfert und mir zahlreiche wertvolle Anregungen gegeben haben sowie Christine Gohm, die mir bei den drucktechnischen Arbeiten sehr geholfen hat.

Hamburg, im März 1997

Inhaltsverzeichnis

Abkürzungsverzeichnis 13

Einleitung 17

Teil 1: Entstehungsgeschichte der Erweiterung des Grundgesetzes
um Art.3 II S.2 21

A. Motivation zur Ergänzung des Art.3 II GG 22
   I. Entstehung und Aufgabe der Gemeinsamen Verfassungskommission 22
   II. Vorgefundene Situation in West- und Ostdeutschland im Jahre 1989 23
      1. Verfassungslage 23
      2. Faktische Verhältnisse 24

B. Notwendigkeit einer Verfassungsergänzung 27
   I. Rechtliche Ausgangslage: Art.3 II GG a.F. 27
      1. Entwicklung im Schrifttum vom reinen Differenzierungsverbot
         zum objektiven Gleichstellungsfördergebot 27
         a) Objektiver Charakter aus dem Grundrecht des Art.3 II GG a.F. selbst   28
         b) Objektiver Charakter aus dem Grundrecht des Art.3 II GG a.F.
            in Verbindung mit dem Sozialstaatsprinzip 29
      2. Interpretation der Rechtsprechung 30
   II. Verbesserungen in der Gleichberechtigungssituation
      bis zum Zeitpunkt der Grundgesetzergänzung 33
      1. Formale Gleichberechtigung 33
      2. Faktische Gleichberechtigung 33

C. Bisherige Umsetzung des Gleichstellungsauftrags 38
   I. Verfassungen der Bundesländer 38
   II. Einfache Bundesgesetzgebung 39
      1. Stationen einfachgesetzlicher Normierung 39
      2. Das Zweite Gleichberechtigungsgesetz vom Juni 1994
         als jüngstes Beispiel 40
         a) Darstellung der Themengebiete 40
         b) Kritik aus Sicht des Verfassungsauftrags 42
   III. Einfache Landesgesetzgebung 46
   IV. Völkerrechtliche und europarechtliche Vorgaben 48
      1. Völkerrechtliche Ebene 48
         a) Einschlägige Abkommen 48
         b) Bindungswirkung 49

2. Europarechtliche Ebene	49
a) Primäres Gemeinschaftsrecht und seine Verbindlichkeit	50
b) Sekundäres Gemeinschaftsrecht und seine Verbindlichkeit	50
c) Rechtsprechung des EuGH	52
V. Bewertung der einzelnen Ausführungsebenen	54

Teil 2: Interpretation des Art.3 II S.2 GG ... 59

A. Charakterisierung im Verfassungsinstrumentarium ... 59
  I. Abgrenzung zu verwandten Begriffen ... 59
    1. Programmsatz ... 60
    2. Institutionelle Garantie ... 60
    3. Gesetzgebungsauftrag ... 61
    4. Soziales Grundrecht ... 61
  II. Einordnung als Staatsziel oder Individualgrundrecht ... 62
    1. Zur Auslegungsmethodik ... 62
      a) Wortlautauslegung ... 63
      b) Historische Auslegung ... 65
      c) Systematische Auslegung ... 66
      d) Teleologische Auslegung ... 68
    2. Auswertung ... 69

B. Wirkungsweise des Staatszieles "tatsächliche Gleichberechtigung" ... 71
  I. Wertigkeit im Verfassungsgefüge ... 71
    1. Meinungsübereinstimmung bezüglich der Eigenschaften ... 71
    2. Argumente der Gegner von Staatszielbestimmungen
       in der Verfassung ... 72
    3. Argumente der Befürworter von Staatszielbestimmungen
       in der Verfassung ... 76
    4. Folgerungen für die Wertigkeit des Staatsziels in Art.3 II S.2 GG ... 78
  II. Justiziabilität ... 79
    1. Abstrakte und konkrete Normenkontrolle als dem einzelnen
       nicht offenstehende Verfahren ... 79
    2. Verfahren individueller Durchsetzbarkeit ... 80
      a) Verfassungsbeschwerde im Fall einer Interpretation
         als Grundrecht durch die Gerichte ... 80
      b) Verfassungsbeschwerde im Fall der Verbindung des
         Gleichstellungsstaatsziels mit einem Grundrecht ... 81
      c) Verfassungsbeschwerde gegen staatliches Unterlassen ... 82
        aa) Echtes Unterlassen ... 82
        bb) Unechtes Unterlassen ... 83
        cc) Zusammenfassendes Ergebnis ... 84

d) Verfassungsbeschwerde gegen eine Verletzung der allgemeinen
   Handlungsfreiheit aus Art.2 I GG 84

C. Konkrete Auswirkungen auf die Verwirklichung
   von Frauenfördermaßnahmen 86
   I. Verpflichtungswirkung 86
      1. Ausmaß 86
      2. Kreis der Adressaten 87
         a) Verpflichtungswirkung gegenüber öffentlichen Gewalten 87
            aa) Ableitung anhand des vom BVerfG ausgeformten Staatsziels
                "Sozialstaat" 87
            bb) Erwägungen des Schrifttums 88
            cc) Zusammenfassendes Ergebnis 89
         b) Verpflichtungswirkung in der Privatwirtschaft 89
            aa) Drittwirkung von Grundrechten 90
            bb) Drittwirkung von Staatszielen 91
               (1) Drittwirkung gegenüber einzelnen 93
               (2) Drittwirkung gegenüber Tarifvertragsparteien 94
   II. Verfassungsrechtliche Deckung von Frauenfördermaßnahmen 95
      1. "Sanfte" Maßnahmen 96
      2. Quotierende Gesetze 97
         a) Diskussion um die Zulässigkeit unter alter Rechtslage 97
            aa) Rechtsprechung 97
               (1) Keine Entscheidung des Bundesverfassungsgerichts 98
               (2) Ansichten der Bundes- und Landesgerichte 98
            bb) Schrifttum 101
               (1) Objektiver Förderauftrag als Grundvoraussetzung 101
               (2) Zwecksetzung von Quoten 102
               (3) Kategorisierung von Quotenmodellen 107
                  (a) Leistungsunabhängige Quoten 108
                  (b) Leistungsabhängige Quoten 109
                     (aa) Verstoß gegen höherrangiges Recht 110
                     (bb) Effektivität 111
               (4) Entgegenstehende Grundrechte 114
               (5) Praktische Konkordanz 115
         b) Die Quotenentscheidung des EuGH vom 17.Oktober 1995 116
         c) Änderungen der Rechtslage durch Art.3 II S.2 GG 124
            aa) Inhaltsklärung 124
               (1) Rechtsprechung 124
               (2) Schrifttum 126
               (3) Eigene Ableitungen 129
            bb) Relevanz für den öffentlichen Dienst 131

      (1) Leistungsunabhängige Quoten 132
      (2) Leistungsabhängige Quoten 133
    cc) Relevanz in der Privatwirtschaft.. 137
      (1) Entgegenstehen der allgemeinen Wirtschaftsfreiheit.................. 137
      (2) Entgegenstehen konkreter Grundrechtspositionen 137
        (a) Rechte der Arbeitgeber 137
        (b) Rechte der Arbeitnehmer 139
        (c) Rechte der Tarifvertragsparteien.. 140
    dd) Praktische Konkordanz 140
      (1) Möglichkeit eines Ausgleichs zwischen Grundrecht und
          Staatsziel 141
      (2) Realisierung des Ausgleichs zwischen Grundrecht und
          Staatsziel 142
  3. Influenzierende Maßnahmen 147
  4. Zusammenfassendes Ergebnis 149

Schlußbetrachtung 153

Literaturverzeichnis 155

Abkürzungsverzeichnis

a.A.	andere Ansicht
ABl	Amtsblätter
a.F.	alte Fassung
Allg.	Allgemeiner/Allgemeine
Anm.	Anmerkung
AöR	Archiv für öffentliches Recht
AP	Arbeitsrechtliche Praxis
ArbG	Arbeitsgericht
	Der Arbeitgeber
ArbGG	Arbeitsgerichtsgesetz
Art.	Artikel
Az.	Aktenzeichen
AZO	Arbeitszeitordnung
B	Beilage
BAG	Bundesarbeitsgericht
BB	Betriebsberater
BGB	Bürgerliches Gesetzbuch
BGBl	Bundesgesetzblatt
BPolBG	Bundespolizeibeamtengesetz
BetrVG	Betriebsverfassungsgesetz
BRD	Bundesrepublik Deutschland
BremLGG	Bremisches Landesgleichstellungsgesetz
BR	Bundesrat
BReg	Bundesregierung
BRRG	Beamtenrechtsrahmengesetz
Bt-Dr	Bundestagsdrucksache
Buchst.	Buchstabe
BVerfG	Bundesverfassungsgericht
BVerfGE	Entscheidungen des Bundesverfassungsgerichts (Amtliche Sammlung)
BVerfGG	Bundesverfassungsgerichtsgesetz
BVerwG	Bundesverwaltungsgericht
ca.	circa
CDU	Christlich Demokratische Union
DB	Der Betrieb

DDR	Deutsche Demokratische Republik
d.h.	das heißt
DM	Deutsche Mark
DöD	Der öffentliche Dienst
DöV	Die öffentliche Verwaltung
DRdA	Das Recht der Arbeit
DRiZ	Deutsche Richterzeitung
DRZ	Deutsche Rechtszeitung
Dt.	Deutsch/Deutsche
DuR	Demokratie und Recht
DVBl	Deutsches Verwaltungsblatt
EG	Europäische Gemeinschaft
EGV	Vetrag zur Gründung der europäischen Gemeinschaft
Einl.	Einleitung
EMRK	Europäische Menschenrechtskonvention
EU	Europäische Union
EuGH	Europäischer Gerichtshof
EuGRZ	Europäische Grundrechtezeitung
EuZW	Europäische Zeitschrift für Wirtschaftsrecht
EV	Einigungsvertrag
EWG	Europäische Wirtschaftsgemeinschaft
f	folgende
FamRZ	Ehe und Familie im privaten und öffentlichen Recht; Zeitschrift für das gesamte Familienrecht
ff	fortfolgende
FFG	Frauenfördergesetz
Fn	Fußnote
FS	Festschrift
GBl	Gesetzesblätter
GG	Grundgesetz
GleiBG	Gleichberechtigungsgesetz
GMBl	Gesetzes- und Ministerialblätter
GS	Gedenkschrift

GVBl	Gesetzes- und Verordnungsblätter
GVG	Gerichtsverfassungsgesetz
GVK	Gemeinsame Verfassungskommission
GVOBl	Gesetzes- und Verordnungsblatt
HB	Handbuch
HessGleiG	Hessisches Gleichberechtigungsgesetz
Hg.	Herausgeber/Herausgeberin
HS	Halbsatz
IAO	Internationale Arbeitsordnung
i.E.	im Ergebnis
Int.	Internationaler
i.S.d.	im Sinne des/der
i.V.m.	in Verbindung mit
JA	Juristische Arbeitsblätter
JR	Juristische Rundschau
JuS	Juristische Schulung
JZ	Juristenzeitung
KJ	Kritische Justiz
KritV	Kritische Vierteljahresschrift
LAG	Landesarbeitsgericht
LBG	Landesbeamtengesetz
LGG	Landesgleichstellungsgesetz
M.E.	Meines Ermessens
m.w.N.	mit weiteren Nachweisen
NGG	Niedersächsisches Gleichberechtigungsgesetz
NJ	Neue Justiz
NJW	Neue juristische Wochenschrift
Nr.	Nummer
Nrn.	Nummern
NRW	Nordrhein-Westfalen
NuR	Natur und Recht
NVwZ	Neue Zeitschrift für Verwaltungsrecht
NVwZ-RR	Neue Zeitschrift für Verwaltungsrecht - Rechtsprechungsreport
NW	Nordrhein-Westfalen

NWVBl	Nordrhein-Westfälisches Verwaltungsblatt
NZA	Neue Zeitschrift für Arbeitsrecht
OVG	Oberverwaltungsgericht
RdA	Recht der Arbeit
RiA	Recht im Amt
RL	Richtlinie
Rn	Randnummer
Rnrn	Randnummern
Rs	Rechtssache
S.	Satz; Seite; Siehe
SAE	Sammlung arbeitsrechtlicher Entscheidungen
SchlHGleiG	Schleswig-Holsteinisches Gleichstellungsgesetz
Slg.	Sammlung
S.o.	Siehe oben
SPD	Sozialdemokratische Partei Deutschlands
St.Rspr.	Ständige Rechtsprechung
S.u.	Siehe unten
SVG	Soldatenversorgungsgesetz
SV-Kommission	Sachverständigenkommission
TVG	Tarifvertragsgesetz
u.	und
u.a.	unter anderem
UN	United Nations
VBlBW	Baden-Württembergisches Verwaltungsblatt
v.Chr.	vor Christus
VerwArch	Verwaltungsarchiv
VG	Verwaltungsgericht
VGH	Verwaltungsgerichtshof
WRV	Weimarer Reichsverfassung
z.B.	zum Beispiel
ZBR	Zeitschrift für Beamtenrecht
ZfA	Zeitschrift für Arbeitsrecht
ZG	Zeitschrift für Gesetzgebung
zit.:	zitiert
ZRP	Zeitschrift für Rechtspolitik
ZTR	Zeitschrift für Tarifrecht

Einleitung

"Sobald die Weiber uns gleichgestellt sind,
sind sie uns überlegen"
(Cato der Ältere, 234-149 v.Chr.)

Die Gleichberechtigung und die tatsächliche Gleichstellung der Frau in der gesellschaftlichen Wirklichkeit ist seit gut 15 Jahren ein vehement diskutiertes Thema. Abgesehen von der rechtswissenschaftlichen Kontroverse um die Zulässigkeit frauenfördernder Maßnahmen vor dem Hintergrund unserer Verfassung konnte sich auch jeder einzelne der Thematik nicht entziehen. Es bildeten sich Begriffe wie Frauenquote, Frauenbeauftragte und Frauenförderplan, die durch die Medien vertiefend erläutert wurden.

Im Schrifttum driften die Positionen weit auseinander. Zwar wurde übereinstimmend erkannt, daß formal gewährte, gesetzliche Gleichberechtigung und Gleichstellung in den realen Lebensverhältnissen miteinander keinesfalls im Einklang stehen. Über die rechtlich noch abgedeckte Methodik zur Beseitigung herrscht jedoch eine in zahlreichen Monographien und Aufsätzen niedergelegte Meinungsvielfalt. Von der Auffassung, daß nahezu jede Fördermaßnahme als von dem hehren Ziel der Frauenförderung erfaßt angesehen werden kann, bis zur Dementierung der Notwendigkeit von diskriminierungsbekämpfenden Maßnahmen reicht das Spektrum der Ansichten. Nach einer einem Aufsatz aus dem Jahre 1993 entnommenen These tut man beispielsweise den Frauen sogar keinen Gefallen, wenn man das Bedürfnis nach Beseitigung von Unterrepräsentanz einfach unterstellt[1]. Das genetische Programm weise biologisch nachweisbar Frauen und Männern verschiedene Aufgaben zu. So sei vorstellbar, daß der Rang der von Frauen für sich selbst beanspruchten Pesönlichkeitsverwirklichung an Größen gemessen werde, die ihnen von Natur aus näher lägen, namentlich solchen, die einen Bezug zur Reproduktionsaufgabe hätten. In sie genetisch überfordernden Führungspositionen und Forschungsaufgaben erbringen Frauen demnach gezwungenermaßen nur Minderleistungen oder müssen Zusatzaufwendungen investieren, um Minderleistungen zu vermeiden.

Die logische Konsequenz aus diesen Aussagen hieße für die Frau: mit Freude zurück ins althergebrachte Rollenschema. Der geführte "biologische Nachweis" steht allerdings nicht mit der Meinung der bundesdeutschen Bevölkerung im Einklang. Laut einer jüngst durchgeführten ipos-Umfrage[2] vom November 1995 halten

---

[1] Diese und die folgenden Aussagen entstammen einem Aufsatz von *Quambusch*, DöD1993, S.193 ff.
[2] Herausgegeben vom Bundesministerium für Familie, Senioren, Frauen und Jugend als Materialien zur Frauenpolitik Nr.55 im April 1996.

es 85 % der Westdeutschen und 92 % der Ostdeutschen für sehr wichtig, daß auch verheiratete Frauen einen Beruf ausüben[3]. Das Defizit an tatsächlicher Gleichberechtigung wird in der öffentlichen Meinung bestätigt, indem 73 % im Westen und 71 % im Osten davon überzeugt sind, daß Frauen mehr leisten müssen als Männer, um in die gleiche berufliche Position zu gelangen[4]. Nur 21 % der Ostbürger und 33 % der Westbürger sind der Ansicht, für die Gleichberechtigung sei bisher genug getan worden[5].

Diese seit längerem in der Bevölkerung bestehende Tendenz berücksichtigend, sowie gleichzeitig forciert in der politischen Debatte, ist im Zuge der Grundgesetznovelle von Oktober 1994 im Anschluß an Art.3 II GG ein zweiter Satz in die Verfassung aufgenommen worden. Es heißt dort:

> " Der Staat fördert die tatsächliche Durchsetzung der Gleichberechtigung und wirkt auf die Beseitigung bestehender Nachteile hin."

Ziel der Arbeit ist es, das verfassungsrechtliche Gewicht der Neubestimmung zu taxieren. Im Mittelpunkt steht die Frage, welche zuvor umstrittenen Instrumente zur Frauenförderung durch die Ergänzung eine rechtliche Absicherung erfahren und ob neue, noch nicht umgesetzte Förderkonzepte vor dem Hintergrund des Art.3 II S.2 GG legitimierbar sind.

Teil 1 beschreibt die Entstehungsgeschichte der Norm. Nachgezogen wird auf der einen Seite die Linie, die die Gemeinsame Verfassungskommission zum Vorschlag einer Erweiterung des Art.3 II GG a.F. veranlaßt hat. Auf der anderen Seite werden die vorgebrachten Gesichtspunkte durch statistisches Material erhärtet, mit dessen Hilfe das defizitäre Bild der faktischen Gleichberechtigung über den gesamten Entstehungszeitraum der Norm hin belegt wird. Abrundend für den Überblick und gleichzeitig als weiteres Argument für die Notwendigkeit einer Ergänzung sollen die sich mit der Gleichberechtigung der Frau bis zum Zeitpunkt der Verfassungserweiterung beschäftigenden Bestimmungen auf allen Regelungsebenen kurz vorgestellt werde.

Teil 2 befaßt sich mit der Interpretation der Neubestimmung. Im Mittelpunkt stehen die Fragen nach der Einordnung im Verfassungsinstrumentarium und nach der Wirkungsweise, die die Aspekte der Wertigkeit im Verfassungsgefüge und der Justiziabilität für den einzelnen umfaßt. In einem Unterabschnitt wird daran anschließend die konkrete Auswirkung auf verschiedene Frauenförderungsmodelle

---

[3] ipos-Umfrage, S.IV.
[4] ipos-Umfrage, S.VI.
[5] ipos-Umfrage, S.VII.

untersucht. Wichtiger Gesichtspunkt ist an dieser Stelle die Einwirkung der Neubestimmung auf den Privatrechtsverkehr, sowohl bei der Frage nach einer unmittelbaren Drittwirkung als auch bei der Gewichtung im Kollisionsfall mit Grundrechten privater Dritter.

Als Ergebnis der Auslegung wird sich herauskristallisieren, ob dem neuen Art.3 II S.2 GG eine zur Veränderung fähige Verfassungsgewichtigkeit zukommt, die tatsächliche Fortschritte in der defizitären Situation faktischer Gleichberechtigung erwarten läßt, oder ob es sich doch lediglich um einen Formelkompromiß ohne Aussagekraft in der politischen Diskussion handelt, um hitzige Gemüter zu beruhigen.

Teil 1: *Entstehungsgeschichte der Erweiterung des Grundgesetzes um Art.3 II S.2*

Der erste Teil der Arbeit umfaßt den Zeitraum von dem Beginn der Auseinandersetzung mit einer Erweiterung des Art.3 II bis zur Verabschiedung der neuen Bestimmung. In Teil A wird zunächst die aus der deutschen Wiedervereinigung resultierende Motivation zu einer Ergänzung des Art.3 II GG erläutert. Teil B beschäftigt sich mit der Notwendigkeit einer Verfassungsergänzung, die zum einen anhand der indifferenten rechtlichen Ausgangslage der Grundnorm des Art.3 II a.F. GG, zum anderen durch die erheblichen Abweichungen von formaler und faktischer Gleichberechtigung belegt wird. Neben den Gründen, die den Anstoß zu der Verfassungserweiterung gegeben haben, wird in Teil C zum umfassenden Verständnis ein Überblick über bisherige Normierungsmaßnahmen auf nationaler und supranationaler Ebene mit einer sich anschließenden Bestimmung der geeignetsten Regelungsebene gegeben.

A. Motivation zur Ergänzung des Art.3 II GG

Zunächst sind die Umstände aufzuzeigen, die zur Ergänzung des Art.3 II GG geführt haben. Die Rolle des Initiators übernahm dabei die sogenannte Gemeinsame Verfassungskommission.

I. Entstehung und Aufgabe der Gemeinsamen Verfassungskommission

Art.3 II S.2 GG wurde im Rahmen der Grundgesetznovelle vom 27.Oktober 1994[6] in das Grundgesetz aufgenommen und trat am 15.November 1994 in Kraft. Der Bundesgesetzgeber reagierte damit auf die Empfehlungen der Gemeinsamen Verfassungskommission (GVK), die in die parlamentarische Diskussion eingebracht und umgesetzt wurden. Die GVK konstituierte sich am 16. Januar 1992. Nach 26 öffentlichen Sitzungen und 9 Anhörungen fand ihre Arbeit mit der einstimmigen Verabschiedung des Schlußberichts[7] am 28.Oktober 1993 ihren Abschluß. Da sich die Mitgliederzahl - bei deutlicher Männerdominanz[8] - hälftig aus je 32 Bundestags- und Bundesratsmitgliedern zusammensetzte, war eine gleichzeitig parlamentarische und föderative Zuordnung des verfassungsrechtlich nicht ausdrücklich legitimierten Organs möglich[9]. Formale Grundlage der Einsetzung waren die Beschlüsse des Bundesrates und des Bundestages vom 28. und 29. November 1991. Als materielle Ermächtigungsnorm wurde Art.5 Einigungsvertrag (EV)[10] herangezogen, der den Vertragsparteien empfahl, sich innerhalb von zwei Jahren mit den im Zusammmenhang mit der deutschen Einigung aufgeworfenen Fragen zur Änderung oder Ergänzung des Grundgesetzes zu befassen. Die Aufgabe der GVK bestand darin, das Grundgesetz auf seine Reformbedürftigkeit hin zu überprüfen. Gegenstand sollte die Erarbeitung von Vorschlägen für das Verfassungsänderungsverfahren gemäß Art.79 GG sein, jedoch nicht die Erarbeitung einer neuen Verfassung oder eine Totalrevision, wie sich aus der amtlichen Begründung zu Art.5 EV ergibt. Anstelle einer systematischen wissenschaftlichen Durchsicht sollte also die Aufarbeitung politischer Problemfelder und deren eventuelle grundgesetzliche Berücksichtigung im Vordergrund stehen[11]. Dabei war die GVK aber nicht auf die in Art.5 EV angesprochenen Fragen zum Bund-Länder-Verhältnis, zur Neugliederung des Bereichs Berlin-Brandenburg sowie zur Aufnahme von Staatszielbestimmungen beschränkt. Vielmehr wurde der GVK ein Selbstbefassungsrecht zuerkannt, sich aktueller, in Zusammenhang mit dem Grundgesetz

---

[6] BGBl I 1994, S.3146.
[7] Bt-Dr 12/6000.
[8] 11 Frauen = 17 %; 17 Frauen als Stellvetreterinnen = 27 %.
[9] *Jahn*, DVBl 1994, S.177 (177).
[10] BGBl II 1990, S.889.
[11] *Rohn/Sannwald*, ZRP 1994, S.65 (66).

stehender Thematiken anzunehmen[12]. Es wurden rund 80 Änderungs- und Ergänzungsanträge beraten und im Anschluß zahlreiche Empfehlungen von der GVK an den Gesetzgeber gerichtet. Diesen kam zwar keine rechtliche Bindungswirkung zu, weil die GVK ein in der Verfassung nicht vorgesehenes Gremium ist. Jedoch ergab sich eine Indizfunktion für die tatsächliche gesetzliche Durchsetzbarkeit der Empfehlungen, da für verfassungsändernde Kommissionsempfehlungen eine Zweidrittelmehrheit gefunden werden mußte, die einen späteren Abstimmungsverlauf im Parlament in gewisser Weise prognostizierte[13].

II. Vorgefundene Situation in West- und Ostdeutschland im Jahre 1989

Als Diskussionsgrundlage für die Notwendigkeit einer Ergänzung des Grundgesetzes boten sich für die GVK die bisher in den beiden Teilen Deutschlands vorhandenen Rechtsvoschriften an. Man konnte davon ausgehen, daß ein Vergleich der durch die Normen beabsichtigten und der in der Realität umgesetzten Rechtswirkungen Aufschluß über etwaigen Änderungsbedarf geben würde.

1. Verfassungslage

Innerhalb der Auseinandersetzung um eine Ergänzung der Verfassung im Punkte der Gleichberechtigung mußte die GVK nicht von einer "tabula rasa" ausgehen. Denn der Gedanke der Gleichstellung hatte sowohl im Grundgesetz für die Bundesrepublik Deutschland vom 23.Mai 1949 als auch in der Verfassung der DDR vom 6.April 1968 Aufnahme gefunden. So lautete Art.3 II GG a.F. knapp und deutlich: "Männer und Frauen sind gleichberechtigt". In der Verfassung der DDR war neben dem Gleichberechtigungsgebot sogar schon ein Staatsziel "Frauenförderung" festgeschrieben worden. In Art.20 II DDR-Verfassung[14] hieß es: "Mann und Frau sind gleichberechtigt und haben die gleiche Rechtsstellung in allen Bereichen des gesellschaftlichen, staatlichen und persönlichen Lebens. Die Förderung der Frau, besonders in der beruflichen Qualifizierung, ist eine gesellschaftliche und staatliche Aufgabe". Zusätzlich war in Art.24 I S.4 mit dem Satz "Mann und Frau, Erwachsene und Jugendliche haben das Recht auf gleichen Lohn bei gleicher Arbeitsleistung" der Grundsatz der Lohngleichheit niedergelegt.
Für die Verwirklichung der Ziele der Gleichberechtigung waren damit in beiden Regelungswerken Basisnormen formuliert worden. Aufgabe der GVK war es nun,

---

[12] *Scholz*, ZG 1994, S.1 (2); *Jahn*, DVBl 1994, S.177 (177).
[13] *Jahn*, DVBl 1994, S.177 (177).
[14] Verfassung der DDR vom 6.April 1968 in der Fassung des Gesetzes zur Änderung der Verfassung der Deutschen Demokratischen Republik vom 7.Oktober 1974.

Schwachstellen der vorhandenen Bestimmungen aufzufinden und auf diesem Wege zu einer effizienten Erweiterung zu kommen.

2. *Faktische Verhältnisse*

Die realen Lebensverhältnisse in Ost- und Westdeutschland wichen vom Idealbild der jeweiligen Verfassungsbestimmungen in erheblichem Maße ab. Zur Verdeutlichung sollen einige Werte herangezogen werden, die sich auf verschiedene Bereiche der Erwerbstätigkeit von Frauen beziehen, da auf diesem Gebiet die weitreichendsten Gleichstellungsdefizite zu konstatieren waren.
Vor der Wende im Jahr 1989 (Stichtag 30.9.1989) waren von den 8.547.000 Erwerbstätigen in der DDR 48,9 % Frauen und 51,1 % Männer. Im Gegensatz zu diesem annähernden Gleichgewicht stehen die Werte von 60,2 % erwerbstätigen Männern und 39,8 % erwerbstätigen Frauen im ehemaligen Bundesgebiet (April 1989)[15]. Im Mai 1992 gab es im Gesamtbundesgebiet 59,2 % erwerbstätige Männer und 40,8 % Frauen[16]. Der Anteil der berufstätigen Frauen, der in der ehemaligen DDR noch 86 % bei den 15- bis 60-jährigen betragen hatte, hatte sich also stark den ehemals bundesdeutschen Daten angepaßt. Allerdings relativieren sich diese Angaben insofern, als wesentlich mehr Frauen als Männer in ihrem Beruf lediglich teilzeitbeschäftigt sind. Bei den Männern sind gegenüber 98,38 % Vollzeitbeschäftigten nur 1,62 % teilzeitbeschäftigt, demgegenüber gehen 26,08 % der Frauen (73,92 % Vollzeit) einer Teilzeitbeschäftigung nach (Stichtag: 30.6.1993)[17].
Aussagekräftig für die Betrachtung der Verhältnisse bezüglich der Gleichstellung sind insbesondere die Parameter der beruflichen Stellung, des Einkommens und der Arbeitslosenquoten von Frauen.
Hinsichtlich der Stellung im Beruf bot sich im April 1990 auf dem alten Bundesgebiet folgendes Bild: eine Angestelltentätigkeit übten 58,2 % der berufstätigen Frauen aus (Männer: 44 %), nur 4,7 % waren verbeamtet (11 % der Männer), Selbständige gab es 5,4 % (11,1 % Männer) und 4,2 % betätigten sich als mithelfende Familienangehörige (0,5 % der Männer). In den neuen Bundesländern gab es im Oktober 1990 55 % angestellte Frauen ohne Hochschulabschluß, 21 % waren Facharbeiterinnen oder Meisterinnen, 3 % waren Gewerbetreibende, 9 % Akademikerinnen, 6 % betätigten sich in der Landwirtschaft und 1 % als mithelfende Familienangehörige[18].
Erhebliche Unterschiede bestanden weiter beim durchschnittlichen Monatseinkommen von Frauen und Männern. Vor der Wiedervereinigung lag 1988 das

---

[15] Quelle: Statistisches Jahrbuch 1990, S.96.
[16] Quelle: Statistisches Jahrbuch 1994, S.114.
[17] Quelle: Statistisches Jahrbuch 1994, S.122.
[18] Quelle: Frauen in der Bundesrepublik Deutschland, S.47, als Studie herausgegeben vom Bundesministerium für Familie, Senioren, Frauen und Jugend.

Durchschnittsnettoeinkommen der Frauen in der DDR bei 762,- DM und machte damit ca. 75 % des entsprechenden Männerlohnes aus. Im April 1989 hatten 50 % der Männer in der Bundesrepublik ein Nettoeinkommen von 2.200,- DM und mehr gegenüber nur 13,9 % der Frauen[19]. Nach neueren Zahlen vom Mai 1992 verdienten gegenüber 3,5 % der Männer 12,4 % der Frauen im früheren Bundesgebiet unter 600,- DM monatlich. Am anderen Ende der Skala betrug der Nettoverdienst bei 9,3 % der Männer gegenüber lediglich 1,2 % der Frauen über 5.000,- DM monatlich. Ähnlich ungleichgewichtig stellen sich die Werte für die neuen Bundesländer dar: Weniger als 600,- DM verdienten 9,5 % der Frauen und 5,6 % der Männer, mehr als 5.000,- DM 0,5 % der Männer und 0 % der Frauen[20]. Beispielsweise betrug der Bruttomonatsverdienst der Angestellten im Bereich Industrie und Handel 1991 für Männer 5.335,- DM, für Frauen dagegen nur 3.483,- DM, das macht gerade einmal 65,3 % des Männerlohnes aus[21].

Im Bereich der Arbeitslosigkeit sind Frauen überproportional betroffen. 1991 betrug der Anteil der Frauen 7 % bei einer Gesamtarbeitslosenquote von 6,3 %. Eine Verschärfung der Situation fand sich in den neuen Bundesländern (Juni 1992). 63,6 % aller Arbeitslosen waren Frauen, das bedeutet eine Quote von 18,9 % gegenüber einer 10 %-Quote für die Männer. Zudem waren Frauen nur zu einem Anteil von 42,2 % gegenüber 57,8 % der Männer an Kurzarbeit beteiligt. Zwar mußten die Frauen keine durchschnittlich längere Arbeitslosigkeit hinnehmen, jedoch hatten sie die weitaus geringeren Berufsrückkehrchancen: 1991 konnten nur 45,9 % der Frauen gegenüber 54,1 % der Männer ihren alten Beruf wiederaufnehmen[22].

Ein weiteres Beispiel für unterdurchschnittliche Frauenbeteiligung wird in einem Teilbereich im Bericht der Bundesregierung über die Berufung von Frauen in Gremien, Ämter und Funktionen, auf deren Besetzung die Bundesregierung Einfluß hat (Stand: 21.5.1991) dokumentiert[23]. Die untersuchten 494 Gremien, die von insgesamt 16.147 Personen besetzt wurden, wiesen einen Anteil von 1.156 Frauen auf, das entspricht durchschnittlich 7,2 %. In über der Hälfte der Gremien (53,2%) waren jedoch überhaupt keine Frauen aufzufinden. Nur bei 36 Gremien gab es einen Frauenanteil von 20 % oder mehr. Auch nach der Einführung erster Frauenfördermaßnahmen in diesem Bereich (1987) war keine wesentliche Besserung des ungleichgewichtigen Zustandes zu verzeichnen[24].

Im Ergebnis zeigten sich trotz der Gleichberechtigungsvorschriften in den Landesverfassungen der DDR und der BRD die realen Lebensverhältnisse zum Zeitpunkt

---

[19] Quelle: Frauen in Deutschland, S.50.
[20] Für das die dazwischenliegenden Einkommensgruppen betreffende, ebenfalls unausgewogene Ergebnis siehe Statistisches Jahrbuch 1994, S.617 ff.
[21] Quelle: Frauen in Deutschland, S.51, Tabelle 11 II.
[22] Quelle: Frauen in Deutschland, S.54.
[23] Bt-Dr 12/594.
[24] Bt-Dr 12/594, S.3.

der Wiedervereinigung und im Folgezeitraum, in dem die GVK sich mit einer Neufassung des Art.3 II beschäftigte, im Bezug auf faktische Gleichstellung stark defizitär. Benachteiligungen mußten insbesondere in den Bereichen Erwerbsbeteiligung, Einkommen, Berufsstellung und Arbeitslosenanteil festgestellt werden.

B.   Notwendigkeit einer Verfassungsergänzung

Im folgenden werden die Überlegungen dargelegt, die die Ergänzung des Gleichberechtigungsgebotes als notwendige Konsequenz plausibel machen.

I.   Rechtliche Ausgangslage: Art.3 II GG a.F.

Um die Beweggründe, die das Parlament zu einer Ergänzung des Art.3 II GG veranlaßt haben, nachvollziehen zu können, soll zunächst als Ausgangspunkt der Gehalt des Art.3 II GG in seiner alten Fassung untersucht werden.

1.   Entwicklung im Schrifttum vom reinen Differenzierungsgebot zum objektiven Gleichstellungsfördergebot

Im Schrifttum war bis zum Beginn der achtziger Jahre die Ansicht vorherrschend, daß Art.3 II GG neben dem Diskriminierungsverbot wegen des Geschlechts aus Art.3 III GG keine eigenständige Bedeutung zukomme. Die Aussage beider Absätze soll inhaltsgleich das kategorische Differenzierungsverbot zum Ausdruck bringen. Begründet aus der Entstehungsgeschichte des Art.3 GG wird diese Ansicht auch heute noch vertreten[25].

Ausgehend von einem von Friauf verfaßten Rechtsgutachten[26] entwickelte sich Anfang der achtziger Jahre eine neue Tendenz, die Art.3 II GG einen über das Differenzierungsverbot hinausgehenden Gehalt zumessen wollte. Gegen eine bloße Verdoppelung des Aussagegehalts der Absätze 2 und 3 wurde argumentiert, daß daraus logisch die Überflüssigkeit des Art.3 II GG a.F. folge und dies bei der sonst so präzisen und knappen Formulierungsweise des Grundgesetzes nicht beabsichtigt gewesen sein könne[27]. Außerdem zeige die Verwendung des Plurals ("Männer und Frauen ...") in Absatz 2 im Gegensatz zu der in Absatz 3 gewählten singularischen Formulierung ("Niemand darf wegen seines Geschlechts ..."), daß den Gruppen von Männern und Frauen etwas zugesprochen werden solle. Daraus ergebe sich gegenüber dem subjektiven Abwehrgehalt des Art.3 III GG ein kollektiv-objektiver Bezug[28]. Die Entstehungsgeschichte spreche im übrigen für einen eigenen Norm-

---

[25]   BonKom-*Starck*, Art.3 II, Rn 207; *M/D/H/S-Dürig*, Art.3 II, Rn 2,9; *Sachs*, Diskriminierungsverbot, S.36.
[26]   *Friauf*, Die Gleichbrechtigung der Frau als Verfassungsauftrag.
[27]   *Kokott*, NJW 1995, S.1949 (1050); *Battis/Schulte-Trux/Weber*, DVBl 1991, S.1166 (1169); *Pfarr*, Quoten und Grundgesetz, S.32.
[28]   *Pfarr*, Quoten und Grundgesetz, S.34; *Battis/Schulte-Trux/Weber*, DVBl 1991, S.1166 (1169);a.A. *Lange*, der den objektiven Förderauftrag zur faktischen Gleichbehandlung allein aus Art.3 III GG herleiten will, NVwZ 1990, S.135 (136).

gehalt, indem um die Aufnahme und Formulierung des Art.3 II GG im parlamentarischen Rat heftig gerungen wurde, während die Annahme des Art.3 III GG problemlos erfolgt sei[29]. Übereinstimmend wurde Art.3 II GG a.F. nach letzterer Ansicht damit eine Funktion als eigenständige, gleichrangig neben dem Gleichbehandlungsgebot stehende Zielvorgabe zugeordnet, durch die das Ziel faktischer Gleichberechtigung der Frau verwirklicht werden soll. Uneinig war man sich jedoch darüber, auf welchem dogmatischen Wege ein derartiger objektiver Grundrechtsgehalt zu erreichen ist und welche konkrete inhaltliche Bedeutung ihm zukommt.

a) Objektiver Charakter aus dem Grundrecht des Art.3 II GG a.F. selbst

Einer Auffassung nach ergibt sich der Charakter eines objektiven Gleichstellungsförderauftrags aus dem Grundrecht des Art.3 II GG selbst[30]. Friauf führte, nachdem eine Interpretation nach den üblichen Auslegungsmethoden wie Wortsinn, Entstehungsgeschichte, Teleologie[31] und Systematik keine eindeutigen Ergebnisse erkennen ließ, allgemeine grundrechtsdogmatische Überlegungen ins Feld. Nach ihm kommt den Grundrechten neben der klassischen subjektiven Abwehrfunktion im Gefüge objektiver Wertentscheidungen des Verfassungsgebers auch die Aufgabe objektiver Gewährleistungs- und Teilhaberechte zu[32]. Die Verfassung muß neben der Gewährung der Rechte auf Freiheit und Gleichheit auch dazu in der Lage sein, die objektiven Voraussetzungen für eine tatsächliche Ausübung dieser Rechte zu schaffen. Positive Einstandspflichten des Staates werden zudem auch für andere Rechtsgüter wie z.B. das Leben oder die Gesundheit abgeleitet. Daneben zeigen konkrete Förderaufträge wie die Angleichung der Rechte unehelicher Kinder aus Art.6 V, daß objektive staatliche Förderaufträge der grundrechtlichen Systematik nicht zuwiderlaufen[33]. Aus diesen Überlegungen ergibt sich, daß dem Gleichberechtigungsgebot des Art.3 II aus sich selbst heraus der Charakter einer Aufforderung zu aktiver staatlicher Optimierung innewohnt.

---

[29] *Battis/Schulte-Trux/Weber*, DVBl 1991, S.1166 (1169).
[30] *Friauf*, Verfassungsauftrag, S.29; *Battis/Schulte-Trux/Weber*, DVBl 1991. S.1166 (1170); *Garbe-Emden*, Gleichberechtigung, S.83, 88 f; *Hohmann-Dennhardt*, Gleichberechtigung, S.44; *Schneider*, Gleichstellung, S.38; *Slupik*, JR 1990, S.317 (318).
[31] Anderer Ansicht insoweit *Hofmann* (JuS 1988, S.249 (249 f)) und *Pfarr* (Quoten und Grundgesetz, S.59), die nach Sinn und Zweck des Art.3 II GG einen originären Verfassungsauftrag zur faktischen Gleichstellung entnehmen; *Raasch*, Frauenquoten, S.191.
[32] *Friauf*, Verfassungsauftrag, S.27.
[33] *Friauf*, Verfassungsauftrag, S.28.

b) *Objektiver Charakter aus dem Grundrecht des Art.3 II GG a.F. in Verbindung mit dem Sozialstaatsprinzip*

Nach anderer Meinung genügt zur Begründung eines objektiven staatlichen Förderauftrags eine entsprechende Interpretation des Grundrechts aus Art.3 II GG selbst nicht. Hinzugezogen werden soll vielmehr das in Art.20 I GG niedergelegte Sozialstaatsprinzip zur Verstärkung der objektiv-rechtlichen Dimension des Grundrechts[34]. Das Staatsziel "Sozialstaat" hat demnach dafür Sorge zu tragen, daß, soweit grundrechtliche Freiheiten gewährleistet werden, auch deren tatsächliche Ausübbarkeit garantiert wird[35]. Dabei sind soziale Benachteiligungen auszugleichen und die tatsächliche Chancengleichheit ist herzustellen[36]. Eine Konkretisierung des universell anwendbaren Sozialstaatsprinzips findet dabei durch die objektiven Gehalte des jeweils zu behandelnden Grundrechts statt[37]. Einen Schritt weiter gehen in dieser Richtung die Überlegungen Slupiks[38]. Nach ihr enthält das Gleichberechtigungsgebot des Art.3 II GG wie alle Grundrechte eine soziale, leistungsbezogene Seite, die dem jeweiligen Grundrechtsträger Rechte vermittelt. Da Männer und Frauen als Träger des Grundrechts auf Gleichberechtigung genannt sind, ergibt sich für Slupik daraus, daß im Falle der Benachteiligung jede einzelne Frau unabhängig von ihrer eigenen Betroffenheit dazu berechtigt sein soll, Rechtspositionen geltend zu machen. Damit wird Art.3 II GG zu einem Recht mit gruppengrundrechtlicher Dimension. Jedoch zweifelt auch Slupik, ob aus diesem Charakter eine positivrechtliche Verpflichtung des Gesetzgebers zum Tätigwerden erwachsen kann[39].

Bis auf die letztgenannte Extremposition wohnt Art.3 II GG a.F. nach überwiegender Meinung im Schrifttum also neben der subjektiven abwehrrechtlichen Funktion ein objektiv-rechtlicher Gleichberechtigungsförderauftrag an den Staat inne, unabhängig von seiner originären oder derivativen Herleitung unter der aufgezeigten Zuhilfenahme des Sozialstaatsprinzips.

---

[34] *Benda*, Gutachten, S.152; *Dix*, Gleichberechtigung durch Gesetz, S.374.
[35] *Ebsen*, Benda/Maihofer/Vogel-HB, § 8, Rn 38.
[36] *Battis/Schulte-Trux/Weber*, DVBl 1991, S.1166 (1170).
[37] *Ebsen*, Benda/Maihofer/Vogel-HB, § 8, Rn 38; *Battis/Schulte-Trux/Weber*, DVBl 1991, S.1166 (1170).
[38] *Slupik*, Die Entscheidung des Grundgesetzes für Parität im Geschlechterverhältnis.
[39] *Slupik*, Parität, S.90.

2. Interpretation der Rechtsprechung

In der Rechtsprechung des Bundesverfassungsgerichtes hat sich die Interpretation des Art.3 II GG a.F. ebenfalls schrittweise entwickelt[40]. Dogmatischer Ausgangspunkt war die insoweit zu Art.3 III GG synonyme Deutung als absolutes Differenzierungsverbot[41]. In der Anfangsphase ergaben sich keine Hinweise darauf, daß zwischen den Absätzen 2 und 3 ein Unterschied bestehe. Insofern wurde vom Bundesverfassungsgericht recht willkürlich einmal Absatz 2, das andere Mal Absatz 3 oder auch beide gemeinsam als Prüfungsgrundlage herangezogen. Im Laufe der Zeit kristallisierten sich Kriterien heraus, bei deren Vorliegen das Bundesverfassungsgericht eine Ungleichbehandlung wegen des Geschlechts für rechtfertigungsfähig erachtete. Eine tragende Rolle spielte dabei die Formel von den biologischen und funktionalen Unterschieden. Hiernach müssen biologische und/oder funktionale Unterschiede das zu ordnende Lebensverhältnis so entscheidend prägen, daß gemeinsame Elemente überhaupt nicht vorhanden sind oder vergleichbare Elemente völlig zurücktreten[42]. Aufbauend auf dieser Ausdeutung des Differenzierungsverbots traten Aspekte hinzu, die Art.3 II GG neben dieser Grundfunktion erweiternde Gehalte beimaßen. Mit der Auslegung als sozialstaatliche Implikation[43] tritt das Bundesverfassungsgericht in der Bäuerinnen-Entscheidung[44] und der Ehenamen-Entscheidung[45] der Auffassung entgegen, die Geltung

---

[40] Vgl.: BVerfGE 5, 9 (Arbeitszeitbeschränkung); 6,55 (Haushaltsbesteuerung); 6, 389 (Homosexuellen-Urteil); 10, 59 (Stichentscheid des Vaters); 11, 277 (Unterhalt des unehelichen Kindes); 13, 290 (Ehegattenarbeitsverträge I); 13, 318 (Ehegattenarbeitsverträge II); 15, 337 (Bäuerinnen-Entscheidung); 17, 1 (Witwerrente im Hinterbliebenenrecht); 17, 38 (Witwerrente im Versorgungsrecht I); 17, 86 (Witwerrente im Versorgungsrecht II); 17, 99 (Namensrecht der Adoptivmutter); 18, 257 (Ausschluß des Ehegatten-Arbeitnehmers von der Krankenversicherungspflicht und der Rentenversicherung); 19, 76 (Beamtinnen); 19, 268 (Halbteilungsgrundsatz im Kirchensteuerrecht); 21, 329 (Beamtinnen-Hinterbliebenenversorgung I); 22, 93 (Ehefrauenunterhalt bei Getrenntleben); 26, 265 (Unterhalt des unehelichen Kindes bei Anstaltsunterbringung); 31, 1 (Rückerstattung von Versicherungsbeiträgen an Hinterbliebene); 32, 273 (Mutterschutz und Kündigung); 32, 296 (Kranzgeldanspruch); 34, 48 (Kinderzuschlag); 36, 120 (Ehegattenarbeitnehmer und vorgezogenes Altersruhegeld); 37, 121(Mutterschaftsgeld und Arbeitnehmerbelastung); 37, 217 (Staatsangehörigkeitsanknüpfung); 39, 1 (Fristenregelung);39, 169 (Witwer-Urteil); 39, 196 (Beamtinnen-Hinterbliebenenversorgung II); 43, 213 (Fremdrentengesetz); 47, 1 (Hausgehilfin); 48, 327 (Ehenamen); 48, 346 (Witwen-Urteil); 49, 280 (Zeugenentschädigung); 52, 369 (Hausarbeitstag); 56, 363 (Sorgerecht für nichteheliche Kinder); 57, 335 (Tabellenwerte); 63, 181 (IPR-Eheliches Güterrecht); 66, 84 (Mangelfall-Entscheidung); 66, 324 (Versorgungsausgleichs-Härteklausel); 68, 384 (IPR-Maßgebliches Scheidungsrecht); 74, 163 (Rentenalter); 85, 191(Nachtarbeit); 87, 1 (Erziehungszeiten); 89, 276 (Maschinenschlosserin).
[41] Beginnend in BVerfGE 3, 225 (240); 6 389 (420); 43, 213 (225).
[42] BVerfGE 3, 225 (242), seitdem ständige Rechtsprechung.
[43] *Eckertz-Höfer*, FS für Simon, S.467.
[44] BVerfGE 15, 337 (345).
[45] BVerfGE 48, 327 (340).

des Gleichberechtigungssatzes hänge von traditionellen Überzeugungen der Betroffenen ab. Vielmehr wird bereits hier neben der Nichtbeachtung tradierter Rollenbilder die dynamische Funktion des Art.3 II GG hin auf die Durchsetzung der Gleichberechtigung für die Zukunft betont. Später wird noch einmal bekräftigend darauf hingewiesen, daß keine inhaltliche Reduktion des Art.3 II GG dahingehend stattfinden dürfe, die vorgefundenen gesellschaftlichen Verhältnisse hinzunehmen[46].

In zwei neueren Entscheidungen hat das Bundesverfassungsgericht der Ausdeutung des Art.3 II GG Kriterien hinzugefügt, die eine Angleichung an die überwiegende Literaturmeinung - also an einen in Art.3 II GG a.f. enthaltenen objektiven Förderauftrag - erkennen lassen. Die Rentenalterentscheidung[47] beschäftigte sich mit der Frage, ob die für Frauen mit sechzig Jahren vorgezogene Altersruhegrenze gegenüber vergleichbaren Männern, die ebenfalls eine Belastung von Beruf und Haushalt zu bewältigen haben, als Verstoß gegen das Gleichberechtigungsgebot aus Art.3 II GG zu werten ist. Das Bundesverfassungsgericht sah die Regelung als verfassungsgemäß an und begründete seine Entscheidung u.a. damit, daß der Gesetzgeber zu einer Ungleichbehandlung auch dann befugt sei, wenn er einen sozialstaatlich motivierten, typisierenden Ausgleich von Nachteilen anordnet, die ihrerseits auch auf biologische Unterschiede zurückgehen. Darin liege keine Ungleichbehandlung wegen des Geschlechts (...), sondern eine Maßnahme, die auf eine Kompensation erlittener Nachteile ziele[48]. Zum einen wird in dem Urteil das Kriterium der "biologischen Unterschiede" auf typischerweise Frauen treffende Nachteile ausgeweitet, die ihrerseits nur mittelbar auf biologische Unterschiede zurückgehen müssen. Zum anderen wird in typisierender Betrachtung der Gruppe der Frauen als primär durch die Doppelbelastung Familie und Beruf Betroffene Art.3 II GG die Funktion einer die Kompensation auch in der Vergangenheit liegender nachteiliger Situationen rechtfertigenden Norm zugemessen. Zwar wird die Frage, "ob und inwieweit der Gesetzgeber aus Art.3 II GG in Verbindung mit dem Sozialstaatsprinzip verpflichtet sein könnte, die Voraussetzungen für eine faktische Gleichberechtigung zwischen Männern und Frauen zu schaffen"[49], ausdrücklich offen gelassen. Jedoch hat das BVerfG es damit erstmalig in Betracht gezogen, daß Art.3 II GG ein Verfassungsauftrag innewohnt.

Diese Ansätze werden in der Nachtarbeits-Entscheidung[50] aus dem Jahre 1992 wieder aufgegriffen. Es ging dabei um die Frage, ob das in § 19 der Arbeitszeitordnung (AZO) enthaltene Nachtarbeitsverbot für Arbeiterinnen Frauen wegen des Geschlechts zu Unrecht benachteilige. Das Bundesverfassungsgericht spricht Art.3

---

[46] BVerfGE 57, 335 (345 f).
[47] BVerfGE 74, 163.
[48] BVerfGE 74, 163 (180).
[49] BVerfGE 74, 163 (179).
[50] BVerfGE 85, 191; Ein Vergleich dieser Entscheidung mit der entsprechendeen EuGH-Entscheidung findet sich bei *Raasch*, KJ 1992, S.427 ff und bei *Colneric*, NZA 1992, S.393 ff.

II GG hier deutlich einen über das ebenso in Art.3 III GG enthaltene Differenzierungsverbot hinausgehenden Regelungsgehalt zu, der die Aufstellung eines Gleichberechtigungsgebotes und dessen Erstreckung auf die gesellschaftliche Wirklichkeit zum Inhalt hat[51]. Interpretationsausformungen vergangener Entscheidungen wie die Zielsetzung einer Angleichung der Lebensverhältnisse[52], das Verbot, übernommene Rollenverteilungen durch staatliche Maßnahmen zu verfestigen[53] und die Möglichkeit des Nachteilsausgleichs typischerweise Frauen treffender faktischer Nachteile[54] werden noch einmal herausgestellt. Außerdem wird das Verhältnis der Art.3 II GG und Art.3 III GG genauer herauskristallisiert: Das Differenzierungsverbot des Art.3 III GG dient als maßgebliche Grundrechtsbestimmung und als Prüfungsmaßstab im Sinne eines subjektiven Abwehrrechtes. Ein Verstoß kann aber in dem Falle gerechtfertigt sein, daß eine Regelung den gegenüber Absatz 3 eigenständigen Normgehalt des Absatz 2, dem faktischen Gleichberechtigungsgebot, zu fördern bestimmt ist. Eine dogmatisch differenzierte Aufschlüsselung und inhaltliche Bestimmung der Reichweite bleibt das Bundesverfassungsgericht hingegen schuldig, weil die Verfassungswidrigkeitserklärung des Nachtarbeitsverbots eine detaillierte Auseinandersetzung nicht erforderte.

Mit letzterer Entscheidung glich sich die Rechtsprechung jedenfalls der in der Literatur bereits vorherrschenden Interpretation des Art.3 II als Forderung nach faktischer Gleichberechtigung, hinausgehend über das bloße Differenzierungsgebot, an. Die gefundene Linie wurde von der Erziehungszeiten-Entscheidung[55] und der Maschinenschlosserin-Entscheidung[56] weiterverfolgt. In ersterer ging es um die Anrechnung von Kindererziehungszeiten in der gesetzlichen Rentenversicherung, die zu einer gestaffelten Benachteiligung der vor 1921 geborenen Mütter führte. Aus Gründen der deutlich überwiegenden Benachteiligung von Frauen, die in der gesellschaftlichen Wirklichkeit zumeist die Kindererziehung übernehmen, erkannte das Gericht auf eine aus Art.3 II GG folgende Pflicht des Gesetzgebers, auf eine Angleichung der Lebensverhältnisse von Frauen und Männern hinzuwirken[57]. Ebenso nahm das BVerfG in der Maschinenschlosserin-Entscheidung auf die im Nachtarbeits-Urteil gefundene Interpretation des Art.3 II GG im Sinne eines auf die gesellschaftliche Wirklichkeit zu erstreckenden Gleichberechtigungsgebotes Rückgriff[58]. Die Bewerbung einer Maschinenschlosserin als einziger Frau unter 40

---

[51] BVerfGE 85, 191 (207).
[52] BVerfGE 6, 55 (82); so später auch BVerfGE 89, 276 (285).
[53] BVerfGE 15, 337 (345); 52, 369 (376 f); 57, 335 (344).
[54] BVerfGE 74, 163 (180).
[55] BVerfGE 87, 1.
[56] BVerfGE 89, 276.
[57] BVerfGE 87, 1 (42); Jüngst ist das zweite Erziehungszeiten-Urteil des BVerfG ergangen: am 27.6.1996 entschied der Erste Senat, daß bis zum 30.Juni 1998 eine gesetzliche Neuregelung getroffen werden müsse, die die Kindererziehungszeiten bei der Rentenberechnung in noch höherem Maße als bisher zu berücksichtigen habe.
[58] BVerfGE 89, 276 (285).

Mitbewerbern war aus Gründen der Ungeeignetheit der Stelle für eine Frau zurückgewiesen worden. Im späteren arbeitsgerichtlichen Verfahren wurde jedoch die unterschiedliche Qualifikation der Bewerber als Grund für die Ablehnung vorgeschoben. Das BVerfG rügt die Auslegung des § 611a BGB durch das LAG in mehreren Punkten, die dem Schutzzweck des Art.3 II GG nicht gerecht werde[59]. Die vorgenommene Interpretation des § 611a BGB führe nicht zu dem von Art.3 II GG intendierten, tatsächlich wirksamem Schutz vor geschlechtlicher Diskriminierung bei der Arbeitssuche[60].

II. Verbesserungen in der Gleichberechtigungssituation bis zum Zeitpunkt der Grundgesetzergänzung

Zusammenfassend zeigt sich demnach eine weitgehende Angleichung der Interpretationslinien in Schrifttum und Rechtsprechung. Zu fragen bleibt aber, ob durch die Ausdeutung des Art.3 II GG a.F. im Sinne eines objektiven Förderauftrages an den Staat bis zum Zeitpunkt seiner Ergänzung tatsächlich Fortschritte zur Verbesserung der realen Lebenssituation der Frauen erzielt worden sind.

1. Formale Gleichberechtigung

Unbestritten ist es als Erfolg zu werten, daß diskriminierende Vorschriften auf einfachgesetzlicher Ebene aufgefunden und angeglichen wurden. Das Primärziel formaler Gleichberechtigung kann damit als erreicht angesehen werden.

2. Faktische Gleichberechtigung

Als weitaus vordringlicher ist aber die Frage einzustufen, ob die formalgesetzliche Gleichberechtigung gleichzeitig zu einer dementsprechenden tatsächlichen Gleichstellung der Frau führen konnte. Bei der Betrachtung einschlägigen Zahlenmaterials

---

[59] BVerfGE 89, 276 (286).
[60] Zur Vollständigkeit sei noch die Feuerwehrabgabenentscheidung genannt (BVerfG, NJW 1995, S.1733). Obwohl sie bereits nach der Ergänzung des Art.3 II GG erging, nahm sie auf die Grundsätze der Nachtarbeitsentscheidung Bezug (S.1734). In der ungleichen Behandlung von Männern und Frauen hinsichtlich der Verpflichtung zur Feuerwehrdienstpflicht bzw. einer ausgleichenden Abgabe wurde ein Verstoß gegen Art.3 III GG gesehen. Entgegen dem inzwischen durch Art.3 II S.2 GG ergänzten und damit ausdrücklich auf die gesellschaftliche Wirklichkeit zu erstreckenden Gleichberechtigungsgebot verstärke die unterschiedliche Behandlung althergebrachte Rollenbilder und laufe damit dem Normzweck des Art.3 II GG zuwider. Somit könne dieser die Ungleichbehandlung i.S.d. Art.3 III GG nicht rechtfertigen.

bezüglich der gesellschaftlichen, beruflichen und politischen Stellung der Frau zum Zeitpunkt der Diskussion in der GVK um eine Ergänzung und ihrem Abschluß waren gravierende Defizite in allen genannten Bereichen festzustellen.
Am auffälligsten zeigten sich tiefgreifende Benachteiligungen auf beruflicher Ebene. So hatten Frauen gegenüber Männern der gleichen Berufssparte bei gleicher Arbeitsleistung noch 1993 ein weitaus schlechteres Einkommen. Defizite fielen auch in der Qualifikation der Tätigkeit auf. Um die Doppelbeanspruchung von Beruf auf der einen Seite und Haushaltsführung und Kindererziehung auf der anderen Seite vereinbaren zu können, sind zu weit überwiegendem Teil Frauen teilzeitbeschäftigt. Diese Tätigkeiten beinhalten aber ein in der Regel niedrigeres Qualifikationsniveau, um unabhängig von der Person von einer beliebigen anderen Teilzeitkraft ausgeführt werden zu können. Außerdem ist an die Teilzeitarbeit eine geringere soziale Absicherung gekoppelt[61]. Zwar übernehmen in zunehmendem Maße auch Männer einen Teil der Familienarbeit, jedoch sind Karrierewünsche wenigstens eines Partners, die den vollen beruflichen Einsatz erfordern, mit einer gerechten Aufteilung von Berufs- und Hausarbeit im Wege zweier Teilzeitbeschäftigungen nicht zu vereinbaren. Auf diese Weise greift in vielen Fällen das hergebrachte Rollenschema wieder ein. Somit vermindern sich durch Familienphasen automatisch die Aufstiegschancen der Frauen in ihrem Berufszweig[62]. Damit eng verzahnt war die Problematik der ungleichen Hierarchieverteilung. Frauen waren auf lukrativen Führungspositionen trotz zahlreicher Förderprogramme[63] noch immer nur zu sehr geringen Anteilen vertreten. In den Unternehmen der freien Wirtschaft ohne direkte Einflußnahmemöglichkeit staatlicher Einrichtungen erschien dieser Mißstand am gravierendsten. Doch auch im öffentlichen Dienst zeigen sich auffallende Defizite. Als Personal des Bundes waren am 30.6.1994 im gesamten Bundesgebiet nur zu einem Anteil von 20,13 % Frauen beschäftigt[64]. Umfaßt sind von dieser Anzahl die weiblichen Beschäftigten im Bundespräsidialamt, im deutschen Bundestag, im Bundesrat, im Bundeskanzleramt, im auswärtigen Amt und in den Geschäftsbereichen der Bundesministerien. Besser sah es bei den Beschäftigungszahlen der Länder aus, die immerhin einen Prozentsatz von 49,91 % Frauen zu verzeichnen hatten.
Bei den ordentlichen Gerichten und in der Staatsanwaltschaft waren beim Bund lediglich 19,23 % Frauen beschäftigt. Dabei fällt insbesondere auf, daß von den in diesem Bereich ausgeübten Teilzeitstellen 90 % von Frauen besetzt wurden. Bei

---

[61] *Sacksofsky*, GVK-Anhörung vom 5.11.1992, S.92.
[62] *Sacksofsky*, GVK-Anhörung vom 5.11.1992, S.92; *Zapfe*, Aus Politik und Zeitgeschichte 1993, B 52-53, S.12; *Dieball*, KJ 1991, S.243 (247).
[63] S. die Gleichstellungsgesetze der Länder und des Bundes: Gesetzesnachweis in Fn 121.
[64] Die Prozentangaben in dem nachfolgenden Abschnitt, die nicht weiter gekennzeichnet sind, sind bisher unveröffentlichtem statistischem Material entnommen, das mir das Statistische Bundesamt freundlicherweise zur Verfügung stellte.

den Ländern sind im gleichen Zeitraum in der Sparte der ordentlichen Gerichte und der Staatsanwaltschaft immerhin 40,92 % beschäftigt.

Auch im Hochschulbereich ist bis zum Zeitpunkt der Grundgesetznovelle keine entscheidende Verbesserung eingetreten. Während noch 26,95 % der Hochschulassistenten und -assistentinnen Frauen waren, betrug der Anteil an Habilitationen 1994 nur 13,64 %. Als Hochschuldozentinnen waren 17,2 % beschäftigt, als Hochschulprofessorinnen 6,93 %. Allerdings wird die letztgenannte Zahl noch einmal dahingehend relativiert, als die Anzahl der Frauen in den Rängen von den C2- zu den C4-Professuren beständig abnahm. 13,03 % der Frauen waren C2-Professorinnen auf Zeit, 9,51 % C2-Professorinnen auf Dauer. 7,18 % bekleideten eine C3-Professur und nur 4,05 % hatten eine Stelle als C4-Professorin.

Das gleiche Ergebnis geringer Beteiligung offenbart sich bei der Betrachtung der Vertretung von Frauen in der Politik. Mag es auch durch die insbesondere von den Grünen und der SPD vorangetriebene, parteiinterne Quotierung absolut gesehen zu einer Erhöhung des Frauenanteils gekommen sein, so sind sie in den Spitzenpositionen selten anzutreffen. Die politisch einflußreichsten Posten befanden sich nach der Bundestagswahl vom 16. Oktober 1994 wieder fest in männlicher Hand. Neben dem Bundeskanzler und dem Bundespräsidenten bekleidet wenigstens das Amt der Bundestagspräsidentin eine Frau. Von ihren vier Stellvetretern und Stellvertreterinnen ist allerdings nur eine weiblich[65]. Die 17 Bundesministerposten wurden mit 14 Männern und drei Frauen besetzt und die vier Staatsminister sind ausschließlich männlich. Und auch bei den Staatssekretären und -sekretärinnen und den politischen Staatssekretären und -sekretärinnen nimmt sich der Anteil der Frauen von 12,5 % (6 von 48) sehr gering aus. Der deutsche Bundestag hatte zu Beginn der 13.Wahlperiode einen Frauenanteil von 26,3 %. Während in der SPD mit 33,73 %, bei der PDS mit 43,33 % und bei den Grünen sogar mit 59,18 % die Frauenbeteiligung recht hoch war, konnten die CDU nur einen Anteil von 16,21 % und die FDP von 17,02 % aufweisen. Zu beachten ist außerdem die mangelnde Beteiligung der Frauen an verantwortungsvollen Positionen im Bundestag.

Kein anderes Bild bietet die Frauenbeteiligung in berufsbezogenen Interessenvertretungen. So war beispielsweise im deutschen Gewerkschaftsbund 1994 mit 30,91 % nur ein knappes Drittel der Mitglieder weiblich[66].

Im Bereich der beruflichen Hierarchieverteilung war damit ein Auseinanderklaffen der Stellungen von Mann und Frau festzustellen. Hinzu kam ein höheres Arbeitsplatzrisiko für Frauen, zumal sie in nur wenigen Berufssparten wie dem allgemeinen Dienstleistungsbereich, der Textil- und Bekleidungsindustrie und dem Gesundheitsdienst tätig waren, die meist am ehesten von Rationalisierungs-

---

[65] Die Angaben über die Besetzung des Kabinetts und die Verteilung der Staatssekretär und -ministerposten stammt aus *Oeckl*, Albert (Hg.), Taschenbuch des öffentlichen Lebens, 48.Jahrgang, 1995/96, S.3 ff.

[66] Quelle: *Oeckl*, Taschenbuch des öffentlichen Lebens, S.619.

maßnahmen bedroht sind[67]. Ebenfalls im Punkte Arbeitslosigkeit, sowohl in absoluten Anteilszahlen als auch bezüglich der durchschnittlichen Dauer der Arbeitslosigkeit, war ein deutliches Ungleichgewicht zwischen Frauen und Männern festzustellen. Ende September 1994 waren im gesamten Bundesgebiet 50,73 % aller Arbeitslosen Frauen. Zu berücksichtigen ist bei diesem Wert allerdings, daß die weibliche Arbeitslosenquote in Ostdeutschland 66,92 % ausmachte. Zudem ist nicht zu vergessen, daß auch die Dauer der Arbeitslosigkeit eine wesentliche Rolle spielt. Die Anzahl der Frauen erreichte zum selben Zeitpunkt im Hinblick auf eine Dauerarbeitslosigkeit von zwei Jahren und länger einen Prozentwert von 57,68 %.

Mit den aufgezeigten Defiziten an tatsächlicher Gleichstellung im Berufsleben hängen unmittelbar drei weitere Mißstände zuungunsten der Frauen zusammen.
Zum einen handelt es sich um die Rentenversorgung der Frauen. Im Bereich der Versichertenrente ergaben sich starke Nachteile dadurch, daß Frauen häufiger in niedrigeren Gehaltsklassen anzutreffen sind. Außerdem können sie nur eine geringere Anzahl von Versicherungsjahren aus Gründen erziehungs- und pflegebedingter Ausfalljahre nachweisen. Erhebliche Einbußen mußten Frauen ebenfalls bei der Witwenrente, also in dem Falle, daß eine nicht berufstätige Frau über den Ehemann mitversichert war, hinnehmen. So betrug 1992 die sogenannte "große" Witwenrente einer mindestens 45 Jahre alten, erwerbs- oder berufsunfähigen Frau mit mindestens einem Kind unter 18 Jahren, lediglich 60 % der Erwerbsunfähigkeitsrente des Mannes[68]. Nur 25 % bekam eine unter 45 Jahre alte Frau ohne zu erziehende Kinder, die erwerbsfähig war, als sogenannte "kleine" Witwenrente. Daraus ergab sich, daß selbst bei einer Kombination von Versicherten- und Witwenrente Frauen schlechter versorgt waren als Männer. In Anbetracht dieses Zustandes konnte und kann man nur schwerlich von einer Gleichbewertung von Berufsarbeit und immer noch zum Großteil von Frauen verrichteter Familienarbeit sprechen.
Dieser Mißstand verdeutlicht sich ebenso in der Sozialhilfeverteilung. Bei Personen über 65 Jahren stellen die Frauen einen Anteil von 4/5 aller Sozialhilfeempfänger und -empfängerinnen[69] bedingt durch die unzureichende soziale Absicherung aus der gesetzlichen Rentenversicherung. Zudem bilden Frauen auch einen überproportional hohen Anteil der Gruppe der Rentennehmer und -nehmerinnen auf geringster Rentenhöhenstufe. So erhielten männliche Angestellte am 1.1.1991 durchschnittlich 1.953,98 DM, Frauen 932,43 DM Rente. Bei den Arbeitern stehen 1.434,29 DM im gleichen Verhältnis 550,66 DM gegenüber[70].
Drittens läßt sich eine faktische Diskriminierung im Krankenversicherungswesen beobachten. Noch immer sind Frauen zu weitaus höheren Krankenversicherungs-

---

[67] Verfassungskommission des Bundesrates in: *Limbach/Eckertz-Höfer*, Frauenrechte, S.249 ff.
[68] Quelle: Frauen in Deutschland, S.96.
[69] Quelle: Frauen in Deutschland, S.96.
[70] *Kirsch*, KJ 1995, S.172 (172, Fn 1).

beiträgen verpflichtet, deren Notwendigkeit mit den Gefahren der Schwangerschaft und spezifischer Frauenkrankheiten erklärt werden. Gleichwohl werden Kinder doch genauso auf Wunsch des Vaters und insbesondere auch zum Wohl und Erhalt der Gesellschaft zur Welt gebracht.

Aus der Betrachtung der dargestellten Sparten ergab sich zum Zeitpunkt des Diskussionsabschlusses um eine Ergänzung des Gleichberechtigungsgebots, daß trotz formalgesetzlich erreichter Gleichberechtigung von einer realen Gleichstellung der Frau nicht die Rede sein konnte. Vielmehr war sowohl im gesellschaftlichen als auch im beruflichen Bereich noch ein starkes Ungleichgewicht zu diagnostizieren, das Benda in seinem Gutachten bereits 1986 mit der Bezeichnung "Strukturelle Diskriminierung" treffend betitelte[71].

Von den von der GVK herangezogenen Gutachterinnen und Gutachtern sprachen sich sechs von sieben ausdrücklich für eine Ergänzung des Art.3 II GG aus, um dem in Art.3 II GG a.F. enthaltenen, in Schrifttum und Rechtsprechung weitgehend anerkannten Gleichstellungsförderauftrag zu präzisieren und klarzustellen[72], aber insbesondere auch, um dessen Bedeutung durch eine eigenständige Normierung hervorzuheben[73].

---

[71] *Benda*, Gutachten, S.8.
[72] *Maihofer*, GVK-Anhörung vom 5.11.1992, S.81; *Schmidt-Jortzig*, GVK-Anhörung vom 5.11.1992, S.109.
[73] *Sacksofsky*, GVK-Anhörung vom 5.11.1992, S.96.

C. Bisherige Umsetzung des Gleichstellungsauftrags

Obgleich sich der GVK während ihrer Beschäftigung mit einer Ergänzung des Art.3 II GG ein wenig ermutigendes Bild hinsichtlich spürbarer Verbesserungen auf dem Gebiet faktischer Gleichberechtigung bot, kann von einer gesetzgeberischen Untätigkeit in diesem Bereich nicht gesprochen werden. Auf den verschiedenen nationalen und supranationalen Ebenen sind Regelungen entwickelt worden, deren Betrachtung darüber Aufschluß geben kann, auf welcher Ebene am konkretesten eine Umsetzung von Gleichstellungszielen erfolgen kann.

I. Verfassungen der Bundesländer

In allen Verfassungen der Bundesländer ist der Bereich der Gleichberechtigung von Mann und Frau inzwischen in mehr oder minder großer Intensität geregelt worden. Indem in den Verfassungen von Bremen, Hamburg und Hessen keine eigene grundrechtliche Normierung zu finden ist, schließen diese Länder sich ohne Zusätze den Rechten des Grundgesetzes und damit Art.3 II GG an. Nordrhein-Westfalen[74], Baden-Württemberg[75], Niedersachsen[76] und Mecklenburg-Vorpommern[77] nehmen in ihren Grundrechtskatalogen explizit auf die Grundrechte im Grundgesetz Bezug und stellen deren landesrechtliche Geltung fest. Zahlreiche Länder warten mit einer weitgehend synonymen Formulierung des grundgesetzlichen Gleichberechtigungssatzes bzw. des Diskriminierungsverbotes auf[78]; die Verfassungen von Rheinland-Pfalz und Bayern sind insofern enger gefaßt, als Frau und Mann wie schon in der Weimarer Reichsverfassung nur mit gleichen staatsbürgerlichen Rechten und Pflichten belegt werden[79]. Darüberhinaus regeln einige Verfassungen den Grundsatz der Lohngleichheit[80].
Im Sinne des dem Art.3 II GG a.F. zu entnehmenden Förderauftrags und der im Zeitraum nach der Wiedervereinigung in der Diskussion stehenden Grundgesetzergänzung haben die neuen Bundesländer bei der Ausarbeitung ihrer Landesverfassungen reagiert. Sie enthalten sämtlich einen über das grundgesetzliche Gleichberechtigungsgebot hinausgehenden Gleichstellungsauftrag. Teilweise enthalten die Vorschriften sogar weitaus detailliertere Angaben als der neugefaßte

---

[74] Art.4 I Landesverfassung NRW.
[75] Art.2 I Landesverfassung Baden-Würtemberg.
[76] Art.3 II S.1 Landesverfassung Niedersachsen.
[77] Art.5 II Landesverfassung Mecklenburg-Vorpommern.
[78] Saarland (Art.12), Bremen (Art.2 S.2), Hessen (Art.1), Brandenburg (Art.12 II u. III), Sachsen (Art.18 II), Sachsen-Anhalt (Art.7 II), Thüringen (Art.2 II S.1).
[79] Rheinland-Pfalz (Art.17 III), Bayern (Art.118 II).
[80] Saarland (Art.47 S.4); NRW (Art.24 II S.2 u. 3); Bremen (Art.53); Rheinland-Pfalz (Art.56 II); Bayern (Art.168 I S.2); Hessen (Art.33 S.2).

Förderauftrag des Art.3 II S.2 GG. Die Verfassung Sachsens beauftragt das Land mit der Förderung der rechtlichen und tatsächlichen Gleichstellung von Frauen und Männern (Art.8). Sachsen-Anhalt verpflichtet zudem die Kommunen, zur Förderung geeignete Maßnahmen in allen Bereichen der Gesellschaft vorzunehmen (Art.34). Eine fast gleichartige Formulierung findet sich auch in Art.2 II S.2 der Verfassung Thüringens mit der Ergänzung, für die Sicherung der erreichten Gleichstellungsziele zu sorgen. Brandenburg lenkt den Förderauftrag durch Aufzählung der Bereiche Beruf, öffentliches Leben, Bildung und Ausbildung, Familie sowie soziale Sicherheit in die Richtung der zu beseitigenden gesellschaftlichen Mißstände (Art.12 III S.2). In Mecklenburg-Vorpommern gilt eine Spezialisierung in zweifacher Weise, indem als Adressaten das Land, die Gemeinden und Kreise sowie die anderen Träger der öffentlichen Verwaltung angesprochen werden und zudem die Geltung des Gleichstellungsauftrags insbesondere für die Besetzung von öffentlich-rechtlichen Beratungs- und Beschlußorganen betont wird (Art.13). Aber auch in den Verfassungen einiger alter Bundesländer sind Normierungen aufzufinden, die der Förderung der Gleichstellung Rechnung tragen. Die Schleswig-Holsteinische Verfassung[81] trifft bezüglich der Adressatenauswahl und der speziellen Beachtung der Gleichstellung in kollegialen öffentlich-rechtlichen Beschluß- und Beratungsorganen eine der Verfassung von Mecklenburg-Vorpommern sehr ähnliche Aussage. Bemerkenswert ist, daß die Berliner Verfassung von 1950 in ihrem Art.6 II bereits eine Gleichstellung der Frau auf allen Gebieten des staatlichen, wirtschaftlichen und sozialen Lebens forderte.

II. Einfache Bundesgesetzgebung

Auch auf bundesgesetzlicher Ebene ist eine Umsetzung von Gleichberechtigungs- und Gleichstellungsfragen festzustellen.

1. Stationen einfachgesetzlicher Normierung

Den Anfang bildete das Gleichberechtigungsgesetz von 1957[82], das die Gleichberechtigung auf den Gebieten des Familien- und Erbrechts zum Gegenstand hatte. Weitere wichtige Abänderungen wurden mit dem sogenannten arbeitsrechtlichen EG-Anpassungsgesetz eingeführt[83]. Es diente der Umsetzung der EG-Richtlinie zur

---

[81] Art.6 der Verfassung in der Fassung vom 13.6.1990, GVBl 1990, S.391.
[82] Gesetz über die Gleichberechtigung von Mann und Frau auf dem Gebiete des bürgerlichen Rechts vom 18.6.1957 (BGBl I 1957, S.609).
[83] Gesetz über die Gleichbehandlung von Männern und Frauen am Arbeitsplatz und über die Erhaltung von Ansprüchen bei Betriebsübergang (BGBl I 1980, S. 1308).

Lohngleichheit (1975)[84] und der beiden Gleichbehandlungsrichtlinien von 1976 und 1979[85] durch Ergänzungen der §§ 611 und 612 BGB. § 611a BGB regelte ab diesem Zeitpunkt das Benachteiligungsverbot wegen des Geschlechts und den Ersatz des Vertrauensschadens bei einem Verstoß. Die Verpflichtung zu geschlechtsneutraler Stellenausschreibung wurde durch § 611 b BGB eingeführt und § 612 III BGB normierte den Grundsatz der Lohngleichheit. Es folgten einige Spezialgesetze wie das Haushaltsbegleitgesetz von 1982[86], durch das die für Frauen geltenden Tabellenwerte für die fünf ersten Jahre der Rentenversicherung den für Männer geltenden Werten angeglichen wurden, das Gesetz zur Regelung von Härten im Versorgungsausgleich[87], sowie das Gesetz zur Neuordnung der Hinterbliebenenrente sowie zur Anerkennung von Kindererziehungszeiten in der gesetzlichen Rentenversicherung von 1985[88].

2. *Das Zweite Gleichberechtigungsgesetz vom Juni 1994 als jüngstes Beispiel*

Den vorläufigen Endpunkt dieser Reihe bildet das Zweite Gleichberechtigungsgesetz (2.GleiBG) vom 24.Juni 1994[89]. Die eingeführten Neuerungen sollen einer genaueren Analyse unterzogen werden, um dabei zweierlei Fragen zu klären: Zum einen soll dargestellt werden, in welcher Form die Ergebnisse und Empfehlungen der GVK bezüglich der Neufassung des Art.3 II GG, die zum Zeitpunkt des Gesetzerlasses bereits bekannt waren, Eingang in das neue Gesetz gefunden haben. Zum anderen soll durch eine Prognose der tatsächlichen Effizienz der Durchsetzungsinstrumente untersucht werden, wie ernst die Diskussion um das Erfordernis der Förderung tatsächlicher Gleichberechtigung genommen wurde.

a) Darstellung der Themengebiete

Vorläufer auf dem Weg zum Ziel faktischer Gleichstellung war die "Richtlinie zur beruflichen Förderung von Frauen in der Bundesverwaltung" vom 24.6.1986. Eine

---

[84] Richtlinie ... über die Anwendung des Grundsatzes des gleichen Entgelts für Männer und Frauen (15/117/EWG).
[85] Richtlinie zur ... Verwirklichung des Grundsatzes der Gleichbehandlung von Männern und Frauen hinsichtlich des Zugangs zur Beschäftigung, zur Berufsbildung und zum beruflichen Aufstieg sowie in Bezug auf die Arbeitsbedingungen (76/207/EWG);Richtlinie ... zur schrittweisen Verwirklichung des Grundsatzes der Gleichbehandlung von Männern und Frauen im Bereich der sozialen Sicherheit (79/7/EWG).
[86] BGBl I 1982, S.1857.
[87] BGBl I 1983, S.105.
[88] BGBl I 1985, S.1450.
[89] BGBl I 1994, S.1406.

Überarbeitung und Ergänzung erfolgte im Jahr 1990[90]. Den dem Grunde nach bewährten inhaltlichen Anforderungen sollte durch gesetzliche Verankerung zu besserer Durchsetzbarkeit und Akzeptanz verholfen werden. Das Artikelgesetz umfaßt zahlreiche Einzelmaßnahmen:

Art.1 enthält das Frauenförderungsgesetz (FFG), das sich zum Ziel gesetzt hat, konkrete Maßnahmen zur Förderung von Frauen im öffentlichen Dienst an die Hand zu geben und als gleichwertige Zielsetzung die Vereinbarkeit von Familie und Beruf zu beachten. Kernstück ist dabei die Verpflichtung zur Aufstellung eines Frauenförderplanes (§ 4 FFG). Er hat zur Aufgabe, die Situation der weiblichen Beschäftigten zu beschreiben, eine Auswertung der bisherigen Förderung vorzunehmen und Maßnahmen zur Durchsetzung von Verbesserungen bezüglich einer Erhöhung des Frauenanteils bei Einstellung, Beförderung und Höhergruppierung zu entwickeln. Auf diesem Wege soll das Bewußtsein für die Situation geschaffen und ein bestimmter Druck für die Vornahme von Veränderungen bewirkt werden[91]. Weiter wurde normiert, daß Stellenausschreibungen geschlechtsneutral zu erfolgen haben (§ 6 FFG), Möglichkeiten zu Teilzeitarbeit zu erweitern sind (§ 10 FFG), und zwar auch für Vorgesetzten- und Leitungsaufgaben. Außerdem darf durch Teilzeitarbeit keine Benachteiligung eintreten, sie darf sich insbesondere nicht nachteilig auf den beruflichen Werdegang auswirken (§ 12 FFG). Eine weitere gesetzliche Neuerung regelt der dritte Abschnitt des FFG mit Maßgaben für die Bestellung, die Rechtsstellung sowie für die Aufgaben und Rechte einer oder eines Frauenbeauftragten.

Art.2 bis Art.4 2.GleiBG enthalten Änderungen beamtenrechtlicher und richterrechtlicher Vorschriften mit dem Ziel eines Rechtsanspruchs auf Ermäßigung der Arbeitszeiten und Beurlaubung zur Kinderbetreuung und zur häuslichen Pflege. Art.5 und Art.6 befassen sich mit den Mitwirkungsrechten der Beschäftigtenvertretungen innerhalb des Betriebsverfassungs- und des Bundespersonalvertretungsgesetzes. Durch Art.7 werden die §§ 611a und b BGB modifiziert, indem der bisher gewährte Ersatz des Vertrauensschadens bei einer Benachteiligung wegen des Geschlechts bei Begründung des Arbeitsverhältnisses in eine Entschädigung bis zu drei Monatsgehältern umgewandelt wurde. Diese Änderung war seit längerer Zeit überfällig, weil in zwei Urteilen des Europäischen Gerichtshofes bereits im Jahr 1984 festgestellt worden war, daß die sogenannte "Gleichbehandlungsrichtlinie"[92] von bundesdeutscher Seite nur unzureichend umgesetzt worden war[93]. Art. 8 und 9 umfassen entsprechende Änderungen des Arbeitsgerichtsgesetzes und des "EG-Anpassungsgesetzes". Mit Art.10 wird ein Gesetz zum Schutz der Beschäftigten vor sexueller Belästigung am Arbeitsplatz normiert. Art. 11, das Bundesgremien-

---

[90] Neufassung vom 15.10.1990 (GMBl 1990, S.830).
[91] *Reiche*, ZTR 1993, S.103 (105).
[92] RL 76/207/EWG.
[93] EuGH, Rs 14/83 (v.Colson und Kamann), Slg.1984, S.1891; EuGH, Rs 79/83 (Harz), Slg.1984, S.1921.

besetzungsgesetz, soll auf die gleichberechtigte Teilhabe von Frauen und Männern in Gremien im Einflußbereich des Bundes wie z.B. in Vorständen, Beiräten, Aufsichtsräten oder Ausschüssen hinwirken.

b) Kritik aus Sicht des Verfassungsauftrages

Trotz der Vielgestaltigkeit der von den Normierungen des Zweiten Gleichberechtigungsgesetzes erfaßten Sachverhalte fallen bei genauerer Betrachtung einige Kritikpunkte ins Auge, die an der effektiven Durchsetzungskraft des Gesetzes Zweifel aufkommen lassen.

Bezüglich der aufzustellenden Frauenförderpläne als Herzstück einer zügigen Gleichstellungsförderungspolitik in den Dienststellen fällt auf, daß für die Umsetzung des Ziels der Frauenförderung keine verbindlichen Vorgaben gemacht werden[94]. Aufgezählt werden lediglich die den Förderplan gestaltenden Wertungsmaßstäbe wie die Beschreibung der Situation der weiblichen Beschäftigten, die Auswertung der Fördermaßnahmen und die Entwicklung von Verbesserungsvorschlägen[95], ohne daß gewisse Richtwerte zwingend in den Plan aufzunehmen wären. Die Erfahrungen mit den entsprechenden Richtlinien und Verwaltungsvorschriften haben gezeigt, daß eine rasche Erhöhung des Frauenanteils nicht erreicht werden kann, solange Handlungsziele und Instrumentarien nicht eindeutig an bestimmten Richtmarken gemessen werden können[96]. Ein weiterer Einwand bezieht sich auf die fehlende Durchsetzungskraft der aufgestellten Pläne bedingt durch die weitgehende Sanktionslosigkeit bei fehlender oder unzureichender Umsetzung der Planvorgaben. Zwar sind die Gründe für die Nichteinhaltung darzulegen, jedoch nicht gegenüber der nächsthöheren Dienststelle, sondern lediglich im Rahmen der jährlichen Anpassung und bei der Aufstellung des nächsten Frauenförderplanes (§ 4 V FFG). Greifendere Sanktionen sind nicht vorgesehen, so daß die planerischen Ziele als Appell an den guten Willen ohne Anreiz, geschweige denn jegliche Druckausübung auf schnelle und effektive Umsetzung verstanden werden müssen[97]. So bleibt es den Dienststellen überlassen, erreichbare Minimalwerte aufzustellen. Im Falle des Nichterreichens sind die darzulegenden Gründe bei unüberschaubaren Dienststellen leicht zu finden; einschneidende Negativwirkungen sind nicht zu erwarten, so daß von spürbaren Veränderungen durch die zwingende Aufstellung von Frauenförderplänen nicht auszugehen ist. Ebenso ist die geschlechtsneutrale Stellenausschreibung (§ 6 I 2.GleiBG) bei Zuwiderhandlung

---

[94] *Schlachter*, JA 1994, S.72 (78); *Dt. Richterbund*, DRiZ 1993, S.206 (206); *Pfarr*, RdA 1995, S.204 (205).
[95] Art.1 § 4 2.GleiBG.
[96] Stellungnahme des BR, Bt-Dr 12/5468 S.55 (55).
[97] *Schlachter*, JA 1994, S.72 (78); *Mauer*, BB 1994, S.1283 (1283); *Battis/Eisenhardt*, ZRP 1994, S.18 (19).

nicht sanktionsbewehrt, massiver Druck kann von dieser Vorschrift folglich nicht erzeugt werden[98].
Die Maßgaben bezüglich der für Frauen anzubietenden Fortbildungsmöglichkeiten weisen vordergründig in die richtige Richtung, jedoch ergeben sich oftmals andere Hemmnisse und private Verpflichtungen der Frauen. Beispielsweise existiert keine Regelung der Kostenübernahme für Kinder- oder Pflegebetreuung während des Fortbildungszeitraums[99]. Auf diese Weise wird eine Teilnahme trotz unterstützender Freistellungsmaßnahmen der Dienststellen verhindert[100]. Die Frage ist, inwieweit der Dienstherr zu zusätzlichen Angeboten verpflichtet werden kann, da es sich schließlich mit § 8 II S.2 2.HS 2.GleiBG nur um eine Sollvorschrift handelt.
Unzureichend sind weiter die mit dem Ziel der besseren Vereinbarkeit von Familie und Beruf getroffenen Regelungen bezüglich der Teilzeitbeschäftigung. Gemäß § 6 II FFG sollen zwar auch Vorgesetzten- und Leitungsaufgaben als Teilzeitstellen ausgeschrieben werden. Ein Entgegenstehen von zwingenden dienstlichen Belangen kann aber zur Aushebelung dieses Grundsatzes führen. Zu befürchten ist, daß in jeder Situation Gründe gefunden werden können, die die ununterbrochene Anwesenheit des Vorgesetzten erfordern, so daß eine Umgehung der Vorschrift ohne allzu große Hemmnisse möglich ist[101]. Auf demselben Weg können grundsätzlich zur Gleichstellung beitragende Verwirklichungsmaßnahmen wie die Einräumung familiengerechter Arbeitszeiten (§ 9 2.GleiBG), das Angebot zum Wechsel auf Teilzeitarbeitsplätze (§ 10 II 2.GleiBG) oder die spätere Rückkehr auf eine Vollzeitstelle (§ 10 III 2.GleiBG) durch dagegensprechende dienstliche Belange vereitelt werden[102]. Der zwingende Charakter wird durch die Formulierung entsprechender Ausnahmeregelungen aufgehoben. Ein weiteres Problem ergibt sich bei Betrachtung des in § 12 2.GleiBG geregelten Benachteiligungsverbotes von Teilzeit- gegenüber Vollzeitbeschäftigten. Eine Ungleichbehandlung ist laut § 12 I S.1 2.HS 2.GleiBG schon bei Vorliegen sachlicher Gründe gerechtfertigt[103]. Ein derartig niedrig angesetzter Begründungszwang bleibt weiter hinter den Forderungen der ständigen EuGH-Rechtsprechung zur mittelbaren Diskriminierung zurück: Danach ist eine Ungleichbehandlung nur zu rechtfertigen, wenn ein objektives Bedürfnis vorhanden ist und die Geeignetheit und Erforderlichkeit zur Erreichung des Zieles feststeht[104].
Ferner ergeben sich schwerwiegende Mängel innerhalb der Regelungen hinsichtlich der Einsetzung einer Frauenbeauftragten. In Großverwaltungen (§ 15 IV 2.GleiBG)

---

[98] *Mittmann*, NJW 1994, S.3048 (3049).
[99] *Mauer*, BB 1994, S.1283 (1284).
[100] *Reiche*, ZTR 1993, S. 103 (106).
[101] *Schlachter*, JA 1994, S.72 (78); *Pfarr*, RdA 1995, S.204 (205).
[102] *Schiek*, KJ 1994, S.511 (514); *Schlachter*, JA 1994, S.72 (78).
[103] Ebenso auch nach § 2 I Beschäftigungsförderungsgesetz (BeschFG).
[104] z.B.: EuGH, Rs 237/85 (Rummler), Slg.1986, S.2101 (2115); Urt. v. 27.10.1993, Rs. 127/92 (Enderby).

wird eine Einsetzung aus finanziellen oder organisatorischen Gründen abgelehnt[105], obwohl gerade bei Behörden mit besonders vielen Beschäftigten von einer Frauenbeauftragten für eine große Anzahl von Frauen wichtige Anregungen und Impulse ausgehen könnten. Auf der anderen Seite ist für Dienststellen mit weniger als 200 Beschäftigten anstatt der Frauenbeauftragten lediglich eine Vertrauensperson zu bestellen (§ 15 II 2.GleiBG), der jedoch keine klaren Kompetenzen zugewiesen sind. Die Gründe für diese Minimal- und Maximalabgrenzung vermögen nicht zu überzeugen. Außerdem ist zu bemängeln, daß die Frauenbeauftragten im Regelfall nicht von den Beschäftigten gewählt, sondern von der Dienststelle bestimmt werden, was die Gefahr einer der Dienststellenleitung entgegenkommenden Auswahl birgt[106]. Zwar hat das den Vorteil, daß die Frauenbeauftragte direkt in den Verwaltungsapparat eingebunden wird, um die Frauenförderung als Gemeinwohlinteresse zu überwachen. Auf der anderen Seite wäre durch eine Wahl die Akzeptanz durch die Wählerinnen gewährleistet[107]. Eine Bewertung der Kompetenzen, mit denen die Frauenbeauftragten ausgestattet sind, muß insofern negativ ausfallen, als ihr zwar Informations-, Vortrags-, und Überwachungsrechte zugestanden werden, ein zum zwingenden Aufschub einer Entscheidung führendes Einspruchsrecht jedoch nicht normiert wurde[108]. Daraus ergibt sich eine Wirksamkeitslähmung, wenn die Frauenbeauftragte dem Gleichstellungsziel entgegenstehende Vorhaben unterbinden will. Eine effektive Rechtsfolge kann außerdem nicht erzielt werden, wenn - wie es dem Regelfall des § 19 I 2.GleiBG entspricht - eine Beanstandung der Frauenbeauftragten von derselben Dienststelle geprüft wird, die zuvor die beanstandete Maßnahme veranlaßt hat. Eine Stellungnahme der höheren Dienststelle ist gemäß § 19 III 2.GleiBG demgegenüber nur im Ausnahmefall vorgesehen. Hinzu kommt, daß einer vorgetragenen Beanstandung nicht abgeholfen werden muß, sondern die Prüfungsergebnisse lediglich für den Wiederholungsfall zu berücksichtigen sind. Zusammenfassend ist der Frauenbeauftragten damit eine eher passive Beobachtungsposition eingeräumt, die gleichstellungswidrigen Maßnahmen nur mangelhaft entgegenwirken kann.

Überflüssig müssen die Regelungen im Betriebsverfassungsgesetz erscheinen (Art.5 2.GleiBG), weil der Betriebsrat schon vor Erlaß des Gesetzes die umfassende personelle und sachliche Allzuständigkeit hatte. Durch die Erweiterung der §§ 45, 80 und 93 BetrVG um Maßgaben bezüglich der Gleichstellung der Frau wird der Eindruck erweckt, das tatsächliche Gleichstellungsdefizit rühre von der fehlenden Initiative der Betriebsräte her[109].

---

[105] Begründung der BReg., Bt-Dr 12/5468, S.16 (36).
[106] *Battis/Eisenhardt*, ZRP 1994, S.18 (19).
[107] *Dt.Richterbund*, DRiZ 1993, S.206 (206); *Schlachter*, JA 1994, S.72 (79).
[108] *Battis/Eisenhardt*, ZRP 1994, S.18 (19); *Schlachter*, JA 1994, S.72 (79); *Mauer*, BB 1994, S.1283 (1284); Stellungnahme des BR, Bt-Dr 12/5468, S.55 (56); *Vogel*, FS für Benda, S.411.
[109] *Schiek*, KJ 1994 S.511 (518); *Worzalla*, ArbG 1993, S.424 (425).

Zu kritisieren sind ferner die durch die Änderung der §§ 611a und b BGB eingeführten Neuerungen. In Reaktion auf die EuGH-Rechtsprechung, die seit geraumer Zeit eine Angleichung des bundesdeutschen Rechts an ihre Maßstäbe gefordert hatte, ist der bisher zu ersetzende Vertrauensschaden zwar auf einen Schadensersatzanspruch in Höhe von bis zu drei Monatsverdiensten erweitert worden. Die real einschneidende Konsequenz eines Einstellungsanspruchs im Falle der Diskriminierung wird aber ausdrücklich abgelehnt (§ 611a III BGB). Indem vom EuGH in der Entscheidung vom 10.April 1984[110] gefordert wurde, daß eine Sanktion für Verstöße gegen das Diskriminierungsverbot zugleich wirksam, verhältnismäßig und abschreckend sein solle, ist sehr fraglich, ob ein Schadensersatzanspruch mit einer Höchstbegrenzung von drei Monatsverdiensten für eine solche Abschreckungswirkung ausreichend sein kann[111]. Außerdem ist festzustellen, daß bei entsprechender Anspruchshäufung der Einzelanspruch zugunsten des Arbeitgebers nach unten nivelliert wurde (§ 61 b II ArbGG). Eine derartige dem BGB bisher fremde Praxis der Höchstsummenbegrenzung verstößt gegen eine Entscheidung des EuGH vom 8.November 1990[112], nach welcher die Sanktion die volle Haftung auslösen muß, und beschneidet zudem die Freiheit zur Begrenzung der Schadenshöhe durch die Arbeitsgerichte[113]. Zu bemängeln ist weiter, daß eine Änderung der Beweislast bezüglich der Frage, ob sachliche Gründe eine unterschiedliche Behandlung rechtfertigen oder das Geschlecht unverzichtbare Voraussetzung für eine Tätigkeit ist, nicht normiert wurde. Die Tatsachen, die für eine ungerechtfertigte Diskriminierung sprechen, sind weiter von der Bewerberin glaubhaft zu machen; es besteht kein Auskunftsanspruch, so daß die Beweisführung für die Bewerberin mangels Einblickes in den Betrieb oftmals kaum möglich sein dürfte[114]. Gegen den geänderten § 611 b BGB ist einzuwenden, daß der Verstoß gegen das Gebot zwingender geschlechtsneutraler Stellenausschreibung nicht sanktionsbewehrt ist, so daß von dieser Regelung keine weitreichenden Auswirkungen zu erwarten sind[115].

In einer Gesamtbewertung wird anhand der aufgezeigten Mängel deutlich, daß das Zweite Gleichberechtigungsgesetz zwar als Schritt in die richtige Richtung betrachtet werden kann. Jedoch ist zum einen festzustellen, daß die Neuerungen fast ausschließlich auf den öffentlichen Dienst beschränkt bleiben. Hier können frauenfördernde Maßnahmen beispielsweise im öffentlichen Dienst des Bundes - nach Privatisierung von Bundesbahn und Bundespost - nur ca. 1% aller weiblichen

---

[110] EuGH, Rs 14/83 (v.Colson und Kamann), Slg.1984, S.1891 (1892).
[111] *Schlachter*, JA 1994, S.72 (79); *Mauer*, BB 1994, S.1283 (1285); *Pfarr*, RdA 1993, S.204 (209).
[112] EuGH, Rs C-177/88 (Dekker), Slg.1990, S.3941; auch EuGH, EuZW 1993, S.706.
[113] *Steinmeister*, ZRP 1993, S.127 (128).
[114] *Mauer*, BB 1994, S.1283 (1285); *Battis/Eisenhardt*, ZRP 1994, S.18 (21).
[115] *Mittmann*, NJW 1994, S.3948 (3049); *Mauer*, BB 1994, S.1283 (1285).

Beschäftigten zu Gute kommen[116]. Außerdem sind weitgehende Sanktionslosigkeit sowie das Zurückbleiben hinter den Vorgaben des Europäischen Gerichtshofes[117] kennzeichnend für gravierende Lücken, die durch weitere Gesetze zur Gleichberechtigung zu schließen sind. Daneben ist sicherlich der Aussage hohes Gewicht beizumessen, daß ein Gesetz im Grunde genommen der falsche Weg zur Gleichberechtigung ist und zumindest von einer fortschreitenden gesellschaftlichen Bewußtseinsbildung zu begleiten ist[118]. Das Problem der Doppelbelastung, das nach wie vor fast ausschließlich Frauen zu bewältigen haben[119], ist zumindest durch dieses Gesetz nicht wirksam beseitigt worden. Im Gegenteil ist an den Gesetzgeber der Vorwurf zu richten, mit dem Zweiten Gleichberechtigungsgesetz zur Verkomplizierung der Thematik durch eine Fülle detailliert bürokratischer Regelungen beigetragen zu haben[120].

III. Einfache Landesgesetzgebung

Schon vor Verabschiedung des Zweiten Gleichberechtigungsgesetzes haben sich zahlreiche Bundesländer mit dem Erlaß von Frauenförderungs- bzw. Gleichstellungsgesetzen um die Bekämpfung der strukturellen Gleichheitsdefizite auf einfachgesetzlicher Landesebene bemüht[121]. Von der gesetzlichen Fixierung wurde sich eine größere Verpflichtungswirkung versprochen, nachdem ab Mitte der achtziger Jahre Frauenförderpläne und -richtlinien als Normativakte der Exekutive weitgehend wirkungslos geblieben waren[122]. Auch war die Normierung in Gesetzesform erforderlich, um der Rechtsprechung des Bundesverfassungsgerichtes zur Wesentlichkeitstheorie zu entsprechen. Hiernach sind Maßnahmen dann in der Ausgestaltung formeller Gesetze aufzustellen, soweit sie in Grundrechte eingreifen können[123]. Im Wesentlichen haben alle Landesgleichstellungsgesetze denselben

---

[116] *Vogel*, FS für Benda, S.398.
[117] *Mauer*, BB 1994, S.1283 (1285); Stellungnahme des BR, Bt-Dr 12/5468, S.55 (55).
[118] so *Worzalla*, ArbG 1993, S.424 (425).
[119] *Dt.Richterbund*, DRiZ 1993, S.206 (206).
[120] *Berger-Delhey*, ZTR 1993, S.267 (268).
[121] Nordrhein-Westfalen (GVBl 1989, S.567); Berlin (GVBl 1991, S.7, neugefaßt durch Gesetz vom 13.4.1993, GVBl 1993, S.151; zuletzt geändert durch Gesetz vom 26.1.1995, GVBl 1995, S.26); Bremen (GVBl 1990, S.433); Hamburg (GVBl 1991, S.75); Saarland (ABl 1989, S.977); Hessen (GVBl 1993, S.729); Mecklenburg-Vorpommern (GVBl 1994, S.343); Niedersachsen (GVBl 1994, S.246); Sachsen (GVBl 1994, S.684); Brandenburg (GVBl I 1994, S.254); Sachsen-Anhalt (GVBl 1993, S.734, geändert durch Gesetz vom 27.6.1994, GVBl 1994, S.762); Baden-Württemberg (GBl 1995, S.890); Schleswig-Holstein (GVOBl 1994, S.562); Rheinland-Pfalz (GVBl 1995, S.209).
[122] *Majer*, KJ 1991 S.151 (151); *Dieball*, KJ 1991, S.243 (245).
[123] BVerfGE 33, 1 (10); 34, 165 (193); 47, 46 (79); *Niehmes*, DVBl 1980, S.465 ff; insb. für den Bereich der landesrechtlichen Gleichstellungsbehandlung: *Benda*, Gutachten, S.198.

thematischen Umfang: Behandelt werden Fragen zur Stellenausschreibung, Fortbildungsmöglichkeiten, Teilzeitarbeit, die Wiederaufnahme der Berufstätigkeit nach familienbedingter Abwesenheit und Berichtspflichten der Normadressaten. Wichtigste Instrumente sind wie im Zweiten Gleichberechtigungsgesetz die zwingende Erstellung von Frauenförderplänen und der Einsatz von Frauenbeauftragten, die allerdings in Abweichung von dem Bundesgesetz gewählt und nicht bestellt werden[124]. In der Bezifferung von Zielvorgaben für die anzustrebende Erhöhung des Frauenanteils gehen die meisten Landesgesetze über das Zweite Gleichberechtigungsgesetz hinaus, indem eine Marke von 50 % oder anteilig entsprechend der jeweils eingegangenen Bewerbungen vorgegeben wird. Das Zweite Gleichberechtigungsgesetz unterläßt demgegenüber die Benennung jeglicher Werte. Allerdings wird die zwingende Wirkung auf Länderebene dadurch entkräftet, daß die sogenannte leistungsabhängige Quote für Einstellungen und Beförderungen von Ausnahmeregelungen bei entgegenstehenden sozialen Hindernissen im Einzelfall wieder ausgeschaltet werden kann[125]. Das hessische Gleichstellungsgesetz fällt außerdem durch seine bei weitem detailliertesten Vorgaben zur Aufstellung des Frauenförderplans und der Ermittlung der zu berücksichtigenden Werte auf[126]. Ferner steht dort der Frauenbeauftragten ein Widerspruchsrecht mit aufschiebender Wirkung zu[127], ist dieser Position also eine tatsächlich wirkungsversprechende Kompetenz zugeschrieben worden.

Insgesamt bewegen sich die Maßgaben der Landesgleichstellungsgesetze aber auf der gleichen Linie wie die des Zweiten Gleichberechtigungsgesetzes des Bundes. Auch an ihnen ist insofern Kritik zu üben, als viele Formulierungen zu vage getroffen sind, um präzise ableitbare Aufträge entnehmen zu können. Zudem sind im Falle des Nichtergreifens der vorgeschriebenen Fördermaßnahmen ebenfalls keine Sanktionen vorgesehen[128].

---

[124] So z.B. in Bremen (§ 11 I), Berlin (§ 16 II).
[125] Z.B.: Art.1 Nr.2 FFG NRW: "... sind Frauen bei gleicher Eignung, Befähigung und fachlicher Leistung bevorzugt zu befördern, sofern nicht in der Person eines Mitbewerbers zwingende Gründe überwiegen."; § 8 I LLG Berlin: "Frauen, die eine zur Ausfüllung der Stelle gleichwertige Qualifikation besitzen wie männliche Mitbewerber, sind diesen gegenüber unter Wahrung der Einzelfallgerechtigkeit solange bevorzugt einzustellen, bis der Anteil der Frauen in der betreffenden Laufbahn ... mindestens 50 vom Hundert beträgt.".
[126] § 5 HessGleiG.
[127] § 19 III HessGleiG.
[128] *Maidowski*, Umgekehrte Diskriminierung, S.146; eine Ausnahme findet sich im HessGleiG (§ 10 V): Es dürfen keine Einstellungen vorgenommen werden, soweit noch kein Frauenförderplan entwickelt wurde.

IV. Völkerrechtliche und europarechtliche Vorgaben

Als weitere Einflußebene hinsichtlich einer innerstaatlichen Behandlung der Gleichstellungsproblematik sind völkerrechtliche und - auch über die Judikatur des EuGH hinausgehende - europarechtliche Vorgaben einzubeziehen.

1. Völkerrechtliche Ebene

Zunächst sollen völkerrechtliche Maßgaben daraufhin untersucht werden, welche Relevanz sie für die Anwendung des innerstaatlichen Rechtes mit sich bringen.

a) Einschlägige Abkommen

Im Völkerrecht finden sich in Verträgen, Konventionen und Erklärungen zahlreiche Übereinkünfte, die sich mit der rechtlichen und tatsächlichen Stellung der Frau auseinandersetzen. So wurden in den grundlegenden, internationalen völkerrechtlichen Übereinkommen allgemeine Diskriminierungsverbote formuliert[129]. Daneben befassen sich in den umfassenden Pakten einige Vorschriften mit Einzelbereichen der Gleichberechtigungsfrage. Beispielsweise normiert Art.23 IV des Internationalen Paktes über bürgerliche und politische Rechte gleiche Rechte bei Eheschließung, während der Ehe und bei der Auflösung der Ehe. Art.24 I bietet staatlichen Schutz des Kindes unabhängig vom Geschlecht. Im Internationalen Pakt über wirtschaftliche, soziale und kulturelle Rechte ist der Grundsatz der Entgeltgleichheit und gleicher Arbeitsbedingungen, insbesondere für Frauen, festgelegt (Art.7 Buchst.a) i)). Gleiches findet sich auch in Art.4 III (Entgeltgleichheit) und 10 II (Berufsausbildung) der europäischen Sozialcharta von 1961. Mit Diskriminierungsverboten bezüglich des Entgelts und der Arbeitsbedingungen beschäftigen sich zudem einige spezielle Abkommen wie die Übereinkommen Nr.100 (Entgeltgleichheit)[130] und Nr.111 (Diskriminierung in Beschäftigung und Beruf)[131] der Internationalen Arbeitsordnung (IAO).

Daneben ist als Spezialregelung das Übereinkommen zur Beseitigung jeder Form der Diskriminierung der Frau von 1979 zu nennen[132]. Das Abkommen ist als umfassende Formulierung der Rechts- und Chancengleichheit der Frau mit anschließender Präzisierung einzelner Problemfelder konzipiert. Behandelt werden

---

[129] Art.1 (3); Art.55c UN-Charta; Art.26 Int.Pakt über bürgerliche und politische Rechte; Art.2 II Allg. Menschenrechts-Erklärung von 1948; Art.14 EMRK als regionales Abkommen.
[130] BGBl 1956 II, S.24.
[131] BGBl 1961 II, S.98.
[132] Für die BRD seit dem 9.August 1985 in Kraft (BGBl II 1985, S.1243); Text: BGBl II 1985, S.647.

sowohl Fragen der Gleichberechtigung als auch Bereiche tatsächlicher Gleichstellung. Gegen die Durchsetzungskraft der Vereinbarung für den einzelnen bzw. die einzelne spricht jedoch, daß lediglich Staatenverpflichtungen und keine Individualrechte begründet werden. Zudem ist das Fehlen von Sanktionsbestimmungen zu bemängeln. Zwar schreibt Art.17 die Bildung eines Überwachungsausschusses vor, dessen Kontrollfunktion durch reine Berichts- und Empfehlungsaufgaben[133] aber als wenig effektiv bewertet werden muß.

b)   Bindungswirkung

Die Fülle der Bestimmungen, die sich auf internationaler Ebene mit Diskriminierungsverboten und Gleichberechtigungsvorschriften auseinandersetzen, werfen die Frage auf, inwieweit die Vorgaben nach ihrer Ratifizierung Bindungswirkung für den innerstaatlichen Bereich entfalten. Zwar ist festzuhalten, daß völkerrechtlichen Bindungen innerstaatlich nur der Rang einfacher Gesetze zukommt und sie insoweit keine maßgebenden Auswirkungen für in der Normenhierarchie höher angesiedelte Verfassungsbestimmungen wie Art.3 II GG haben geschweige denn, daß ihnen Verdrängungsfunktion zukäme. Der Einflußbereich internationaler Bestimmungen wirkt sich an anderer Stelle, nämlich als Maßgaben für Interpretation und Verständnis der Verfassungsbestimmungen, aus. Aus den Art.24 bis 26 GG ist ein verfassungsrechtliches Gebot zur Harmonisierung nationalen und internationalen Rechtes zu entnehmen. Damit wurde im Grundgesetz eine Wertentscheidung getroffen, die eine Hinwendung auf die internationale Gemeinschaft beinhaltet und ihren Ausdruck in der völkerrechtsfreundlichen Auslegung der Verfassung im Lichte der getroffenen Abkommen findet[134]. Gerade bei knapp formulierten Bestimmungen wie Art.3 II S.1 GG oder bei der Normierung bestimmter Zielsetzungen (z.B. Art.3 II S.2 GG) können den völkerrechtlich eingegangenen Verpflichtungen ausfüllende staatliche Orientierungen entnommen werden. Direkte Verbindlichkeit ist den völkerrechtlichen Maßgaben jedoch nicht zuzusprechen.

2.   Europarechtliche Ebene

Im Gegensatz dazu kommt bestimmten europarechtlichen Vorgaben unmittelbare Wirkung zu.

---

[133] Art.21 des Übereinkommens zur Beseitigung jeder Diskriminierung der Frau.
[134] *Maidowski*, Umgekehrte Diskriminierung, S.63; *Ebsen*, Benda/Maihofer/Vogel-HB, § 8, Rn 7; *Jarass/Pieroth*, GG, Art.24, Rn 1.

a) Primäres Gemeinschaftsrecht und seine Verbindlichkeit

Auf legislativer Ebene ist als wichtigste primärrechtliche Vorschrift Art.119 EGV zu nennen. Normiert wird der Grundsatz der Lohngleichheit, gerichtet an die Mitgliedstaaten, der ursprünglich nicht als menschenrechtlicher Gleichheitssatz sondern als Schranke gegen Wettbewerbsverzerrungen infolge der Beschäftigung unterbezahlter weiblicher Arbeitskräfte Aufnahme in den Vertrag gefunden hatte[135]. Ziel der Vertragsbestimmung ist, die Mitgliedstaaten durch konkrete Handlungspflichten zu binden. Als Norm der primären Gemeinschaftsrechtsebene kommt Art.119 EGV objektive Verdrängungswirkung gegenüber nationalem Recht zu, auf die sich der einzelne Arbeitnehmer im Rechtsstreit direkt berufen kann[136]. Allerdings kann Art.119 EGV nicht in weitem Verständnis das Gebot eines allgemeinen Gleichbehandlungsgrundsatzes entnommen werden, sondern sein Wirkungskreis bleibt auf das Prinzip der Entgeltlichkeit beschränkt[137]. Eine Ergänzung enthält Art.16 der Gemeinschaftscharta der sozialen Grundrechte der Arbeitnehmer von 1989. Normiert ist dort die Gewährleistung der Gleichbehandlung und der Ausbau der Chancengleichheit mit Hilfe von verstärkenden und sichernden Maßnahmen.

Daneben existiert im Gemeinschaftsrecht ein allgemeiner Rechtsgrundsatz der Gleichbehandlung, der als grundlegendes Prinzip oberhalb der Ebene primären Gemeinschaftsrechts angesiedelt ist. Jedoch ist seine Bindungswirkung stark eingeschränkt, indem lediglich auf der einen Seite die Gemeinschaftsorgane hinsichtlich ihres Handelns gegenüber ihren Bediensteten, auf der anderen Seite die Mitgliedstaaten, soweit sie in Ausübung von Gemeinschaftsrecht handeln, gebunden werden. Eine Berufung des oder der einzelnen auf diesen allgemeinen Gleichbehandlungsgrundsatz ist dagegen nicht möglich[138].

b) Sekundäres Gemeinschaftsrecht und seine Verbindlichkeit

Umfangreiche Regelungen sind auf sekundärer Gemeinschaftsrechtsebene getroffen worden. Die Entwicklung nahm ihren Anfang mit dem sozialpolitischen Aktionsprogramm des Ministerrats vom 21.Januar 1974[139]. Gegenstand des Programmes war die Gleichbehandlung von Mann und Frau auf dem Arbeitsmarkt, in

---

[135] *Maidowski*, Umgekehrte Diskriminierung, S.88 m.w.N.; *Lenz-Junghans*, EG-Kom, Art.119, Rn 1.
[136] *Langenfeld*, Gleichbehandlung, S.270; EuGH, Rs 43/75 (Defrenne II),Slg.1976, S.455 (476).
[137] *Ebsen*, RdA 1993, S.11 (11); *Langenfeld*, Gleichbehandlung, S.270; *Lenz-Junghans*, EG-Kom, Art.119, Rn 4; EuGH, Rs 149/77 (Defrenne III), Slg.1978, S.1365 (1378).
[138] *Langenfeld*, Gleichbehandlung, S.270.
[139] ABl. 1974 C 13 vom 12.2.1974, S.1.

der beruflichen Bildung, bei den Arbeitsbedingungen und der Entlohnung. Zur Durchführung wurden vom Ministerrat zunächst drei Richtlinien erlassen.
Die Richtlinie 75/117/EWG[140] konkretisiert das in Art.119 EGV normierte Diskriminierungsverbot bezüglich des Entgelts. Neben dieser Regelung kommt der Richtlinie nur sehr begrenzte Bedeutung zu[141].
Die arbeitsrechtliche Seite des Gleichbehandlungsgrundsatzes unter Einschluß aller privatrechtlichen, öffentlich-rechtlichen, abhängigen und selbständigen Tätigkeiten wird von der Richtlinie 76/207/EWG[142] behandelt. Dort wird der Grundsatz der Gleichbehandlung als das Verbot unmittelbarer und mittelbarer Diskriminierung aufgrund des Geschlechts definiert (Art.2 I RL 76/207/EWG). Nach der Rechtsprechung des EuGH soll in Umsetzung der Richtlinie die tatsächliche Chancengleichheit beim Zugang zur Beschäftigung gewährleistet werden[143]. Die darauffolgende Richtlinie 79/7/EWG[144] soll den Gleichbehandlungsgrundsatz in den gesetzlichen Systemen der sozialen Sicherheit verwirklichen. Neuerliche Vorgaben erfolgten in den achtziger Jahren mit der Richtlinie 86/378/EWG[145], die die Gleichbehandlung auf den Bereich betrieblicher Systeme der sozialen Sicherheit erweiterte. Mit dem Ziel der Gleichbehandlung im Bereich der selbständigen Erwerbstätigkeit folgte die Richtlinie 86/613/EWG[146]. Sie soll insbesondere der Verbesserung der rechtlichen Stellung mithelfender Ehegatten von Selbständigen dienen.
Flankierend zu diesen Richtlinienvorgaben wurden vom Rat drei Aktionsprogramme zur Förderung der Chancengleichheit der Frauen verabschiedet[147]. Das 1990 mit einer Laufzeit bis 1995 erlassene, erst jüngst beendete Aktionsprogramm hatte die Förderung uneingeschränkter Integration von Frauen auf dem Arbeitsmarkt und die Aufwertung ihrer Rolle in Wirtschaft und Gesellschaft zur Aufgabe

---

[140] RL 75/117/EWG des Rates zur Angleichung der Rechtsvorschriften der Mitgliedstaaten über die Anwendung des Grundsatzes des gleichen Entgelts für Männer und Frauen vom 10.2.1975 (ABl. 1975 L 45, 19).
[141] *Lenz-Junghans*, EG-Kom, Art.119, Rn 36.
[142] RL 76/207/EWG des Rates zur Verwirklichung des Grundsatzes der Gleichbehandlung von Männern und Frauen hinsichtlich des Zugangs zur Beschäftigung, zur Berufsbildung und zum beruflichen Aufstieg sowie in Bezug auf die Arbeitsbedingungen vom 9.2.1976 (ABl. 1976 L 39, 40).
[143] EuGH, Rs 14/83 (v.Colson und Kamann), Slg.1984, S.1891 (1906).
[144] RL 79/7/EWG zur schrittweisen Verwirklichung des Grundsatzes der Gleichbehandlung von Männern und Frauen im Bereich der sozialen Sicherheit vom 19.12.1978 (ABl. 1979 L 6, 24).
[145] RL 86/378/EWG des Rates zur Verwirklichung des Grundsatzes der Gleichbehandlung von Männern und Frauen bei den betrieblichen Systemen der sozialen Sicherheit vom 24.7.1986 (ABl. 1986 L 225, 48).
[146] RL 86/613/EWG des Rates zur Verwirklichung des Grundsatzes der Gleichbehandlung von Männern und Frauen, die eine selbständige Erwerbstätigkeit -auch in der Landwirtschaft- ausüben, sowie über den Mutterschutz vom 11.12.1986 (ABl 1986 L 359, 56).
[147] 1.Aktionsprogramm: Laufzeit 1982-1985; 2.Aktionsprogramm: Laufzeit 1986-1990.

und beschreibt einen Katalog von Maßnahmen, die von der EU selbst oder den Mitgliedstaaten auszuführen sind.

Um den Stellenwert der Richtlinienvorgaben bemessen zu können, soll kurz auf dessen Bindungswirkung für die Mitgliedstaaten und den einzelnen eingegangen werden. Als sekundärem Gemeinschaftsrecht kommt den Richtlinien in den einzelnen Staaten keine horizontale oder direkte Geltung zu[148]. Ihre Umsetzung richtet sich vielmehr nach Art.189 EWGV, in dem der Grundsatz niedergelegt ist, daß den Mitgliedstaaten zwar das durch die Richtlinie angestrebte Ziel vorgegeben wird, sie in der Wahl der Mittel zur Verwirklichung hingegen frei sind. Eine weitere Maßgabe folgt aus Art.5 EGV, der mit dem Prinzip der Gemeinschaftstreue ebenfalls eine möglichst effektive Richtlinienumsetzung fordert. Dem oder der einzelnen ist es verwehrt, sich direkt auf eine Richtlinienbestimmung zu berufen, er oder sie muß vielmehr die nationale Umsetzungsmaßnahme seines Heimatstaates abwarten, um sich auf indirektem Wege gegen eine Vorgabe zu wenden. Eine Ausnahme besteht nur in dem Falle, daß der Mitgliedstaat die Umsetzung eines Richtlinienzieles nicht ordnungsgemäß, insbesondere nicht im gesetzten Zeitrahmen, vorgenommen hat, und die niedergelegten Rechtspositionen so detailliert formuliert sind, daß ihre unmittelbaren Auswirkungen ohne Heranziehen weiterer Rechtsvorschriften ableitbar erscheinen[149]. Allerdings beanspruchen die Richtlinienpositionen eine Funktion als Auslegungsregel für die nationalen Gerichte, insofern kommt ihnen indirekte Bindungswirkung zu[150].

c) Rechtsprechung des EuGH

Für große Fortschritte auf dem Gebiet der Gleichbehandlungsfrage hat der Europäische Gerichtshof mit seiner Rechtsprechung gesorgt. In Vorabentscheidungsverfahren gemäß Art.177 EGV sind grundlegende Entscheidungen zur Begrifflichkeit und Auslegung von Art.119 EGV[151] und den Richtlinienbestimmungen getroffen worden[152]. Hervorzuheben ist die Vorreiterrolle, die der EuGH mit seiner

---

[148] *Arndt*, EuR, S.47; *Lenz-Junghans*, EG-Kom, Art.119, Rn 35; *Küfner-Schmitt*, ZTR 1992, S.141 (142); *Schweitzer/Hummer*, EuR, § 3 IV 3.

[149] *Bleckmann*, EuR, Rn 154; *Oppermann*, EuR, § 6, Rn 466; EuGH, Rs 8/81 (Becker), Slg.1982, S.53 (70 ff); EuGH, Rs 152/84 (Marshall), Slg.1986, 723 (724); BVerfGE 75, 223 (242).

[150] *Küfner-Schmitt*, ZTR 1992, S.141 (143).

[151] S. insbesondere die Defrenne-Entscheidungen: EuGH, Rs 80/70 (Defrenne I), Slg.1971, S.445; EuGH, Rs 43/75 (Defrenne II), Slg.1976, S.455; EuGH, Rs 149/77 (Defrenne III), Slg.1978, S.1365; zu den Defrenne-Entscheidungn auch *Kutsch*, BB 1991, S.2149 ff.

[152] EuGH vom 13.5.1986, Rs 170/84 (Bilka), Slg.1986, S.1607; vom 11.6.1987, Rs 30/85 (Teuling), Slg.1987, S.2497; vom 13.7.1989, Rs 171/88 (Rinner-Kühn), Slg.1989, S.2743; vom 17.10.1989, Rs 109/88 (Danfoss), Slg.1989, S.3199; vom 13.12.1989, Rs C-102/88 (Ruzius-Wilbrink), Slg.1989, S.4311; vom 27.6.1990, Rs C-33/89 (Kowalska), Slg.1990, S.2591; vom

Differenzierung von unmittelbarer und mittelbarer Diskriminierung eingenommen hat. Ausgehend von der in Art.2 I der Richtlinie 76/207/EWG normierten Unterscheidung entwickelte der EuGH Grundsätze zur bis dahin in den Mitgliedstaaten nicht berücksichtigten mittelbaren Diskriminierung von Frauen, die von den nationalen Gerichten aufzunehmen und zu beachten sind. Der Tatbestand einer mittelbaren Diskriminierung ist hiernach dann gegeben, wenn sich aus Gründen, die mit der allgemeinen faktischen Lage der Frauen zu tun haben, in einer Gruppe, die wegen eines anderen Merkmals als des Geschlechts benachteiligt wird, deutlich mehr Frauen als Männer befinden[153]. Damit steht das Gemeinschaftsrecht nationalen Maßstäben entgegen, die zwar neutral formuliert sind, aber die Merkmale einer mittelbaren Diskriminierung erfüllen, soweit nicht zur Rechtfertigung geschlechtsunabhängige objektive Faktoren eingreifen[154]. Als Hauptanwendungsfall dieser Grundsätze ist bisher der Bereich der Benachteiligung von Teilzeitkräften zu erachten, indem derartige Arbeitsplätze weit überwiegend von Frauen besetzt werden[155]. Die judikative Arbeit des EuGH und der nationalen Gerichte geht insofern Hand in Hand, als der EuGH zwar dazu berufen ist, nationale Mißstände, die eine mittelbare Diskriminierung begründen, aufzudecken, es den Gerichten der Mitgliedstaaten aber überlassen wird, eine Entscheidung hinsichtlich der dargetanen objektiven Rechtfertigungsgründe vorzunehmen[156].

Die Betrachtung der Vorgaben auf völker- und europarechtlicher Ebene verdeutlicht, daß ein die nationalen Gewalten bindendes, umfassendes Gleichbehandlungsgebot, auf das sich die Einzelperson unmittelbar berufen könnte, nicht existiert. Es ergibt sich innerstaatlich lediglich die Verpflichtung, die Chancengleichheit von Frauen und Männern zu beachten und nach Möglichkeit zu verwirklichen. Damit bleibt den Mitgliedstaaten ihr Aktionsradius bezüglich der Beseitigung insbesondere faktischer Gleichstellungsdefizite weitgehend freigestellt; eine Ermessensreduzierung auf bestimmte Umsetzungsarten findet auf internationaler Ebene nicht statt.

8.11.1990, Rs C-197/88 (Hertz), Slg.1990, S.3979; vom 7.2.1991, Rs C-184/89 (Nimz), Slg.1991, S.297; vom 4.6.1992, Rs C-360/90 (Bötel), Slg.1992, S.3589; Slg.1993, S.6591 (Moroni); Slg.1993, S.3811 (Remi van Cant); Rs C-28/93 (van den Akker), EuZW 1995, S.192.

[153] EuGH vom 11.6.1987, Rs 30/85 (Teuling), Slg.1987, S.2497.
[154] EuGH, Rs C-343/92 (Roks), Slg.1994, S.571 (600).
[155] *Kokott*, NJW 1995, S.1049 (1054).
[156] *Ebsen*, RdA 1993, S.11 (13); *Kokott*, NJW 1995, S.1049 (1054).

V. Bewertung der einzelnen Ausführungsebenen

Nach Betrachtung der bisherigen Vorstöße auf dem Gebiet der Gleichberechtigung und Gleichstellung durch gesetzliche Vorgaben soll im Anschluß eine Bewertung der einzelnen Regelungsebenen nach Effektivitätsmaßstäben erfolgen.
Auf supranationaler Ebene erweisen sich die völkerrechtlichen Abmachungen als ungeeignet für eine rasche Zustandsveränderung, da eine direkte Bindungswirkung nur dem Staat gegenüber eintritt. Dieser muß zur Verwirklichung der Vereinbarungen erst selbst noch gesetzgeberisch tätig werden. Ein ähnlich langer Umsetzungsweg zeigt sich im Europarecht. Die in Richtung auf das Gleichstellungsziel erlassenen Richtlinien erzeugen keine unmittelbar wirkenden Rechte für den einzelnen. Sie bedürfen vielmehr ebenfalls zunächst der Umsetzung durch die nationale Legislative. Hinzu kommt, daß für die ländereigene Verwirklichung der Richtlinienmaßgaben zu lange Zeiträume veranschlagt werden, als daß eine schnelle Änderung des defizitären Zustandes erwartet werden könnte. Außerdem wirkt sich die Rücksichtnahme auf die Verhältnisse jedes einzelnen EU-Mitgliedstaates bezüglich hoch gesteckter Ziele als hemmend aus. Indem die realistischen Umsetzungsmöglichkeiten auch des schwächsten Mitgliedstaates bei der Richtliniensetzung beachtet werden muß, ist die Zielansetzung lediglich auf kleinstem gemeinsamem Nenner möglich. Ein Eingehen auf die spezifischen Verhältnisse einzelner Staaten muß zugunsten einer Pauschalrichtlinie unterbleiben. Hinsichtlich der Durchsetzbarkeit von Richtlinienmaßgaben fehlt es auf europarechtlicher Ebene an Kontroll- und Sanktionierungsmechanismen. Größere Effektivität verspricht sicherlich der kontrollierende Weg: Innerhalb seiner Rechtsprechung kann der Europäische Gerichtshof mit der Überprüfung bundesdeutschen Rechts an den Gemeinschaftsvorgaben Entscheidungen und Richtungsanweisungen von Gewicht treffen. Allerdings spricht auch hier die lange Verfahrens- und Umsetzungsdauer gegen eine unmittelbar absehbare und damit effektive Zielverwirklichung.
Auf der Ebene von Bundes- und Landesverfassungsrecht wirken bereits begriffliche Verfassungsmerkmale der Geeignetheit der Normen als Umsetzungsanleitung entgegen. Durch den Charakter eines offenen Regelungswerkes, das nur die Organisationsstrukturen und Grundwerte unserer Gesellschaftsordnung angibt, jedoch auf Detailregelungen bezüglich der Ausführungsmittel verzichtet, soll Gegenwartsgerechtigkeit und Anpassungsfähigkeit an jeweils aktuelle Problemfelder gewährleistet werden[157]. Diese Eigenschaften laufen einer punktuellen Formulierung von Einzelmaßnahmen, die in rascher Reaktion auf einzelne Gleichstellungsmißstände unmittelbar einwirken können sollen, diametral entgegen. Insofern bietet sich eine Aufnahme der Gleichstellungsproblematik tatsächlich nur im Sinne einer offenen Zielvorgabe an. Die konkrete Angabe von Verwirklichungsprozessen und -zeiträumen kann auf dieser Ebene jedoch nicht geleistet werden.

---

[157] *Kirchhof*, Erneuertes Grundgesetz, S.28; *Wienholtz*, AöR 109 (1984), S.532 (536).

Als effektivste Regelungsebene kristallisiert sich damit die Umsetzung in einfachen Bundes- und Landesgesetzen heraus. Allerdings muß die Kompetenzlage berücksichtigt werden, die auf einigen Gebieten die Gesetzesfassung von Gleichstellungsmaßnahmen auf Länderebene verbietet. Beispielsweise ergibt sich für den Bereich der Bundesverwaltung eine ausschließliche Bundeskompetenz aus Art.73 Nr.8 GG. Eine konkurrierende Gesetzgebungskompetenz besteht für die Bereiche des Bürgerlichen Rechts, des Strafrechts und des Arbeitsrechts (Art.74 Nr.1 und 12 GG). Somit bleiben bereits weite Bereiche von der Landesgesetzgebung ausgeklammert. Ein Vorteil der bundeseinheitlichen Regelung besteht sicherlich darin, daß die Behandlung des Gleichstellungsziels auf einheitliche Weise erfolgt. Aufgrund dessen fühlen sich Frauen, die in verschiedenen Bundesländern leben, nicht benachteiligt. Andererseits ist der Vorzug nicht zu verkennen, daß bei landesgesetzlicher Behandlung entsprechende gesetzliche Maßnahmen auf die spezifischen Besonderheiten des jeweiligen Bundeslandes zugeschnitten werden können. Außerdem böte sich so die Möglichkeit, die Fruchtbarkeit von Experimenten mit verschiedenen Gleichstellungskonzepten für weitere gesetzliche Vorhaben auszunutzen. Die einfachgesetzliche Regelungsebene entfaltet somit den höchsten Grad an Flexibilität und Reaktionsfähigkeit, um sich den Defiziten der faktischen Gleichstellung anzunehmen.

Die Frage ist jedoch, ob gesetzliche Regelungen allein auf Dauer gesehen zu akzeptierter und nicht nur oktruierter Gleichbehandlung führen können. Die Auswertung der aufgezeigten bisherigen Vorstöße gesetzlicher Regelungen ergibt, daß die Zielsetzungen einseitig auf gleiche Chancen in Bezug auf das Erlangen bisher anerkannter Werte hinauslaufen. Es geht um beruflichen Aufstieg, um gerechte Anteile an Führungspositionen, um die Vereinbarkeit von Familie und Beruf und damit auch um höheren Verdienst und Alterssicherung und - nach heutigen Maßstäben damit einhergehend - um höheres Ansehen und gesellschaftliche Akzeptanz. Das Konzept dieses Werdeganges aller, Männer und Frauen, kann nicht aufgehen, da eine derartig große Anzahl an hoch dotierten und von ihrem Ansehen her begehrten Positionen nicht zur Verfügung steht. Selbstverständlich soll dies nicht der berechtigten Forderung der Frauen auf gleiche Chancen zum Erreichen dieser Stellungen widersprechen. Festzustellen ist nur, daß die Zufriedenheit aller, unabhängig vom Geschlecht, nach heutigen Maßstäben nicht erreicht werden kann.

Eine Lösungsmöglichkeit ließe sich jedoch in einem gesellschaftlichen Umdenkensprozeß erreichen. In einer ersten Stufe sollte eine Neudefinition des Begriffes "Arbeit" angestrebt werden. Bisher existiert die strikte, aber nicht auf einer Ebene angesiedelte Aufteilung der vorhandenen Arbeit in Berufsarbeit und Familienarbeit. Um die Gleichwertigkeit beider Bereiche zu erkennen, muß der Arbeitscharakter der unbezahlten und damit ein Hauptdefinitionsmerkmal von Berufsarbeit entbehrenden Familienarbeit verdeutlicht werden.

Familienarbeit läßt sich unterteilen in Hausarbeit auf der einen und Familienarbeit im engeren Sinne auf der anderen Seite. Erstere umfaßt die Tätigkeiten, die jeder für seine Person und den eigenen Lebensbedarf zu erledigen hat, ob nun als Alleinstehender oder in der Familie, wie Einkaufen, Kochen, Waschen etc.. Bei Familienarbeit im engeren Sinne handelt es sich dagegen um Arbeit für andere, die sie selbst nicht leisten können. Darunter fällt die Erziehung von Kindern, die Pflege kranker und betagter Angehöriger und ebenso die Übernahme der Hausarbeit für berufstätige Familienmitglieder. Die Gleichwertigkeit zur klassischen Berufsarbeit dem Charakter nach, unabhängig vom Aspekt der Entlohnung, läßt sich leicht daran verdeutlichen, daß Berufe wie z.B. Tagesmutter, Kinderpfleger/in, Altenpfleger/in, Kindergärtner/in, Haushälter/in oder auch Lehrer/in, die alle Einzelaspekte klassischer Familienarbeit abdecken, problemlos zu anerkannten Berufssparten gezählt werden.

Zu vollständiger gesellschaftlicher Anerkennung gehört aber als entscheidender Gesichtspunkt die Unabhängigkeit von anderen Personen sowohl im Verdienst als auch in der Versorgung. Während auf dem Gebiet der Entlohnung das Verständnis bereits dahin geht, daß der Lohn des die Berufsarbeit leistenden Familienteils die Entlohnung der von dem anderen Teil geleisteten Familienarbeit umfaßt, ist die Unabhängigkeit der Versorgung nach wie vor fest an den klassischen Berufsarbeitsbegriff gekoppelt. Um tatsächliche Gleichbewertung zu erreichen, ist der Rentenanspruch des für die Familie arbeitenden Teils von dem des Berufsarbeiters zu lösen und darf erst recht nicht unberechtigt weiteren erheblichen Kürzungen unterworfen sein[158]. Schließlich sollte nicht übersehen werden, daß mit der Familienarbeit auch Arbeitskraft für den Staat gegeben wird, indem die heute aufgezogenen Kinder in Zukunft für den Erhalt des Staates und die finanzielle Versorgung der vorangegangenen Generationen einzustehen haben werden.

Mit der Dokumentation von Gleichwertigkeit der Familien- und Berufsarbeit z.B. durch gleiche und unabhängige Versorgungsleistungen müssen aber als ebenso wichtige zweite Säule einige Bewußtseinsänderungen einhergehen. Lebens- und Erziehungserfahrung ist ein größerer Stellenwert einzuräumen. Bei Übernahme von als solchen tradierten "Frauentätigkeiten" wie Kindererziehung oder Hausarbeit durch Männer gebührt ihnen nicht Geringschätzung, sondern - im Gegenteil - gesellschaftliche Anerkennung. Die Entscheidung zugunsten zweier Teilzeitbeschäftigungen in der Partnerschaft darf nicht in Trauer über Hierarchie- und Karriereverluste münden, sondern muß Befriedigung durch den Zeitgewinn für Familienarbeit hervorrufen. "Zufriedenheit" darf nicht nur als Lohn geistig fordernden Berufslebens verstanden werden. Vielmehr muß eine ebensolche Herausforderung in der Erziehung von Kindern und im Aufbau und Erhalt eines intakten Familienlebens als Kleinstparzelle einer funktionierenden Gesellschaft gesehen werden. Das Selbstwertgefühl, das der Mensch aus Berufstätigkeit im herkömm-

---

[158] S. zum bisherigen Zustand S.36.

lichen Sinne schöpft, muß auf dem Berufsfeld der Familienarbeit gleichermaßen zu erreichen sein.

Großer Vorteil einer derartigen Sichtweise wäre zudem die optimale Ausnutzung der Vielfalt vorhandener Neigungen. Bei gleicher Anerkennung von Familien- und Berufsarbeit könnten die unterschiedlichen Interessenspektren von Frauen und Männern berücksichtigt werden. Fraglos müssen Frauen die gleichen Chancen erhalten, in alle Positionen bisher traditionell männlicher Berufsfelder vorzurücken. Dazu bedarf es auch einer spezifisch die weiblichen Fähigkeiten anerkennenden Änderung der Qualifikationskriterien. Doch sollen die Frauen, die sich nach ihrem Naturell für Arbeit in Fürsorge- und Erziehungsaufgaben sowie Familiengestaltung prädestiniert fühlen, und selbstverständlich auch gleichgesinnte Männer in freier Wahl ohne Beeinträchtigung durch Verdienst- und Versorgungsnachteile für die anspruchsvolle und unverzichtbare Aufgabe "Familie" entscheiden können. Das Wissen, in der gesellschaftlichen Wertung als Arbeitende im Beruf "Familie" den Arbeitern und Arbeiterinnen in anderen Berufen gleichgestellt zu sein, würde die ungezwungene Wahl je nach Neigung sehr erleichtern.

In Zusammenschau dieser Aspekte ergibt sich, daß das Verständnis von Gleichstellung nicht auf eine Angleichung an bisher vorwiegend von Männern erzielten Achtungswerten aus beruflicher Stellung und Entlohnung hinauslaufen darf. Notwendig ist vielmehr eine Begegnung von Frauen und Männern auf einem andersartigen Werteniveau, das Anerkennung und Befriedigung für alle zu bieten in der Lage ist.

Teil 2: *Interpretation des Art.3 II S.2 GG*

Der zweite Teil dient der umfassenden Einordnung der neuen Bestimmung in sein verfassungsrechtliches Umfeld. Die Charakterisierung im Verfassungsinstrumentarium (Teil A) wird über die daraus abzuleitenden Wirkungsrichtungen (Teil B) Aufschluß geben. Als wichtigsten Aspekt behandelt Teil C die konkreten Auswirkungen, die Art.3 II S.2 GG für Fördermaßnahmen aufgrund seiner zu bestimmenden Gewichtigkeit nach sich zieht.

A. *Charakterisierung im Verfassungsinstrumentarium*

In der Empfehlung der GVK wurde der Förderauftrag des Art.3 II S.2 GG als Staatsziel deklariert[159] und in dieser Form vom Verfassungsgeber in das Verfahren eingebracht. Die Diskussion um Staatszielbestimmungen, die 1972 von Ulrich Scheuner aufgebracht wurde[160], hat bisher nicht zu einer einheitlichen Definition dieses Verfassungsbegriffs geführt[161]. Von den meisten Autoren wird eine Begriffsbestimmung zu Grunde gelegt, die die Sachverständigen-Kommission "Staatszielbestimmungen/Gesetzgebungsaufträge" in ihrem Bericht vom September 1983 vorgestellt hat. Hiernach sind Staatszielbestimmungen "Verfassungsnormen mit rechtlich bindender Wirkung, die der Staatstätigkeit die fortdauernde Beachtung oder Erfüllung bestimmter Aufgaben - sachlich umschriebener Ziele - vorschreiben"[162]. Damit handelt es sich aber nicht um eine klar abgegrenzte, eine eindeutige Einordnung gewährleistende Definition. Vielmehr existieren auf Verfassungsebene eine Reihe anderer Instrumente, die sehr ähnliche Zielsetzungen beinhalten. Zur exakten Einordnung der Neuformulierung ist deshalb eine Abgrenzung notwendig.

I. *Abgrenzung zu verwandten Begriffen*

Relativ offensichtlich ist die Unterscheidung von einigen Instrumenten, die eine Zuordnung des Förderauftrags bereits per definitionem nicht zulassen.

---

[159] Bt-Dr 12/6000, S.50.
[160] *Scheuner*, Staatszielbestimmungen, FS für Forsthoff 1972, S.325-346.
[161] Zum ersten Mal Erwähnung fand der Begriff der Staatszielbestimmung bereits in der Rede *Ipsens* "Über das Grundgesetz" in der Hamburger Universität vom 17.11.1949. Ipsen bezeichnete dort den sozialen Rechtsstaat als Staatsziel.
[162] Bericht der *Sachverständigenkommission 1983* (Staatszielbestimmungen und Gesetzgebungsaufträge), S.5, Rn 7.

1. Programmsatz

In Betracht käme beispielsweise die Formulierung eines staatlichen Zieles als Programmsatz. Es handelt sich dabei um politische Absichtserklärungen, die keinerlei rechtliche Verbindlichkeit mit sich bringen[163]. Einer Einordnung des Gleichstellungsförderauftrags als bloßem Programmsatz steht jedoch entgegen, daß derartige Ausformungen im Grundgesetz nicht aufzufinden sind. Nach den schlechten Erfahrungen mit einer mit politischen Idealvorstellungen überfrachteten Weimarer Reichsverfassung, die eine Einhaltung der genannten Ziele in keiner Weise garantieren konnte[164], ist die Aufnahme absehbar nicht verwirklichbarer Wunschziele in das Grundgesetz vermieden worden[165]. Insofern ist nicht davon auszugehen, daß ein Gleichstellungsauftrag als reines Idealbild ohne rechtliche Verbindlichkeit aufgenommen werden sollte, der gerade den Staat mit der Maßgabe der Durchsetzung eines konkreten Zieles in die Pflicht nimmt.

2. Institutionelle Garantie

Ein weiteres Instrument zur Formulierung von Aufträgen in der Verfassung sind die institutionellen Garantien. Diese Bestimmungen dienen der Sicherung von Rechtseinrichtungen oder Institutionen des öffentlichen Rechts, nicht aber von individuellen Rechten[166]. Als Beispiele seien die Gewährleistung von Ehe und Familie (Art.6 I GG), die kommunale Selbstverwaltung (Art.28 II GG) oder das Beamtentum (Art.33 V GG) genannt. Gemein ist diesen Institutionen, daß sie bereits existieren und ihrer Bedeutung durch die Aufnahme von Bestandsgarantien Rechnung getragen wird. Im Gegensatz zu einer Zielsetzung für den Staat kommt ihnen der Charakter einer Begrenzung der staatlichen Tätigkeit zu, die den Kernbereich der geschützten Institute nicht angreifen darf[167]. Mit Art.3 II S.2 GG soll auf die staatliche Verwirklichung eines Zieles tatsächlicher Gleichberechtigung von Frauen und Männern erst hingewirkt werden. Ein später zu bewahrendes Institut "tatsächliche Gleichstellung" ist nicht vorhanden und muß zunächst erreicht werden, bevor es in seinem Bestand geschützt werden kann. Somit ist die Einordnung als Institutsgarantie nicht möglich.

---

[163] *Paech*, GVK-Anhörung vom 16.6.1992, S.124; *Denninger*, GVK-Anhörung vom 16.6.1992, S.78.
[164] Unter anderem enthielt die WRV im Grundrechtsteil Rechte auf Wohnung und Arbeit. Gleichwohl lag der Stand der Arbeitslosen im Jahr 1933 bei ca. 6 Millionen.
[165] *Brohm*, JZ 1994, S.213 (215); *Benda*, Benda/Maihofer/Vogel-HB, § 17 II, Rn 85.
[166] *Scheuner*, Staatszielbestimmungen, S.331; *Wipfelder*, ZRP 1986, S.140 (145).
[167] *Lücke*, AöR 107 (1982), S.15 (29); *Scheuner*, Staatszielbestimmungen, S.332; *Paech*, GVK-Anhörung vom 16.6.1992, S.124.

3. Gesetzgebungsauftrag

Ein den Staatszielbestimmungen ähnlicher Charakter kommt ferner den Gesetzgebungsaufträgen zu. Diese haben an die Legislative gerichtete Anweisungen, gesetzgeberisch tätig zu werden, zum Inhalt[168]. Z.B. wird allein die Legislative in Art.6 V GG dazu verpflichtet, gleiche Bedingungen für uneheliche Kinder in allen Bereichen herzustellen oder in Art.4 II GG damit beauftragt, die nähere Ausgestaltung der Kriegsdienstverweigerung gesetzlich zu regeln. Den Gesetzgebungsaufträgen ist eigen, daß sie nicht der Bewältigung grundsätzlicher Fragen dienen, sondern ihnen lediglich ein punktuell begrenzter, auf präzise Normen gerichteter Gehalt zukommt[169]. Diese konkrete Zielsetzung läßt im Gegensatz zu Staatszielbestimmungen keinen Spielraum bezüglich der Adressaten und des Inhalts zu und wird deshalb als für die Gesetzgebung verbindlich angesehen. Art.3 II S.2 GG wendet sich direkt an den Staat und nicht explizit nur an die Legislative. Außerdem sind die Umsetzungsinstrumente nicht konkret benannt, sondern dem Staat wird bei Verwirklichung der Zielsetzung weitgehende Entfaltungsfreiheit gelassen. Neben Maßnahmen der Gesetzgebung ist also auch ein Tätigwerden von Exekutive und Judikative nicht a priori ausgeschlossen. Eine Einordnung der Neubestimmung als Gesetzgebungsauftrag würde damit zu kurz greifen.

4. Soziales Grundrecht

Schließlich wäre daran zu denken, Art.3 II S.2 GG als soziales Grundrecht aufzufassen. Dabei handelt es sich um verfassungsrechtliche Gewährleistungen sozialer Zielsetzungen, die der gesellschaftlichen Lebensgrundlage zugerechnet werden. Trotz ihrer individualrechtlichen Formulierung[170] ist in Unterscheidung zu den Freiheitsgrundrechten festzuhalten, daß der Gehalt sozialer Grundrechte die abwehrrechtliche Funktion nicht umfaßt. Vielmehr ist ein Tätigwerden des Staates gefordert, der auf das Schaffen einzelner sozialer Positionen hinzuwirken hat, so daß es zu einer Anhebung der Standardversorgung in den normierten Bereichen kommen kann. Einer Behandlung als Grundrechte im klassischen, abwehrrechtlichen Sinne steht entgegen, daß soziale Grundrechte im Gegensatz zu den Freiheitsgrundrechten das Vorhandensein von staatlichen Ressourcen voraussetzen, so daß die Verteilung sozialer Güter erst ermöglicht wird[171]. Dieser Umstand bildet

---

[168] *Lücke*, AöR 107 (1982), S.15 (22).
[169] *Scheuner*, Staatszielbestimmungen, S.334; *Lücke*, AöR 107 (1982), S.15 (23); *Denninger*, GVK-Anhörung vom 16.6.1992, S.124; *SV-Komission 1983*, S.5, Rn 8.
[170] So normiert z.B. die Landesverfassung von Niedersachsen in Art.4 I ein "Recht auf Bildung", Art.45 S.2 Saarländische Verfassung und Art.24 I S.3 Landesverfassung NRW und Art.8 S.1 Bremische Verfassung geben ein "Recht auf Arbeit".
[171] *Graf Vitzthum*, GVK-Anhörung vom 16.6.1992, S.148.

eine faktische Schranke aller sozialen Gewährleistungen, so daß die individualrechtliche Einklagbarkeit von vornherein nicht in jedem Fall garantiert werden kann[172]. Der Vergleich mit der Grundeigenschaft der klassischen Abwehrrechte zeigt, daß die Bezeichnung "soziale Grundrechte" irreführend sein muß und die Definition als staatlicher Auftrag, bestimmte soziale Rechtspositionen gezielt zu fördern, deutlich mehr Ähnlichkeit zu den Staatszielbestimmungen als zu den Freiheitsgrundrechten aufweist. In diesem Sinne verstanden können soziale Grundrechte den Staatszielbestimmungen damit gleichgesetzt werden[173].

II. Einordnung als Staatsziel oder Individualgrundrecht

Nach dieser Negativauslese kommt im Verfassungsinstrumentarium nur noch die Einordnung als Grundrecht oder als Staatszielbestimmung in Betracht. Weil eine eindeutige Entscheidung anhand der Definitionen nicht zu treffen ist, um Charakter und Aussage der Verfassungsnorm exakt bestimmen zu können, ist deren Interpretation notwendig.

1. Zur Auslegungsmethodik

Bedingt durch die Offenheit der Texte, ihre Kürze und ihren Charakter als Grundsatzbestimmungen ergeben sich bei der Auslegung von Verfassungssätzen Schwierigkeiten[174]. Zunächst wurde darüber gestritten, ob der Interpretation der Wille des Verfassungsgebers (subjektive Theorie) oder die objektive Normaussage (objektive Theorie) zugrundegelegt werden soll. Weit vorherrschend ist heute die objektive Theorie, der auch das Bundesverfassungsgericht schon früh den Vorzug gab: "Maßgebend für die Auslegung einer Gesetzesvorschrift ist der in dieser zum Ausdruck kommende objektivierte Wille des Gesetzgebers, so wie er sich aus dem Wortlaut der Gesetzesbestimmung und dem Sinnzusammenhang ergibt, in den diese hineingestellt ist. Nicht entscheidend ist dagegen die subjektive Vorstellung der am Gesetzgebungsverfahren beteiligten Organe oder einzelner ihrer Mitglieder über die Bedeutung der Bestimmung"[175]. Uneinigkeit herrscht aber noch immer darüber, ob aufgrund der anderen Wesensart von Verfassungsbestimmungen andere Maßstäbe gelten müssen als bei der Auslegung einfacher Gesetze. Jedoch ist eine Grundübereinstimmung bezüglich des herkömmlichen Auslegungskanons festzustellen. In Weiterentwicklung des von Savigny vorgestellten Interpretations-

---

[172] *Rupp*, AöR 101 (1976), S.161 (177).
[173] *Graf Vitzthum*, VBlBW 1991, S.404 (406).
[174] *Böckenförde*, NJW 1974, S.1529 (1529); *Müller*, Juristische Methodik, S.82; *Stern*, StaatsR I, S.128.
[175] BVerfGE 1, 299 (312); bestätigt in: E 6, 55 (75); 10, 234 (244); 33, 265 (294).

katalogs[176] werden der Aspekt der Wortlautauslegung, der historische, der systematische und der teleologische Aspekt zur Auslegung herangezogen. Dem schloß sich die Rechtsprechung mit der "Zusammenschau von Wortlaut, Entstehungsgeschichte, System und gesetzgeberischer Zielsetzung"[177] an. Betont wurde im Schrifttum mehrfach, daß zwar alle Gesichtspunkte - die Teleologie allerdings nur mit Einschränkungen[178] - gleichberechtigt nebeneinander stünden, ein korrektes Bild aber nur durch ein argumentatives Inbeziehungsetzen entstehen könne[179] und nicht durch isolierte Betrachtung zu gewinnen sei[180].

An dem viersäuligen Auslegungsgerüst wurde aber auch Kritik laut. So bemängelte Hesse, daß das Verhältnis der Parameter untereinander unklar sei, insbesondere, welcher Methode bei unterschiedlichen Ergebnissen der Vorrang einzuräumen sei. Hesse hält es daher für erforderlich, ergänzende Prinzipien der Verfassungsinterpretation wie die Einheit der Verfassung, die praktische Konkordanz, die funktionelle Richtigkeit, die Integrationswirkung oder auch die normative Kraft der Verfassung zwecks präzisierender Auslegung heranzuziehen[181]. Andere Autoren versuchen eine eingrenzende Weiterentwicklung anhand von topischen[182] oder rechtsvergleichenden Aspekten oder mittels einer sogenannten wirklichkeitswissenschaftlichen Verfassungsinterpretation[183]. Inzwischen wendet sich Starck jedoch gegen all diese Bemühungen mit der Kritik, daß die gesamten angeführten Aspekte dem Blickwinkel der systematischen Auslegungsmethode unterzuordnen seien[184] und deshalb keinen darüber hinausgehenden Stellenwert beanspruchen könnten. Die Suche nach methodisch einwandfrei einengenden Interpretationsweisen erübrigt sich jedenfalls dann, wenn bereits die Anwendung der vier Grundparameter ein vor dem Hintergrund der Verfassung einheitliches Auslegungsergebnis erzielt.

a)   Wortlautauslegung

Die Auslegung einer Bestimmung nach dem Wortlaut beschäftigt sich mit ihrer sprachlichen Ausdeutung. In Abstufung wird dabei zunächst der spezielle Sprachgebrauch in der einzelnen Bestimmung herangezogen, danach der allgemeine

---

[176] Savigny zog den grammatischen, den logischen, den historischen und den systematischen Aspekt heran (*Savigny*, System, S.213).
[177] BVerfGE 50, 177 (194).
[178] *Müller*, Juristische Methodik, S.208; *Hesse*, Grundzüge, Rn 57.
[179] *Starck*, Isensee/Kirchhof Handbuch VII, § 164, Rn 22.
[180] AK-*Stein*, Einl II, Rn 53; *Müller*, Juristische Methodik, S.212; *Stern*, StaatsR I, S.127.
[181] *Hesse*, Grundzüge, Rn 70 ff.
[182] *Viehweg*, Topik und Jurisprudenz; *Wieacker*, FS für Gadamer, S.326 ff.
[183] *Häberle*, Verfassung und Zeit, S. 309.
[184] *Starck*, Isensee/Kirchhof Handbuch VII, § 164, Rn 19.

Sprachgebrauch in der Verfassung hinzugenommen, ergänzend kann dann noch auf die generelle juristische Fachsprache und zuletzt auf den allgemeinen hochdeutschen Sprachgebrauch zurückgegriffen werden[185]. Zu beachten sind zusätzlich die Erkenntnisse der modernen Hermeneutik, d.h., es soll ermittelt werden, was der Sinn einer bestimmten gesellschaftlichen Aussage nach dem jeweiligen Vorverständnis zur Zeit der Normerschaffung ist.

Unter diesen Prämissen ist zu untersuchen, ob sich aus dem Sprachgebrauch in Art.3 II S.2 GG gesicherte Angaben über den Charakter der Bestimmung ableiten lassen. Festzustellen ist, daß die meisten Individualgrundrechte im Katalog der Art.1 bis 19 GG mit Formulierungen wie "Jeder", "Niemand", "Alle" oder "Jeder Deutsche" beginnen. Dadurch wird der persönliche Bezug auf das Individuum hin verdeutlicht, das die genannten Rechte eigens für sich in Anspruch nehmen können soll. Allerdings lassen sich auch Gegenbeispiele anführen. Z.B. ist das Individualrecht des Art.4 II GG auf freie Religionsausübung gänzlich ohne personalen Bezug gefaßt: "Die ungestörte Religionsausübung wird gewährleistet". Ebenso verhält es sich mit dem Eigentumsgrundrecht des Art.14 I S.1 GG, in dem lediglich von der Gewährleistung des Eigentums die Rede ist. Daraus läßt sich folgern, daß der Charakter eines Individualgrundrechts nicht zwingend eine personale, zuordnende Formulierung voraussetzt. Somit läßt sich durch diese Argumentation die Qualifizierung des Gleichstellungssatzes, in dem von "Fördern und Hinwirken durch den Staat" die Rede ist, als Individualgrundrecht nicht ohne weiteres von der Hand weisen.

Weitere Erkenntnisse könnten sich bei der Betrachtung kleinerer Einheiten des vom Verfassungsgeber gewählten Wortlauts ergeben. Zunächst wird ausgesagt, daß "Der Staat fördert". Angestrebt ist also ein Aktivwerden des Staates als Subjekt, der auf ein bestimmtes Ziel hin, nämlich "die tatsächliche Durchsetzung der Gleichberechtigung von Frauen und Männern", tätig werden soll. Subjekt ist nur der Staat, eine Aussage zugunsten einer Geltendmachung von Rechten durch die Frau selbst läßt sich dem Wortlaut nicht entnehmen. Im Unterschied zu der passivischen Formulierung des Grundrechts aus Art.4 II, in den man bei Aktivformulierung ebenso den Staat als gewährleistendes Subjekt einsetzen könnte, wird in Art.3 II S.2 GG auch nur von einem "Fördern", nicht von einer "Gewährleistung" gesprochen. Das bedeutet, daß der Staat zwar Aktionen mit dem Ziel, die Gleichberechtigung durchzusetzen, in Angriff nehmen soll, eine das Erreichen dieses Zieles voraussetzende Gewährleistung der Frau jedoch noch nicht versprochen werden kann. Eine als einklagbares Grundrecht verstandene Garantie kann zur Zeit vom Staat nicht übernommen werden, so daß eine Frau sich mit dem sichtlichen Bemühen der staatlichen Einrichtungen um die Förderung des Gleichstellungszieles begnügen muß[186]. Im weiteren soll der Staat auf "die Beseitigung bestehender

---

[185] AK-*Stein*, Einl.II, Rn 54.
[186] So auch *Brohm*, JZ 1994, S.213 (219).

Nachteile hinwirken". Wiederum ist Aktivitätssubjekt der Staat. Mit dem Verb "wirkt hin" wird verdeutlicht, daß durch staatliche Tätigkeit erst ein Prozeß in Gang gesetzt werden muß, der die endgültige Nachteilsbeseitigung als Endziel verfolgt und derzeit nicht einklagbar gewährleistet werden kann.

Darüber, auf welche Weise die staatliche Aufmerksamkeit auf Zustände bestehender Nachteile gelenkt werden soll, ist Art.3 II S.2 GG jedoch nichts zu entnehmen. Neben der Unterrichtung des zuständigen Ministeriums durch die Frauenbeauftragten des öffentlichen Dienstes könnte eine petitorische Hinweismöglichkeit auf Nachteilssituationen und Vorschläge für verbessernde Maßnahmen durch Einzelpersonen durchaus in Frage kommen. Gleichwohl spricht die Wortwahl in Art.3 II S.2 GG für sein intendiertes Verständnis als Staatszielbestimmung.

b) Historische Auslegung

Hinsichtlich der historischen Auslegung einer Verfassungsbestimmung werden verschiedene Parameter herangezogen. In erster Linie ist die Entstehungsgeschichte einer Norm zu betrachten. Aufschluß über die Gründe, die zur konkreten Formulierung einer Verfassungsnorm geführt haben, kann gewonnen werden, wenn der vorausgegangene Meinungsbildungsprozeß des Verfassungsgebers aufgedeckt wird. Weiter miteinzubeziehen sind die gesellschaftlichen Konflikte, die zur Entwicklung der einer Verfassungsnorm zugrunde liegenden Regelungsidee beigetragen haben. Eine Rolle spielen kann ferner die Anwendungsgeschichte. Darunter versteht man die gesellschaftliche Weiterentwicklung, die zu sich ständig ändernder öffentlicher Meinungsbildung über den Sinn der Verfassungsnorm führt[187]. Letzteres wird bei der Interpretation des Art.3 II S.2 GG allerdings keinen Ausschlag geben können, da die Norm zu jung ist, um einschneidende Einschätzungsänderungen in der Öffentlichkeit erfahren haben zu können.

Innerhalb des Meinungsbildungsprozesses des Deutschen Bundestages als Verfassungsgeber hat Art.5 EV den Anstoß zu der Auseinandersetzung mit einem zu fixierenden Gleichstellungsauftrag gegeben. Hierin wurde dem gesamtdeutschen Gesetzgeber aufgetragen, Überlegungen zur Aufnahme von Staatszielbestimmungen anzustrengen, ergänzt durch Art.31 I EV, der die Weiterentwicklung der Gesetzgebung zur Gleichberechtigung forderte. Von einer expliziten Beschäftigung mit dem Grundrechtskatalog geschweige denn der Einführung neuer Grundrechte ist dort nicht die Rede.

Für die Auslegung als Staatsziel spricht weiter der den Sachverständigen von der GVK zum Thema Art.3 II GG unterbreitete Fragenkatalog[188]. Die GVK gab aufgrund der nach der Sachverständigenanhörung geführten Diskussion und

---

[187] AK-*Stein*, Einl.II, Rn 62.
[188] Fragenkatalog abgedruckt in: *Limbach/Eckertz-Höfer*, Frauenrechte, S.238 ff.

Abstimmung eine ausgearbeitete Empfehlung an das Parlament ab, dem wiederum die Hälfte der GVK-Mitglieder angehörten. Insofern läßt der von der GVK erstellte Fragenkatalog den Rückschluß auf den beabsichtigten Verfassungscharakter einer ergänzenden Bestimmung des Art.3 II S.2 GG zu. In Frage I 2 z.B. wurde nach dem Vorhandensein eines "Gebots an den Staat zur tatsächlichen Gleichstellung" in Art.3 II GG a.F. gefragt. Frage I 4 beschäftigte sich damit, was sich an der Bedeutung des Art.3 GG ändere, wenn "andere Staatsziele in die Verfassung aufgenommen würden, ein ausdrückliches Gleichstellungsgebot aber nicht berücksichtigt würde". Schließlich ergibt sich aus Frage III 5, die nach einem in einer der vorgeschlagenen Varianten subjektiv einklagbaren Rechtsanspruch fragt, die Intention, eine klare Abgrenzung zwischen gewünschtem Staatszielcharakter und dem subjektiv einklagbaren Grundrecht zu schaffen. Zwangsläufig bezogen sich die das Meinungsbild der GVK-Mitglieder prägenden Statements in den Diskussionen und die schriftlichen Gutachten der Sachverständigen nur auf eine Charaktereinordnung als Staatsziel[189]. Keinen Zweifel über den vom Verfassungsgeber intendierten Staatszielcharakter des Art.3 II S.2 GG läßt auch die amtliche Begründung zur Verfassungsänderung[190]. Dort heißt es: "Durch die Ergänzung des Artikel 3 Abs.2 GG wird ein Staatsziel normiert, durch das die zuständigen staatlichen Organe angehalten werden, Maßnahmen zur Erreichung der tatsächlichen Gleichberechtigung zu ergreifen"[191]. Dem entspricht auch die aus bestimmten Konfliktsituationen erwachsene Regelungsidee, indem der Staat ausdrücklich dazu angehalten werden soll, dem immer noch vorzufindenden Defizit in der tatsächlichen Gleichberechtigung der Frauen wirksame Maßnahmen entgegenzusetzen. In ihrer Individualität wurde die Frau durch das Gleichheitsgrundrecht und das Diskriminierungsverbot der Absätze 2 und 3 des Art.3 GG als ausreichend geschützt angesehen.
Als Ergebnis der historischen Auslegung des Verfassungscharakters des Art.3 II S.2 GG bleibt für die Qualifizierung als Grundrecht kein Raum. Alle Aspekte dieser Interpretationsmethode sprechen für eine Einordnung als Staatsziel.

c) *Systematische Auslegung*

Innerhalb der systematischen Auslegungsmethode wird die Stellung der zu untersuchenden Norm für die Interpretation dienstbar gemacht. Erfaßt werden soll zum einen die Einordnung der Bestimmung an einer bestimmten Stelle der Verfassung, der sogenannte formale Zusammenhang. Auf der anderen Seite wird die Einbettung

---

[189] *Benda*, GVK-Anhörung vom 5.11.1992, S.69; *Sacksofsky*, GVK-Anhörung vom 5.11.1992, S.97; *Schmidt-Jortzig*, GVK-Anhörung vom 5.11.1992, S.109; *Simon*, GVK-Anhörung vom 5.11.1992, S.125.
[190] Bt-Dr 12/6000.
[191] Bt-Dr 12/6000, S.50.

in die sachlichen Strukturen der normativ relevanten Regelungsbereiche untersucht[192]. Beide Facetten sind unter der Prämisse zu sehen, daß eine systematische Interpretation niemals der Wahrung der geistigen Einheit der Verfassung unter Vermeidung logischer Widersprüche[193] zuwiderlaufen darf.

Zunächst soll der formale Zusammenhang, also die Stellung des Art.3 II S.2 GG im Grundgesetz untersucht werden. Angeordnet ist die Neubestimmung direkt hinter dem Grundrecht auf Gleichberechtigung von Mann und Frau aus Art.3 II S.1 GG, also inmitten des Individualgrundrechtskatalogs der Art.1 bis 19 GG. Allerdings werden in diesen Bestimmungen auch andere Verfassungsinstrumente genannt, so daß von der bloßen Plazierung im Grundrechtskatalog nicht zwingend auf die Qualifizierung als Grundrecht geschlossen werden kann. Beispielsweise wird in Art.7 I GG eine Verantwortungszuweisung an den Staat bezüglich des Schulwesens getroffen, Art.15 GG vermittelt eine staatliche Eingriffsbefugnis in das Eigentum und Art.6 V GG beinhaltet einen Gesetzgebungsauftrag zugunsten der gleichen Lebensbedingungen für uneheliche Kinder. Andererseits wird man auf der Suche nach Staatszielbestimmungen im Grundrechtskatalog nicht fündig. Vielmehr fällt auf, daß die gleichzeitig mit dem Gleichstellungssatz eingeführte Staatszielbestimmung bezüglich des Umweltschutzes als Art.20a, also im Anschluß an die Grundrechte, aufgenommen wurde. Gegen die Relevanz dieser unterschiedlichen Positionen für eine Charakterisierung könnte sprechen, daß aufgrund der direkten Zugehörigkeit eines staatlichen Auftrags zur tatsächlichen Durchsetzung der Gleichberechtigung zum Gleichberechtigungsgrundrecht des Art.3 II S.1 GG die sich unmittelbar anschließende Plazierung schlichtweg am naheliegendsten war. Auf der anderen Seite wirft diese Überlegung die Frage auf, weshalb bei der Staatszielbestimmung Umweltschutz nicht ebenso verfahren worden ist. Schließlich ist nicht abzustreiten, daß zum Grundrecht auf Leben und körperliche Unversehrtheit aus Art.2 II S.1 GG der staatliche Auftrag zur Erhaltung der notwendigen Lebensgrundlagen sehr gut gepaßt hätte. Diese Möglichkeit wurde beispielsweise im Petitionsausschuß des Deutschen Bundestages erörtert. Zumindest ist es denkbar, aufgrund dieser unterschiedlichen Positionierung der Aufträge an den Staat dem Gleichstellungsauftrag einen anderen Verfassungscharakter als dem Staatsziel Umweltschutz beizumessen.

Als weiterer systematischer Aspekt ist der sachliche Zusammenhang heranzuziehen. Ziel der Betrachtung ist es, die zu interpretierende Bestimmung im Lichte der zu wahrenden Einheit der Verfassung auszulegen. Der Verfassung soll ihre Tauglichkeit als Instrument normativer Integration erhalten bleiben[194]. Zu bewerten ist also, ob bei einer Auslegung des Art.3 II S.2 GG als Individualgrundrecht das Gleichgewicht der Grundrechte sowie die in der Verfassung enthaltene objektive

---

[192] *Müller*, Juristische Methodik, S.209.
[193] AK-*Stein*, Einl.II, Rn 64.
[194] AK-*Stein*, Einl.II, Rn 64.

Wertordnung gewahrt bleiben kann. Die Möglichkeit einer Frau zur Verfassungsbeschwerde in dem Fall, daß sie die Verletzung einer gleichgestellten Position durch das Nichtergreifen einer staatlichen Maßnahme geltend macht und die Durchführung dieser Maßnahme verlangt, dürfte demnach nicht die Systematik des umgrenzenden Regelungsbereichs stören.
Voraussetzung wäre zum einen, daß der Staat ungehindert Maßnahmen nach eigenem Gutdünken anordnen und durchsetzen könnte. Eine Begrenzung ergibt sich aber z.B. durch ein entgegenstehendes Gleichberechtigungsrecht der Männer und auch durch die beamtenrechtlichen Gleichbehandlungsgrundsätze des Art.33 II GG. Hinzu kommt, daß Gleichstellungsmaßnahmen, die nicht die gleichzeitige Benachteiligung anderer Personen betreffen sollen, immer mit der Bereitstellung von Mitteln verknüpft sind, um z.B. zusätzliche Teilzeitarbeitsplätze einzurichten. Schließlich sind Bund und Länder gemäß Art.109 II GG dazu angehalten, das gesamtwirtschaftliche Gleichgewicht zu beachten. Da Ressourcen dem Staat nicht unbegrenzt und beliebig einsetzbar zur Verfügung stehen, ist auch von dieser Seite eine zwingende Eingrenzung staatlicher Fördermöglichkeiten festzustellen. Somit muß aus sachlich systematischer Sicht die Einordnung des Art.3 II S.2 GG als Individualgrundrecht unter Wahrung einer einheitlichen Verfassungssichtweise als undurchführbar angesehen werden.
Im Ergebnis bietet sich nach der systematischen Auslegung ein indifferentes Bild: Formalsystematisch könnte man den Grundrechtscharakter belegen, der sachsystematische Blickwinkel spricht aber entschieden gegen ein derartiges Verständnis.

d) Teleolgische Auslegung

Zur Abrundung des durch die Methode der Wortauslegung, der historischen und der systematischen Interpretation gefundenen Bildes oder zur Untermauerung eines Aspektes bei differierenden Ergebnissen wird die teleologische Auslegung einer Norm herangezogen. Berücksichtigung finden soll hiernach die wesentliche Richtung, der Sinn und Zweck, den eine bestimmte Rechtsnorm verfolgt[195].
Vordergründig werden Sinn und Zweck des Art.3 II S.2 GG zum einen in der Förderung der tatsächlichen Durchsetzung der Gleichberechtigung, zum anderen im Hinwirken auf die Beseitigung bestehender Nachteile festgesetzt. Was darunter genau zu verstehen ist, könnte durch die Zusammenschau mit Art.3 II S.1 GG, an den die Neuformulierung angeschlossen wurde, erhellt werden. Satz 1 beschreibt einen Idealzustand: Männer und Frauen sind gleichberechtigt. Wie aufgezeigt, ist damit nicht nur ein formales Gebot gleicher Rechte für beide Geschlechter gemeint, sondern ebenso das Erreichen faktischer Gleichstellung in sämtlichen Lebensbereichen. Die Forderung des Art.3 II S.2 GG nach Förderung dieses Aspek-

---

[195] *Stern*, StaatsR I, S.126.

tes und Nachteilsbeseitigung soll also betonen, daß ein Erreichen des Idealzustandes nun verstärkt betrieben werden soll mit allen Mitteln, die zur schnellen und effektiven Zielverwirklichung beitragen können. Bei Annahme eines in Art.3 II S.2 GG enthaltenen Individualgrundrechts für Frauen wäre denkbar, daß die Möglichkeit, Verwirklichungsmaßnahmen einzuklagen, rasch zu einer Minimierung der Gleichstellungsdefizite führen könnte. Der Staat wäre verpflichtet, im Fall des Nachweises der Frau, durch das Nichtergreifen bestimmter Maßnahmen weiteren Gleichstellungsdefiziten ausgesetzt zu sein, die gerügten Verbesserungsmaßnahmen oder gleichwertige Aktivitäten aufzugreifen. Durch schnelle Förderung könnten bestehende Nachteile somit i.S.d. Art.3 II S.2 GG beseitigt werden.

Keinesfalls darf aber übersehen werden, daß eine teleologische Zielbetrachtung nicht im "luftleeren Raum" stattfinden darf. Jeder Auslegungskanon muß vor dem Hintergrund eines einheitlichen Verfassungsgefüges beleuchtet werden[196]. Aufgrund dessen ergeben sich hinsichtlich eines der Teleologie entnommenen Verständnisses des Art.3 II S.2 GG als Grundrecht schwerwiegende Einwände. Die Praktikabilität wird dadurch in Frage gestellt, daß staatliches Handlungsvermögen von innen und von außen begrenzt wird. Weil die finanziellen Ressourcen nicht uferlos sind, müßte das Einklagen einer Verbesserungsmaßnahme, auch wenn man sich davon die effektivste Verringerung des Gleichstellungsdefizits versprechen könnte, ins Leere laufen, sobald die Mittel erschöpft sind. Der Staat kann die Verwirklichung jeder hilfreichen Maßnahme nicht garantieren. Aus diesem Grund wird ihm auch lediglich das Fördern und Hinwirken auferlegt. Hinzu kommt die Beschränkung von außen durch Grundrechte anderer. Bei jeder Förderungsmaßnahme müssen die Grundrechte der Konkurrenten beachtet werden. Auch die beamtenrechtlichen Grundsätze beengen im öffentlichen Dienst den Spielraum für schnell zum Erfolg führende Gleichstellungsmaßnahmen. Der Staat ist in seiner Aktivität also von zwei Seiten gehemmt, so daß eine freie Entscheidung zu Gunsten der erfolgversprechendsten Fördermaßnahmen nicht durchführbar ist. In diesem Licht gesehen erscheint die Qualifizierung als Grundrecht nutzlos, wenn mit einer Beschwerdemöglichkeit nicht eine garantierbare Abhilfe einhergeht.

Somit liegt auch nach der Teleologie die Einordnung des Art.3 II S.2 GG als Staatszielbestimmung näher, die dem Staat die Aktivitätsrichtung vorschreibt und von ihm alles in seiner Macht stehende zur Zielerreichung verlangt.

2. *Auswertung*

Trotz einiger Gesichtspunkte, die sich bei der Analyse des Charakters des Art.3 II S.2 GG im Verfassungsinstrumentarium aus systematischen und teleologischen Erwägungen zugunsten eines Individualgrundrechts ergeben, ist eine derartige

---

[196] *Stern*, StaatsR I, S.131.

Qualifizierung abzulehnen. Sowohl die Wortlautmethode als auch die historische Betrachtung führen zu einer eindeutigen Kategorisierung als Staatszielbestimmung. Damit stimmen auch die Resultate der systematischen und teleologischen Auslegungsweise überein, sobald der bei jeder Verfassungsinterpretation nicht zu vernachlässigende Hintergrund eines anzustrebenden einheitlichen Verfassungsgefüges in die Überlegungen miteinbezogen wird.

Die Notwendigkeit, zu einer eindeutigen Kategorisierung einer Verfassungsbestimmung im vorgegebenen Instrumentarium zu gelangen, ergibt sich aus der dem Rechtsstaatsprinzip erwachsenden Forderung nach Rechtssicherheit. Eine Art Mischform zwischen Individualgrundrecht und Staatsziel widerspräche diesem Gebot, auch wenn einzelne Interpretationsgesichtspunkte wie hier der formal-systematische und der teleologische Aspekt umfassender berücksichtigt werden könnten.

Die eindeutige Entscheidung für ein Verfassungsinstrument bedeutet jedoch nicht die absolute Vernachlässigung der aufgezeigten Ansätze. Auch wenn der Charakter des Art.3 II S.2 GG als Individualgrundrecht abgelehnt werden muß, weist die bisher in der Verfassung einzigartige Stellung eines Staatsziels inmitten des Grundrechtskataloges auf ein herausragend hohes Gewicht hin, das den Zielsetzungen bewußt verliehen werden sollte. Auf diese, sich aus formaler Stellung und teleologischer Ausrichtung verdeutlichende, besonders hohe Wertansiedelung der faktischen Gleichberechtigung wird an anderer Stelle zurückzukommen sein, wenn das Staatsziel im Kollisionsfall mit anderen Rechten in einer Abwägung zu gewichten ist.

Im Ergebnis ist Art.3 II S.2 GG somit im Verfassungsgefüge als Staatszielbestimmung aufzufassen. Dem Staat als primärem Adressaten wird die fortdauernde Beachtung des Gleichstellungsziels durch das Fördern der tatsächlichen Durchsetzung der Gleichberechtigung sowie das Hinwirken auf die Beseitigung bestehender Nachteile im Sinne der von der Sachverständigenkommission 1983 gefundenen Definition zur Aufgabe gemacht.

B. Wirkungsweise des Staatsziels "tatsächliche Gleichberechtigung"

Im folgenden soll anhand der Parameter der Wertigkeit und der Justiziabilität dargestellt werden, welche Wirkungsweise dem Staatsziel "tatsächliche Gleichberechtigung" zuzuschreiben ist.

I. Wertigkeit im Verfassungsgefüge

Die Diskussion um die Aufnahme von Staatszielen in das Grundgesetz wird schon seit langer Zeit geführt. Nach Entstehen des Begriffes in der Rede Ipsens[197] im Jahre 1949 beschäftigten sich zahlreiche Autoren verstärkt ab Mitte der sechziger Jahre mit der Thematik[198]. 1981 wurde von der Bundesregierung die Sachverständigenkommission Gesetzgebungsaufträge/Staatszielbestimmungen (SV-Kommission 1983) eingesetzt. In ihrem umfangreichen Bericht aus dem Jahr 1983 wurden einige Empfehlungen bezüglich der Ergänzung der Verfassung durch Staatsziele ausgesprochen, die jedoch nicht umgesetzt wurden. Zumindest folgt aber die Mehrzahl der Autoren[199] der von der SV-Kommission 1983 vorgeschlagenen Definition[200], obwohl in Details bei weitem noch keine Einigkeit erzielt werden konnte. In die dritte Phase traten die Überlegungen zur Aufnahme von Staatszielbestimmungen dann mit der Arbeit der GVK, die den in Art.5 EV erteilten Auftrag zur Beschäftigung mit dieser Thematik ausführte. Durch Prognosen bezüglich der ins Auge gefaßten Grundgesetzerweiterungen erwuchsen in jeder Phase befürwortende und ablehnende Argumente. Nach einer kurzen Darstellung der Positionen soll die Relevanz für das Staatsziel "Gleichstellung" und damit dessen Wertigkeit im Verfassungsgefüge aufgezeigt werden.

1. Meinungsübereinstimmung bezüglich der Eigenschaften

Trotz der Diskrepanz der Meinungen über die Sinnhaftigkeit der Aufnahme zusätzlicher Staatszielbestimmungen herrscht über einige Grundvoraussetzungen im Falle einer Einfügung weitgehender Konsens. Um die Aufnahme in die Verfassung als in der Normenhierarchie an oberster Stelle anzusiedelndem Regelungswerk zu rechtfertigen, kommen nur Themen und Fragestellungen in Betracht, die von höchster

---

[197] S. Fn 161.
[198] *Scheuner*, Staatszielbestimmungen, FS für Forsthoff, S.325 ff; *Lerche*, AöR 90 (1965), S.341 ff; *Denninger*, JZ 1966, S.767 ff; *Lücke*, AöR 107 (1982), S.15 ff.
[199] *Klein*, DVBl 1991, S.729 (733); *Ossenbühl*, DVBl 1992, S.468 (475); *Fischer*, Verfassungsentwürfe, S.4; *Stern*, NWVBl 1988, S.1 (5).
[200] S.o.. S.59.

Bedeutung für das Gemeinwohl sind[201]. Zudem muß der Charakter einer offenen, auf Dauerhaftigkeit angelegten Verfassung beachtet werden, indem auf die auf lange Zeit absehbare, von Gesinnungs- und Wertewandel weitgehend unbeeinflußte, unabänderbare Bedeutung abzustellen ist[202]. Unterstützt wird dieser Anspruch durch die Vermeidung detailreicher Formulierungen, da ansonsten rascher Änderungsbedarf je nach den Verhältnissen zu erwarten ist[203]. Bei all dem ist die Eingebundenheit eines Staatsziels in andere Ziele und Werte der Verfassung nicht aus den Augen zu verlieren[204].

Neben diesen Grundvoraussetzungen sind im Lauf der Jahrzehnte jedoch eine Vielzahl von Vor- und Nachteilen von Staatszielbestimmungen in der Verfassung herausgearbeitet worden.

2. *Argumente der Gegner von Staatszielbestimmungen in der Verfassung*

In der Diskussion wurde gegen eine Aufnahme von Staatszielbestimmungen an erster Stelle der Charakter der deutschen Verfassung angeführt. Das Grundgesetz sei eine zieloffene Verfassung, die im Sinne einer Rahmenordnung hauptsächlich der Bereitstellung von Formen und Verfahren dienen solle[205]. Diese Eigenschaft wird bei der Untersuchung auf bereits vor der Grundgesetznovelle vom Oktober 1994 vorhandene Staatszielbestimmungen deutlich. Lediglich das Sozialstaatsprinzip des Art.20 I GG und die Wahrung des gesamtwirtschaftlichen Gleichgewichts in Art.109 II GG waren als Staatszielbestimmungen zu qualifizieren. Begründet wird der sparsame Umgang damit, daß als vorrangige Prämisse für die politische Kraft und Autorität des Grundgesetzes seine vollkommene Justiziabilität gesehen wird[206]. Nach Ossenbühl beruht der Erfolg des Grundgesetzes auf der unmittelbaren Geltung der Rechtsnormen, die für jedermann verbindlich sind und deren Bindungswirkung durch eine umfassende Garantie des Rechtswegs und die Verfassungsgerichtsbarkeit gewährleistet wird[207]. Glaubwürdigkeit und Legitimität würden stark beeinträchtigt, wenn die Verfassung mit politischen Wunschvorstellungen und unverbindlichen Verheißungen in Form von Staatszielen überladen

---

[201] *Klein*, DVBl 1991, S.729 (738); *Schmidt-Jortzig*, GVK-Anhörung vom 16.6.1992, S.132.
[202] *Denninger*, GVK-Anhörung vom 16.6.1992, S.82; *Klein*, DVBl 1991, S.729 (738); *Wienholtz*, AöR 109 (1984), S.532 (536).
[203] *SV-Kommission 1983*, Rn 31; *Wienholtz*, AöR 109 (1984), S.532 (536).
[204] *SV-Kommission 1983*, Rn 51.
[205] *Menz*, VBlBW 1991, S.401 (402); *Klein*, DVBl 1991, S.729 (736); *Scholz*, Reform, S.23; *Wahl*, AöR 112 (1987), S.26 (46).
[206] *SV-Kommission 1983*, Rn 9; *Stern*, NWVBl 1988, S.1 (4); *Merten*, DöV 1993, S.368 (373).
[207] *Ossenbühl*, DVBl 1992, S.468 (475).

würde, deren unbedingte Durchsetzbarkeit nicht garantiert werden kann[208]. Zwar könnte der Grad der Verständlichkeit mit der Aufnahme konkreter Zielsetzungen erhöht werden, jedoch rechtfertigt dieser Vorteil nicht die Umwandlung der Verfassung zu einem Register anstehender, staatlich zu lösender Probleme[209]. Der Verfassung wäre auf diesem Wege die Möglichkeit genommen, die Gegenwartsgerechtigkeit durch Anpassungsfähigkeit des staatlichen Handelns an jeweils vordringlich zu behandelnde Themenkomplexe zu wahren[210]. Aus der Aufnahme konkretisierter Ziele z.B. aus den Bereichen der Wirtschafts-, Kultur-, oder Sozialpolitik erwüchse zudem die Gefahr, daß die verfassungsrechtlich verankerten Prioritätensetzungen miteinander kollidierten und das Erreichen des mit jedem Ziel angestrebten Idealzustandes damit von vornherein nicht möglich wäre[211]. Dem Anspruch umfassender Verbindlichkeit kann die Verfassung bei Überladung mit Zielsetzungen demnach nicht mehr gerecht werden.

Dicht geknüpft an diesen Effekt sind die Gefahren, die im Fall der Aufnahme von Staatszielbestimmungen für die Identifizierung des einzelnen Bürgers mit dem Grundgesetz gesehen werden. Durch die Aufnahme von populären Zielen, insbesondere, wenn Formulierungen wie "Jeder hat das Recht auf ..." verwandt werden, bauten sich für den einzelnen Erwartungen und Utopien auf, die der Staat nicht verwirklichen könne[212]. Denn es geht im Fall der Staatsziele nach dieser Ansicht um staatliche Leistungen, die abhängig von staatlicher Organisation und Finanzkraft sind. Gerade in wirtschaftlich schlechten Zeiten müssen schönklingende Verheißungen in der Verfassung dann auf unerfüllbare Versprechungen zusammenschrumpfen[213]. Das Resultat ist Unzufriedenheit des Bürgers über die Verfassung, die in Politikverdrossenheit münden kann[214]. Enttäuschung kann hiernach vor allem eintreten, wenn Staatsziele in offener, nicht endgültig bestimmbarer Weise gefaßt sind, weil dann je nach individueller Problemlage ganz unterschiedliche Erwartungen an die Staatszielverwirklichung gestellt werden[215]. Desintegration und

---

[208] *Heinz*, NuR 1994, S.1 (7); *König*, Heymanns-GS, S.120; *Badura*, FS für Redeker, S.117; *Murswiek*, Iseensee/Kichhof Handbuch V, Rn 63; *Graf Vitzthum*, GVK-Anhörung vom 16.6.1992, S.145.
[209] *SV-Kommission 1983*, Rn 24; *Klein*, DVBl 1992, S.729 (738).
[210] *Kirchhof*, Erneuertes Grundgesetz, S.28; so auch *Graf Vitzthum*, ZfA 1991, S.695 (700) und *Dietlein*, Verfassungen, S.158.
[211] Bt-Dr 12/6000, S.81.
[212] *Badura*, FS für Redeker, S.117; *Paech*, GVK-Anhörung vom 16.6.1992, S.126; *Hesse*, Grundzüge, Rn 208; Bt-Dr 12/6000, S.80; *Grieswelle*, ArbG 1993, S.372 (373).
[213] *Riedel*, Menschenrechtsstandards, S.362; *Sommermann*, Der Staat 1993, S.430 (439).
[214] Bt-Dr 12/6000, S.81; *Merten*, DöV 1993, S.368 (376); *Schmitt Glaeser*, ArbG 1993, S.416 (421).
[215] *Klein*, DVBl 1991, S.729 (736).

Delegitimierung der Verfassung sind die unmittelbare Folge[216]. Es bleibt danach dem Bürger leicht verborgen, daß die Staatsziele allein nicht in der Lage sind, beispielsweise für Arbeitsplätze oder Wohnraum zu sorgen, die entsprechende Ausgestaltung verbleibt im Aufgabenbereich des Gesetzgebers[217]. Gegen eine Aufnahme wird ferner eine Überlegung angeführt, die als "Schlagseitenargument" tituliert wird[218]. Dahinter verbirgt sich die Gefahr, daß die Normierung eines Staatszieles im Grundgesetz andere Ziele, die nicht aufgeführt werden, in ihrer Bedeutung zurückdrängen könnte[219]. Die Konsequenz wäre eine Diskriminierung nicht aufgenommener Zielsetzungen bedingt durch die Konzentration auf die Bewältigung der Verfassungsziele[220].

Als weitere negative Auswirkung der Aufnahme von Staatszielen wird beklagt, daß damit eine Schwächung der demokratischen Komponente einhergeht. Obwohl es in erster Linie zu den Aufgaben des Parlaments gehört, die Verfassungsaussagen auszugestalten und umzusetzen, wird die staatliche Organisationskraft an bestimmte Ziele gebunden[221]. Einmal normiert, werden Staatsziele der politischen Diskussion entzogen[222]. Die Gesetzgebung wird verfassungsrechtlich durch auserwählte Zielsetzungen in die Pflicht genommen, das "autonome Konkretisierungspotential"[223] aktueller Problemlagen geht verloren. Als Folge wird die Einengung der Gestaltungsfreiheit und Reaktionsfähigkeit der Legislative bewirkt[224].

Mit dieser Entwicklung geht ein anderer Umstand einher, den Böckenförde mit dem "gleitenden Übergang vom parlamentarischen Gesetzgebungsstaat zum verfassungsgerichtlichen Jurisdiktionsstaat" umschrieben hat[225]. Gemeint ist, daß die Aufnahme von Staatszielbestimmungen in das Grundgesetz auf zweierlei Wegen zu einer Machtverschiebung von der Legislative auf die Judikative führen kann. Auf der einen Seite kann die Formulierung von Staatszielen als offene Grundsatzaussagen, um gesetzlichen Spielraum für politische Wertungen und Abwägungen zu lassen, bewirken, daß die Gerichte ohne Abwarten einer gesetzgeberischen Um-

---

[216] *Lübbe Wolff*, GVK-Anhörung vom 16.6.1992, S.104; *Lücke*, AöR 107 (1982), S.15 (38); *Brohm*, JZ 1994, S.213 (217); *Murswiek*, Isensee/Kirchhof Handbuch V, Rn 63; *Fischer*, Verfassungsentwürfe, S.193; *Gode*, DVBl 1990 S.1207 (1212).
[217] Bt-Dr 12/6000, S.80.
[218] *Denninger*, GVK-Anhörung vom 16.6.1992, S.84.
[219] *Kirchhof*, Erneuertes Grundgesetz, S.28; *Murswiek*, Isensee/Kirchhof Handbuch V, Rn 62; *Grieswelle*, ArBG 1993, S.372 (373).
[220] *Merten*, DöV 1993, S.368 (375); *Gode*, DVBl 1990, S.1207 (1212).
[221] *Graf Vitzthum*, GVK-Anhörung vom 16.6.1992, S.144; *Kirchhof*, Erneuertes Grundgesetz, S.28.
[222] *Hesse*, Benda/Maihofer/Vogel-HB, § 5, Rn 37.
[223] *Stern*, NWVBl 1988, S.1 (4).
[224] *Brohm*, JZ 1994, S.213 (2179; *SV-Kommission 1983*, Rn 35; *Ossenbühl*, DVBl 1992, S.468 (475); *Badura*, Verfassung, S.32.
[225] *Böckenförde*, Der Staat 1990, S.1 (25).

setzung zum direkten Verfassungsvollzug übergehen[226]. Andererseits liegt auch bei der Ausfüllung der Staatsziele durch den Erlaß einfacher Gesetze das letzte Wort bezüglich einer Vereinbarkeit von gesetzgeberischer Maßnahme und Verfassungsziel bei den Verfassungsgerichten[227]. So wird zu Lasten der politischen Entscheidungsfindung eine Gewaltbalanceverschiebung auf die Judikative hin befürchtet, die mit dem Gewaltenteilungsprinzip nicht in Einklang zu bringen ist[228].
Aus anderem Blickwinkel wird die Gefahr gesehen, daß offene Staatszielbestimmungen "interpretatorische Eigendynamik"[229] entwickeln. Gerade in Fällen des unzureichenden oder verspäteten gesetzgeberischen Handelns der Legislative könnten den Staatszielen im Wege richterlicher Auslegung subjektive Rechte entnommen werden[230]. Ein solches Verständnis als Recht jedes einzelnen auf Teilhabe an staatlichen Leistungen führt zur Überforderung staatlicher Finanzkraft[231]. Außerdem wird befürchtet, daß eine lange Periode der Unsicherheit über gesetzgeberische Entscheidungen durch die Verrechtlichung politischer Prioritätensetzungen und die dadurch bedingte gerichtliche Überprüfbarkeit hervorgerufen wird[232]. Insbesondere am wiederholt zur Diskussion stehenden Staatsziel "Arbeit" wurde verdeutlicht, daß Staatszielbestimmungen Negativauswirkungen für die bestehenden Grundrechte, die in ihrem Wesensgehalt nicht beeinträchtigt werden dürfen, mit sich bringen können. Durch ein "Recht auf Arbeit" wurden mögliche Einschränkungen der Vertragsfreiheit, der Wirtschaftsfreiheit und der freien Entfaltung der Persönlichkeit prognostiziert[233]. Ein weiterer Einwand von Gewicht ist die Beschneidung der offenen Rolle des Sozialstaatsprinzips aus Art. 20 I GG. Gesehen wird die Gefahr eines Verlustes an Dynamik, indem bestimmte Themenkreise in den Staatszielbestimmungen konkretisiert werden und somit nicht mehr zugunsten anderer Sozialforderungen hintangestellt werden können[234]. Das Sozialstaatsprinzip wird als ausreichend für die Ableitung zu konkretisierender staatlicher Ziele empfunden. Der Beweis dafür ist das bisher vor dem Hintergrund der Sozialstaatsklausel entwickelte, hohe und rechtlich abgesicherte Wohlfahrtsniveau[235]. Hiernach besteht keine Notwendigkeit für Staatszielbestimmungen, solange die Ziele auch durch Rechtsfindung oder Rechtsfortbildung der Verfassung entnommen werden können[236].

---

[226] *Müller*, Böckenförde/Jekewitz/Ramm, S.63; *Fischer*, Verfassungsentwürfe, S.179.
[227] *Stern*, NWVBl 1988, S.1 (4); *Kirchhof*, Erneuertes Grundgesetz, S.30.
[228] *Menz*, VBlBW 1991, S.401 (402); *Merten*, DöV 1993, S.368 (376); *Badura*, GVK-Anhörung vom 16.6.1992, S.66; *Brohm*, JZ 1994, S.213 (217).
[229] *Klein*, DöV 1991, S.729 (736).
[230] *Graf Vitzthum*, GVK-Anhörung vom 16.6.1992, S.146; *Lücke*, AöR 107 (1982), S.15 (40).
[231] *Kirchhof*, Erneuertes Grundgesetz, S.28.
[232] *Ossenbühl*, DVBl 1992, S.468 (475).
[233] *Riedel*, Menschenrechtsstandards, S.357; *Badura*, FS für Redeker, S.115.
[234] *Lücke*, AöR 107 (1982), S.15 (43).
[235] *König*, Heymanns-GS, S.127.
[236] *SV-Kommission 1983*, Rn 24; *Hesse*, Benda/Maihofer/Vogel-HB, § 5, Rn 41.

3. Argumente der Befürworter von Staatszielbestimmungen in der Verfassung

Die Befürworter von Staatszielbestimmungen wenden gegen die grundsätzliche Bestimmung des Verfassungscharakters, der für Staatszielbestimmungen nicht geeignet sein soll, ein, daß es gerade Zeichen einer modernen Verfassung sei, nicht nur Organisationsnormen aufzuführen, sondern auch Aussagen über Ziele und Zwecke zur Orientierung für die nächsten Jahrzehnte zu treffen[237]. Eine Modernisierung und Neuorientierung nach aufgetretenen Problembereichen sei, nachdem das Grundgesetz bereits vor mehr als 40 Jahren in Kraft getreten sei, auch durchaus angebracht[238]. Paech äußerte sich in seinem Gutachten für die GVK im Rahmen der allgemeinen Diskussion um die Aufnahme neuer Staatsziele noch dahingehend, daß mit der Konkretisierung staatlicher Ziele der bisherige Notlösungsweg, Leistungspflichten des Staates aus den Freiheitsgrundrechten unter Zuhilfenahme der Sozialstaatsklausel abzuleiten, unterbunden werden könne[239].
Der befürchteten Desintegrationswirkung wird mit der Umkehr dieses Arguments entgegengetreten. Der einzelne Bürger fühle sich von Staat und Verfassung ernstgenommen, wenn sich in der Aufnahme von Staatszielen das Erkennen und Aussprechen persönlich wichtiger Bedürfnisse wiederspiegele. Als Folge ergebe sich die Identifikation des einzelnen mit dem Grundgesetz, also eine gerade integrative Wirkung[240]. Die Gefahr des Erweckens von Illusionen könne bei eindeutiger Formulierung als Nichtgrundrecht vermieden werden[241].
Das Einräumen größeren Gewichts für einzelne staatliche Ziele durch die Aufnahme in das Grundgesetz sehen die Befürworter als Vorteil an. Existentielle Belange können auf diesem Wege die gebührende Beachtung finden[242]. Um einer Inflationierung von Staatszielen und damit der Überforderung staatlicher Kraft vorzubeugen, werden allerdings zwei grundlegende Auswahlkriterien für Staatsziele gefordert. Zum einen muß es sich um Zielfestlegungen von elementarer und langandauernder Bedeutung für das Gemeinwohl handeln. Zum zweiten muß über die herausragende Bedeutsamkeit in allen politischen Gruppen und in der Bevölkerung Konsens bestehen[243]. Daraufhin jedoch übernimmt das Staatsziel die Funktion der Grenz- und Prioritätssetzung für das staatliche Handeln[244]. Es entfaltet sich eine rechtliche Verpflichtungs- und Bindungswirkung der Staatsgewalt in Richtung der

---

[237] Bt-Dr 12/6000, S.78; *SV-Kommission 1983*, Rn 1; *Scheuner*, Staatszielbestimmungen, S.335; *Schneider*, NJW 1994, S.558 (560).
[238] Bt-Dr 12/6000, S.78.
[239] *Paech*, GVK-Anhörung vom 16.6.1992, S.126.
[240] *Klein*, DVBl 1991, S.729 (734); *Lücke*, AöR 107 (1982), S.15 (38); *Fischer*, Verfassungsentwürfe, S.192.
[241] Bt-Dr 12/6000, S.79.
[242] *König*, Heymanns-GS, S.120; *Lübbe Wolff*, GVK-Anhörung vom 16.6.1992, S.102; *Stern*, NWVBl 1988, S.1 (5).
[243] *Denninger*, GVK-Anhörung vom 16.6.1992, S.87.
[244] *Fischer*, Verfassungsentwürfe, S.13.

Realisierung des anvisierten Staatsziels[245]. Auf diese Weise wird der Geltungsvorrang der Verfassung zu dem Zweck nutzbar gemacht, existenzielle Vorgaben dem politischen Streit zu entziehen und ihnen ständige Beachtung zu sichern[246].
Zur Anerkennung der Relevanz der normierten Staatsziele tragen nach Meinung der Befürworter zwei weitere Kriterien bei: Zum einen erhält das Staatsziel durch die Aufnahme in das Grundgesetz den Rang eines Verfassungsgutes und kann somit als grundrechtsimmanente Schranke insbesondere auch schrankenlos gewährleisteten Grundrechten entgegengehalten werden[247]. Zu diesem Zweck muß allerdings eine hinreichende inhaltliche Bestimmbarkeit des Staatszieles möglich sein. Andernfalls könnte der Staatszielbestimmung das gleiche Schicksal wie dem Sozialstaatsprinzip beschieden sein, dem durch das Bundesverfassungsgericht wegen mangelnder Bestimmbarkeit die Eignung als Grundrechtsschranke abgesprochen wurde[248]. Zum anderen wird eine gewisse Bestandsschutzwirkung erkannt, indem Maßnahmen, die einmal im Hinblick auf die Verwirklichung eines Staatsziels getroffen worden sind, gegen ersatzlose Aufhebung oder Minderung besser geschützt werden können[249].
Nicht bestritten wird, daß Staatsziele dem Gesetzgeber Richtlinien und unabänderliche Vorgaben für die politische Schwerpunktsetzung machen. Jedoch wird darin nicht eine Einengung legislativer Gestaltungsfreiheit gesehen, sondern vielmehr der Vorzug hervorgehoben, daß der politische Diskurs durch Festschreiben eines Kompromisses bezüglich einer Zielsetzung entlastet wird[250]. Beabsichtigt ist die ständige Impulswirkung der festgeschriebenen Leitlinie für das legislative Handeln[251]. Durch die Vorabklärung des anzustrebenden Zieles, so wird hervorgehoben, erübrigt sich das Vergeuden von Kraft auf eine Zieldiskussion. Vielmehr kann alle Konzentration auf die Art der Umsetzung und die Wahl der zur Zielverwirklichung benötigten Mittel gerichtet werden[252]. Da der Legislative hinsichtlich der Umsetzungszeiträume, des Umsetzungskonzeptes und der Gewichtung gegenüber anderen Staatszielen weitgehend freie Hand gelassen wird, wird eine einengende Wirkung von Staatszielen verneint[253].
Weiter wird argumentiert, daß die von den Staatszielgegnern für ausreichend erachtete Sozialstaatsklausel den Anforderungen nicht genügt. Der hohe Abstraktionsgrad verhindere die verpflichtende Ableitung von konkret anstehenden

---

[245] *Michel*, Staatszwecke, S.132; *Vogel*, FS für Benda, S.412.
[246] *Klein*, DVBl 1991, S.729 (733).
[247] *Fischer*, Verfassungsentwürfe, S.15; *Klein*, DVBl 1991, S.729 (733).
[248] BVerfGE 59, 231 (263 f.).
[249] *Böckenförde*, Böckenförde/Jekewitz/Ramm, S.14; *Lübbe Wolff*, GVK-Anhörung vom 16.6.1992, S.103.
[250] *Hesse*, Benda/Maihofer/Vogel-HB, § 5, Rn 37; *Böckenförde*, Böckenförde/Jekewitz/Ramm, S.14; *Will*, KritV 1993, S.467 (480).
[251] *Klein*, DVBl 1991, S.729 (738); *Fischer*, Verfassungsentwürfe, S.195.
[252] *Denninger*, GVK-Anhörung vom 16.6.1992, S.83; *Vogel*, FS für Benda, S.420.
[253] Bt-Dr 12/6000, S.78, *Klein*, DVBl 1991, S.729 (733); *SV-Kommission 1983*, Rn 7; *Zapfe*, Das Parlament, B 52-53 1993, S.13.

Gesetzgebungsvorhaben[254]. Vielmehr werde durch sachgegenständliche Spezifizierungen in Staatszielbestimmungen ein weitaus höherer Verpflichtungsgrad der staatlichen Gewalt erwartet[255]. Zum anderen würde durch Staatszielkonkretisierungen die implizite Abwertung des Sozialstaatsprinzips vermieden, die durch das inflationäre Heranziehen der Klausel zur Legitimierung politischen Handelns hervorgerufen werde[256].

4. *Folgerungen für die Wertigkeit des Staatsziels in Art.3 II S.2 GG*

Für das neue Staatsziel des Art.3 II S.2 GG ergeben sich aus dem sehr konträren Meinungsbild folgende Konsequenzen.
Den Charakter eines zieloffenen, die notwendigen Instrumentarien zur Verfügung stellenden Regelungswerkes sollte die Verfassung sicher nicht zugunsten der Festschreibung jeweils aktueller Problemkreise aufgeben. Jedoch bleibt die Offenheit erhalten, wenn wie im Fall des Staatsziels auf Gleichstellung ein Auftrag schon zuvor durch Auslegung einem Grundrecht entnommen worden ist[257]. Hier wird lediglich eine Bekräftigung und Klarstellung dessen vorgenommen, was zuvor bereits "zwischen den Zeilen" des Art.3 II GG a.F. zu lesen war. Damit geht aber keine Einschränkung des Verfassungscharakters einher.
Wie beispielsweise bereits an den einem Staatsziel "gesamtwirtschaftliches Gleichgewicht" des Art.109 II GG entgegenlaufenden Staatszielen "Arbeit" oder "Wohnung" verdeutlicht wurde, spricht gegen das Argument der Kollision verschiedener Staatsziele, daß durch die Novelle von 1994 lediglich zwei Materien im Grundgesetz Aufnahme fanden. Neben der tatsächlichen Gleichberechtigung wurde nur das Staatsziel Umwelt als Art.20a eingeführt. Ein offensichtliches Zuwiderlaufen der beiden neuen Staatsziele untereinander oder eine Kollision mit den bereits vorhandenen Zielbestimmungen kann nicht erkannt werden.
Der befürchteten desintegrierenden Wirkung von Staatszielen muß insofern Gewicht beigemessen werden, als Art.3 II S.2 GG direkt im Anschluß an das Grundrecht auf Gleichberechtigung inmitten des Grundrechtskataloges seinen Platz gefunden hat. Dies könnte dem einzelnen ein Verständnis des Gleichstellungszieles als Individualgrundrecht vermitteln und zu enttäuschten Hoffnungen führen. Auf der anderen Seite macht aber Art.3 II S.2 GG in seiner Formulierung nicht den Bürger zum Subjekt sondern den Staat, dem das Vorantreiben der faktischen Gleichstellung zur Aufgabe gestellt wird. Die Formulierung ist also hinreichend

---

[254] *Denninger*, GVK-Anhörung vom 16.6.1992, S.89; *Paech*, GVK-Anhörung vom 16.6.1992, S.126.
[255] *Böckenförde*, Böckenförde/Jekewitz/Ramm, S.14; *Murswiek*, Isensee/Kirchhof Handbuch V, Rn 62.
[256] *Lücke*, AöR 107 (1982), S.15 (43).
[257] S.o. S.27 ff.

deutlich, um keine falschen Erwartungen entstehen zu lassen. Gleichwohl dürften sich viele Frauen in ihren Bestrebungen nach Gleichstellung bestärkt fühlen, wenn sie ihr Anliegen als Staatsziel in der Verfassung vorfinden.
Gegen eine Schwächung der demokratischen Komponente durch das Festlegen von Staatszielen im Grundgesetz spricht im Fall des Art.3 II S.2 GG, daß das Ziel der faktischen Gleichstellung ohnehin bereits vorher durch Interpretation dem Gleichberechtigungsgebot entnommen wurde. Damit stand die Zielsetzung für die staatlichen Organe fest und daran hat die eigenständige Formulierung nichts geändert. Wichtig ist aber, daß die Art und Weise der Umsetzung vollständig in der Hand der Legislative liegt und damit die Ergänzung des Art. 3 II GG keine Änderung demokratischer Machtverteilungen bewirkt hat.
Sicherlich ist einzuräumen, daß ein Gleichstellungsauftrag dem Sozialstaatsprinzip in Verbindung mit Art.3 II GG a.F. entnommen werden kann, wie es einige Autoren vor der Grundgesetznovelle auch taten[258]. Doch hat die kontroverse Diskussion in der GVK um eine mehrheitsfähige Formulierung eines Gleichstellungsauftrags gezeigt, welch unterschiedliche Vorstellungen über den notwendigen Inhalt eines derartigen Auftrages bestanden. Eine Zielsetzung, die mit andauernder Impulswirkung für die staatlichen Gewalten Wirkung entfaltet, kann das Sozialstaatsprinzip mangels der Möglichkeit zu exakt eingrenzender Formulierung also nicht leisten. In Anbetracht der beständigen Bedeutung des Gleichstellungszieles für das Gemeinwohl war eine selbständige Aufnahme als Staatsziel damit notwendig.

II. Justiziabilität

Zur Bestimmung der Wertigkeit des Gleichstellungsstaatsziels ist von maßgeblicher Bedeutung, ob und in welcher Weise es justitiabel ist und damit seine Überprüf- und Durchsetzbarkeit gewährleistet sind. Insbesondere sind dabei die Möglichkeiten einer Rechtsverfolgung für den einzelnen von Interesse.

1. Abstrakte und konkrete Normenkontrolle als dem einzelnen nicht offenstehende Verfahren

Wenn im Hinblick auf ein Staatsziel bereits Regelungen erlassen worden sind, wird die Überprüfung ihrer Vereinbarkeit mit höherrangigem Recht durch die Verfahren der abstrakten (Art.93 Nr.2 GG i.V.m. §§ 13 Nr.6, 76 ff BVerfGG) und konkreten (Art.100 I GG i.V.m. §§ 13 Nr.11, 80 ff BVerfGG) Normenkontrolle durch das

---

[258] S.o. S.28 f.

Bundesverfassungsgericht gewährleistet[259]. Wenn einfachgesetzliche Regelungen auf Bundes- oder Landesebene erlassen werden, kann mithin anhand der genannten Verfahren überprüft werden, ob der Gesetzesinhalt mit dem Staatsziel auf faktische Gleichberechtigung als Verfassungsbestandteil und damit höherrangigem Recht zu vereinbaren ist. Auf diesem Wege kann durch das Bundesverfassungsgericht ebenso beurteilt werden, ob eine Regelung dem Staatsziel in genügendem Maße gerecht wird, oder ob eine durch den Gesetzgeber zu beseitigende Unvollständigkeit zu konstatieren ist. Allerdings sind im Falle der abstrakten Normenkontrolle laut § 76 BVerfGG lediglich die Bundesregierung, eine Landesregierung oder ein Drittel der Mitglieder des Bundestages antragsberechtigt. Die konkrete Normenkontrolle kann nur auf Veranlassung eines Gerichtes vor dem Bundesverfassungsgericht erfolgen (Art. 100 I GG). Für das nicht aktivlegitimierte Individuum können die Normenkontrollen damit als Rechtsschutzverfahren unmittelbar nicht von Nutzen sein.

2. *Verfahren individueller Durchsetzbarkeit*

Grundsätzlich herrscht darüber Einigkeit, daß Staatszielbestimmungen lediglich objektiv-rechtliche Verbindlichkeiten vermitteln, jedoch keine unmittelbar einklagbaren Rechte für den einzelnen begründen sollen[260]. Gleichwohl sind Rechtskonstruktionen denkbar, die auf die Geltendmachung individueller Forderungen hinzielen. Prädestiniert für die Überprüfung einer staatlichen Maßnahme für den einzelnen ist die Verfahrensform der Verfassungsbeschwerde nach Art.93 I Nr.4a GG i.V.m. §§ 13 Nr.8a, 90-96 BVerfGG.

a) *Verfassungsbeschwerde im Fall einer Interpretation als Grundrecht durch die Gerichte*

Gerade im Fall langandauernder Untätigkeit der Legislative ist es möglich, daß dem Staatsziel des Art.3 II S.2 GG im Wege richterlicher Auslegung subjektiv-rechtliche Komponenten entnommen werden. Damit würde der Zielbestimmung wenigstens in Bezug auf die rechtliche Verwirklichung grundrechtlicher Charakter beigemessen. In der praktischen Umsetzung muß ein derartiger Ansatz aber auf Schwierigkeiten stoßen. Um der Gesetzgebung möglichst weitreichende Freiheit hinsichtlich der Mittel und Art zur Zweckerreichung zu lassen, sind Staatszielbestimmungen - so auch Art.3 II S.2 GG - offen formuliert. Benannt sind zwar der Staat als Adressat und die Förderungs- und Hinwirkungspflicht auf faktische Gleich-

---

[259] *Lübbe Wolff*, GVK-Anhörung vom 16.6.1992, S.103; *Badura*, FS für Redeker, S.117; *Fischer*, Verfassungsentwürfe, S.18.

[260] *SV-Kommission 1983*, Rn 5; *Vogel*, FS für Benda, S.412; *Sommermann*, Der Staat 1993, S.430 (436); *Badura*, FS für Redeker, S.119.

berechtigung und Nachteilsbeseitigung als Ziel; konkrete Maßnahmen lassen sich aber nicht ableiten[261]. Das Staatsziel, das dezidiert weder Anspruchsobjekt noch -subjekt nennt, ist daher viel zu unbestimmt, als daß eine Einzelperson auf dieser Grundlage eine konkrete Maßnahme einfordern könnte, wenn sie sich in einem sogenannten "Grundrecht auf Gleichstellung" verletzt fühlte. An der mangelnden Bestimmbarkeit der aus einem grundrechtlichen Verständnis des Art.3 II S.2 GG herzuleitenden Rechte scheitert die Möglichkeit einer solchen Auslegung.

b) *Verfassungsbeschwerde im Fall der Verbindung des Gleichstellungsstaatszieles mit einem Grundrecht*

Ein anderer Weg zur Begründung von Individualrechten wäre die Verbindung des Gleichstellungsstaatszieles mit einem Grundrecht. Als Beispiel für die Existenz einer solchen Rechtskonstruktion kann das Grundrecht auf das Existenzminimum herangezogen werden. Hier wird der Anspruch auf eine finanzielle Mindestausstattung aus einer Verbindung des Grundrechts auf Menschenwürde (Art.1 I GG) mit dem Sozialstaatsprinzip (Art.20 I GG) hergeleitet[262]. Denkbar wäre nun, auch das Staatsziel auf faktische Gleichberechtigung mit einem Grundrecht, z.B. ebenfalls mit dem Grundrecht auf Menschenwürde, zu verknüpfen und ihm damit zu individueller Durchsetzbarkeit zu verhelfen. Ein Vergleich beider Konstruktionen deckt jedoch einen gravierenden Unterschied auf. Bei dem Recht auf das Existenzminimum ist in erster Linie dem offenen Menschenwürdegehalt des Art.1 I GG eine Verpflichtung auf Gewähr der notwendigsten Lebensgrundlagen entnommen worden, die durch das Bekenntnis zu einem sozialen Bundesstaat in der Verfassung konkretisiert wurde. Der Kern der Rechtsgewährleistung war also in dem Grundrecht angesiedelt, zu dessen Bestimmung hinsichtlich der inhaltlichen Reichweite das Sozialstaatsziel nur richtungsweisend und bestätigend hinzugezogen wurde.

In Falle einer grundrechtsartigen Verpflichtung auf faktische Gleichberechtigung würde hingegen die inhaltliche Ausrichtung eindeutig und ausschließlich dem Gleichberechtigungsziel entnommen. Das hinzugezogene Grundrecht hätte damit nur die Funktion, seine immanente subjektive Durchsetzungswirkung zu Gunsten des Staatszieles zu vermitteln. Während in der ersten Konstellation also ein Grundrecht mit Hilfe eines Staatszieles inhaltlich konkretisiert wurde, würde in der Vergleichssituation der Kerngehalt eines Staatszieles durch die subjektive Komponente eines Grundrechtes auf die Ebene individueller Durchsetzbarkeit gehoben. Dieser Kunstgriff ließe jedoch die beabsichtigte Wirkung des Verfassungsinstruments "Staatsziel" leerlaufen. Grundsätzlich soll gerade nur eine objek-

---

[261] *Fischer*, Verfassungsentwürfe, S.198.
[262] Grundsatzentscheidung: BVerwGE 1, 159 (161); *M/D/H/S-Dürig*, Art.1, Rn 43.

tive Verpflichtungswirkung eintreten, da der Staat je nach Finanzkraft gar nicht in der Lage ist, die normierten Zielsetzungen bis zum Idealzustand voranzutreiben. Daran könnte auch eine subjektive Berschwerdemöglichkeit des oder der einzelnen nicht rütteln und würde als nicht zu gewährleistendes Grundrecht der Verfassung, die in Art.19 III GG die Rechtsschutzgarantie für die Grundrechte verspricht, nicht gerecht werden.

c) Verfassungsbeschwerde gegen staatliches Unterlassen

Eine weitere Möglichkeit für den einzelnen könnte mit der Verfassungsbeschwerde gegen staatliches Unterlassen eröffnet sein. Gemäß den §§ 92, 95 BVerfGG kommt als Gegenstand einer Verfassungsbeschwerde auch ein staatliches Unterlassen in Frage.

aa) Echtes Unterlassen

Nach früherer Ansicht wollte das Bundesverfassungsgericht trotz des Gesetzeswortlautes die Verfassungsbeschwerde gegen staatliches, insbesondere gesetzgeberisches Unterlassen, nicht anerkennen, da der Bürger keinen Anspruch auf legislatives Handeln habe und damit eine Schwächung der gesetzgeberischen Gewalt einherginge[263]. Im folgenden wurden aber unter engen Voraussetzungen Ausnahmen anerkannt. Akzeptiert wurde die Verfassungsbeschwerde gegen Unterlassen nur, wenn im Grundgesetz ein ausdrücklicher Auftrag aufzufinden ist, dessen Inhalt und Umfang im wesentlichen umgrenzt ist[264]. Als Beispiel für eine anerkannte Ausnahme ist Art.6 V GG zu nennen, der - seit 1949 im Grundgesetz - einen Gesetzgebungsauftrag hinsichtlich der Gleichbehandlung unehelicher Kinder formuliert, und zu dessen Gunsten die Verfassungsbeschwerde wegen Untätigkeit des Gesetzgebers zugelassen wurde[265]. Allerdings kommt diese Fallgruppe echten Unterlassens nur dann in Frage, wenn überhaupt keine gesetzliche Regelung im Hinblick auf einen Verfassungsauftrag erlassen worden ist[266]. Solche Gebiete lassen sich aber kaum noch auffinden[267].
In Übertragung dieser Gesichtspunkte auf das Gleichberechtigungsstaatsziel muß zunächst eingewandt werden, daß z.B. jüngst mit dem Zweiten Gleichberechti-

---

[263] BVerfGE 1, 97 (100 f); 2, 287 (291).
[264] BVerfGE 6, 257 (264); 11, 255 (261 f); s. dazu auch *Pestalozza*, Verfassungsprozeßrecht, § 12, Rn 34.
[265] BVerfGE 25, 167 (184 ff); 44, 1 (22); auch zu Art.6 V: 8, 210 (217) (allerdings im Normenkontrollverfahren).
[266] *Schlaich*, Bundesverfassungsgericht, Rn 221.
[267] *Dörr*, Prozeßpraxis, Rn 92.

gungsgesetz zumindest ein Versuch unternommen worden ist, faktische Ungleichbehandlungen auszugleichen. Damit besteht kein rechtsfreier Raum, den man dem Gesetzgeber als legislative Untätigkeit zum Vorwurf machen könnte. Außerdem macht sich in Auswertung der weiteren Ausnahmekriterien der Unterschied zwischen Gesetzgebungsaufträgen und Staatszielen bemerkbar: Während erstere ein eng gefaßtes Ziel zum Inhalt haben, das sich nur durch eine konkrete Gesetzgebungsmaßnahme erreichen läßt, schreiben letztere nur den Endpunkt staatlicher - und nicht ausschließlich gesetzgeberischer - Bemühungen vor. Eine exakte Bestimmbarkeit von Weg und Mitteln dorthin soll zugunsten gesetzgeberischer Freiheit als Charakteristikum der Staatszielbestimmungen gerade vermieden werden. Die vom Bundesverfassungsgericht geforderten Kriterien eines im wesentlichen umgrenzten, ausdrücklichen Auftrags können vom Gleichberechtigungsstaatsziel also nicht erfüllt werden. Selbst wenn man die Anforderungen des Bundesverfassungsgerichtes in Frage stellt und einen "irgendwie erkennbaren Auftrag" oder "irgendeine erkennbare Verfassungspflicht auf irgendein gesetzgeberisches Tun" für die Möglichkeit einer Verfassungsbeschwerde ausreichen lassen will[268], ist der praktische Nutzen doch zweifelhaft. Denn aus Gründen der Belastung mit anderen Gesetzesvorhaben, der Komplexität der Thematik und der notwendigen Einbeziehung der Öffentlichkeit[269] würde der Legislative vom Bundesverfassungsgericht womöglich wie im Falle des Art.6 V GG ein sehr langer Zeitraum zur Zielverwirklichung zur Verfügung gestellt[270]. Hinzu kommt eine weitere prozessuale Problematik, weil es für die Beschwerdeführer gerade bei vage formulierten Staatszielen mit großen Schwierigkeiten verbunden sein dürfte, ihre spezifische Betroffenheit durch das gesetzgeberische Unterlassen schlüssig darzulegen.

bb) *Unechtes Unterlassen*

Als vielversprechender stellt sich auf den ersten Blick die Beschwerdeoption in Fällen unechten gesetzgeberischen Unterlassens dar. Davon spricht man, wenn der Gesetzgeber auf ein bestimmtes Regelungsziel hin zwar tätig geworden ist, die getroffene Regelung aber vom Beschwerdeführer als nicht ausreichend angesehen wird oder die Personengruppe, der der Beschwerdeführer angehört, von einer begünstigenden Regelung nicht erfaßt wird[271]. Nach seinem Dafürhalten ist der Gesetzgeber in einem Teilbereich also untätig geblieben. An dieser Stelle wird allerdings die Unterscheidung zwischen der Beschwerdemöglichkeit des oder der

---

[268] So *Lerche*, AöR 90 (1965), S.341 (351).
[269] BVerfGE 25, 167 (184 ff).
[270] Bei Art.6 V GG hielt das Gericht den verstrichenen Zeitraum von zwanzig Jahren seit Geltung des Grundgesetzes bis zum Ende der Legislaturperiode noch nicht für unangemessen.
[271] *Zuck*, Verfassungsbeschwerde, Rn 404.

einzelnen bei echtem Unterlassen, die auch die Möglichkeit der Verfassungsbeschwerde in Bezug auf die Verwirklichung eines Verfassungsauftrags ohne Grundrechtsverletzung einschließt, zum Vorgehen bei unechtem Unterlassen deutlich. Denn bei letzterem liegt einer der seltenen Ausnahmefälle nicht vor, der bei krassen Untätigkeitsfällen dem oder der einzelnen die Möglichkeit geben soll, auf ein Tätigwerden des Gesetzgebers hinzuwirken. Vielmehr geht es um die Beschwerde gegen ein Gesetz wegen seiner Unzulänglichkeit. Indem aber eine angreifbare Regelung vorhanden ist, handelt es sich um einen klassischen Fall der Verfassungsbeschwerde gegen legislatives Handeln, der die üblichen Zulässigkeitsvoraussetzungen, also u.a. die mögliche Verletzung eines Grundrechts, beinhaltet. Da das Gleichberechtigungsstaatsziel keine Grundrechtskomponente enthält, kann auf diesem Weg nicht zur individuellen Verwirklichung des Staatsziels beigetragen werden.

cc) Zusammenfassendes Ergebnis

Damit kann die Durchsetzung des Gleichstellungszieles durch den einzelnen weder durch eine Verfassungsbeschwerde wegen staatlichen Unterlassens noch wegen staatlichen Teilunterlassens verfolgt werden.

d) Verfassungsbeschwerde gegen eine Verletzung der allgemeinen Handlungsfreiheit aus Art.2 I GG

Als letzte Möglichkeit, der oder dem einzelnen durch die Verfassungsbeschwerde eine Option auf die Durchsetzung des Gleichstellungsstaatsziels zu geben, ist der Weg über Art.2 I GG anzuführen. Das Recht auf die allgemeine - positive und negative - Handlungsfreiheit darf durch staatliche Maßnahmen nur in dem Rahmen eingeschränkt werden, den die Schranken des Art.2 I GG setzen. Von Interesse ist insbesondere die Schranke der "verfassungsmäßigen Ordnung". Allerdings verwendet das Grundgesetz diesen Begriff in unterschiedlicher Bedeutung. In Art.20 III GG ist beispielsweise die gesamte Verfassungsordnung gemeint. Hingegen ist unter "verfassungsmäßiger Ordnung" in Art.9 II GG der Kernbestand der freiheitlichen demokratischen Grundordnung zu verstehen[272]. Trotz der aus dem nicht eindeutigen Wortlaut resultierender Uneinigkeit hinsichtlich einer maßgebenden Interpretation der Schranke in Art.2 I GG, versteht doch die überwiegende Ansicht darunter alle Rechtsregeln, die mit den Maßgaben des Grundgesetzes in Einklang

---

[272] *v.Münch/Kunig-Kunig*, GG-Kommentar, Art.2, Rn 22.

stehen[273]. Vom entgegengesetzten Blickwinkel aus betrachtet bedeutet das aber auch, daß zur Einschränkung der allgemeinen Handlungsfreiheit befähigte Regelungen in vollem Maße allen Bestimmungen der Verfassung genügen müssen. Davon sind aber nicht nur die speziell für den Individualschutz konzipierten Grundrechte erfaßt, sondern ebenso alle anderen Verfassungsvorgaben, also auch allgemeine Staatsprinzipien und Staatszielbestimmungen. Eine irgendwie in ihrer Handlungsfreiheit Betroffene hat folglich die Möglichkeit, vorzubringen, daß die einschränkende staatliche Maßnahme - sei es Gesetz, Exekutivakt oder Urteil - nicht mit einem Staatsziel in Einklang stehe. Damit entspreche sie also nicht den Vorgaben der verfassungsmäßigen Ordnung und dürfe infolgedessen keine einschränkende Kraft i.S.d. Schrankenregelung des Art.2 I GG entfalten. Diese Konstruktion hat zur Folge, daß mit der Verfassungsbeschwerde auch Verstöße gegen Verfassungsvorschriften gerügt werden können, die nicht in erster Linie zum Schutz des Bürgers geschaffen wurden[274], wie beispielsweise die Staatszielbestimmungen. Der beschriebene Rechtsweg erscheint also für den einzelnen am gangbarsten, um die Überprüfung einer staatlichen Maßnahme an den Vorgaben des Gleichberechtigungsstaatsziels durchzusetzen.

Allerdings werden sich bei der Schrankenprüfung mit Hilfe eines Staatsziels in dargestellter Weise Schwierigkeiten ergeben. Wenn beispielsweise eine Frau Bestimmungen eines Frauenförderungsgesetzes prüfen lassen will und ihre Handlungsfreiheit dadurch eingeschränkt sieht, daß sie aufgrund einer Härtefallklausel z.B. nicht befördert wird, ist die Frage, wann man von einem Verstoß gegen das Staatsziel der faktischen Gleichberechtigung sprechen kann. Die Vorgaben an den Staat - das Fördern der tatsächlichen Durchsetzung der Gleichberechtigung und das Hinwirken auf die Beseitigung bestehender Nachteile - sind so vielschichtig und schillernd, daß ausschließlich anhand der Verfassungsformulierung kaum mit Sicherheit entschieden werden kann, ob eine Maßnahme bei Gesamtbetrachtung auf längere Sicht hin fördernd wirken kann oder nicht. Die erforderliche Klarheit darüber ist vielmehr von der Auswahl der Förderregelungen, die von Art.3 II S.2 GG erfaßt sein sollen, abhängig[275]. Erst wenn Konsens herrscht z.B. über die Art der Quoten, die das Gleichberechtigungsstaatsziel deckt, kann darüber entschieden werden, ob eine staatliche Maßnahme diese Richtpunkte außer acht gelassen hat und damit dem Staatsziel nicht entspricht. In diesem Fall ist dann aber durchaus vorstellbar, daß die oder der einzelne die Vereinbarkeit einer Regelung mit dem Staatsziel des Art.3 II S.2 GG im Rahmen der Verfassungsbeschwerde über die Verletzung seiner allgemeinen Handlungsfreiheit rügen und durch das Bundesverfassungsgericht überprüfen lassen kann.

---

[273] BVerfGE 6, 32 (38); 72, 200 (245); *v.Münch/Kunig-Kunig*, GG-Kommentar, Art.2 Rn 22; *Podlech*, AK, Art.2 I, Rn 71 f; *Schmidt-Bleibtreu/Klein*, GG, Art.2, Rnrn 6 und 9.

[274] *Podlech*, AK, Art.2 I, Rn 89; *Pieroth/Schlink*, Grundrechte, Rn 407.

[275] S. dazu unten S.129 ff.

C. Konkrete Auswirkungen auf die Verwirklichung von Frauenfördermaßnahmen

Mit der Aufnahme der Staatszielbestimmung "faktische Gleichberechtigung" in die Verfassung ist die Unsicherheit über Existenz und Stellenwert dieses Zieles beendet worden. Der zuvor dem Art.3 II GG a.F. teils unter Zuhilfenahme des Sozialstaatsprinzips entnommene Förderauftrag zur Durchsetzung tatsächlicher Gleichberechtigung ist nun präzise formuliert. Durch seine eigenständige Festschreibung im Grundgesetz erhält das Staatsziel Frauenförderung damit den Status eines Gutes mit Verfassungsrang. Infolgedessen kann die Zielbestimmung im Kollisionsfall mit anderen verfassungsrechtlichen Gütern und Rechten als Gegengewicht fungieren.

Gestärkt wird der hohe Stellenwert, der dem Ziel der faktischen Gleichberechtigung eingeräumt wurde, durch seine Stellung inmitten des Grundrechtskataloges. Als einziges Staatsziel ist es in den Abschnitt über Freiheits- und Gleichheitsgrundrechte integriert worden und wird durch diese exponierte Stellung in seiner Beachtlichkeit hervorgehoben.

I. Verpflichtungswirkung

Zunächst soll nachgewiesen werden, auf welche Art das neue Staatsziel zu rechtlicher Verpflichtung in der Lage ist. Dabei interessiert zum einen, ob sich bei der Anwendung der Norm etwaige Grenzen ergeben. Zum anderen ist zu klären, welche Adressaten sich in die Pflicht genommen sehen müssen.

1. Ausmaß

Trotz des soeben belegten, hoch zu bewertenden Stellenwertes des Art.3 II S.2 GG, ist ihm eine eigenständige Begrenzung immanent, und zwar durch einen sachlichen und einen zeitlichen Aspekt. In sachlicher Hinsicht ist Voraussetzung für die fortgesetzte Verwirklichung von faktischer Gleichberechtigung durch fördernde Maßnahmen, daß in den zu fördernden Bereichen tatsächlich eine Unterrepräsentation der Frau und dadurch feststellbare Benachteiligungen auszumachen sind[276]. Die zeitliche Grenze zieht das Staatsziel selbst, indem eine Fördermaßnahme sich automatisch mit dem Erreichen eines vorgegebenen Wertes erledigt, spätestens also, wenn das Gleichgewicht von 50 zu 50 % zwischen Frauen und Männern

---

[276] *König*, DöV 1995, S.837 (844); *Vogel*, FS für Benda, S.417.

erzielt worden ist[277]. Das fortwährende Vorliegen dieser beiden Voraussetzungen sollte Gegenstand periodischer Überprüfungen sein[278].

2. Kreis der Adressaten

Art.3 II S.2 GG enthält keine Aussage darüber, daß die von ihm ausgehende Verpflichtungsbestrebung unter allen Umständen auf den Staat und seine Gewalten zu begrenzen ist. Deshalb ist die Möglichkeit, Adressaten auch im Bereich der Privatwirtschaft auszumachen, nicht a priori ausgeschlossen.

a)   Verpflichtungswirkung gegenüber den öffentlichen Gewalten

Als Adressat für die Förderung tatsächlicher Durchsetzung von Gleichberechtigung und für das Hinwirken auf die Beseitigung bestehender Nachteile ist in Art.3 II S.2 GG direkt der Staat angesprochen. Die Bestimmung verdeutlicht hingegen nicht, ob alle Staatsgewalten oder nur eine von ihnen verpflichtet werden und in welcher Form den Anforderungen nachgekommen werden soll. Zwar werden in Art.1 III GG die drei Gewalten als durch die Grundrechte verpflichtet angesprochen, daraus kann jedoch nicht ohne weiteres auf eine entsprechende Bindungswirkung auch für Staatszielbestimmungen in der Verfassung geschlossen werden.

aa)   Ableitung anhand des vom BVerfG ausgeformten Staatsziels "Sozialstaat"

Für die Bestimmung der Aufgabenträger von Staatszielen kann die Einbeziehung bereits seit langem vorhandener Staatsziele, namentlich des Sozialstaatsziels des Art.20 I GG, dienlich sein. In seiner über vierzigjährigen Geltung ist es von Lehre und Rechtsprechung ausgeformt worden, so daß sich bezüglich der Verpflichtungswirkung konkrete Maßgaben ableiten lassen. Im Laufe der Zeit ist aus dem "substanzlosen Blankettbegriff"[279], dem nur politischer, aber kein rechtlicher Aussagewert zugesprochen wurde, eine alle Staatsgewalt verpflichtende Staatsleitlinie mit normativer Verbindlichkeit geworden[280]. Insbesondere die Rechtsprechung des Bundesverfassungsgerichts hat zur genauen Begriffsbestimmung und Adressatenauswahl beigetragen. Zunächst wurde dem Sozialstaatsprinzip ganz

---

[277] *Battis/Schulte-Trux/Weber*, DVBl 1991, S.1165 (1173); *Sacksofsky*, Grundrecht auf Gleichberechtigung, S.379.
[278] *Döring*, Frauenquoten, S.242.
[279] *Grewe*, DRZ 1949, S.349 (351).
[280] *Benda*, Benda/Maihofer/Vogel-HB ,§ 17 II, Rn 80; *Badura*, DöV 1989, S.491 (492); s. zur Entwicklung des Sozialstaatsprinzips genauer: *Bieback*, Jura 1987, S.229 ff.

allgemein Bedeutung bei der Auslegung von Gesetzen zugemessen[281]. In erster Linie sei es Aufgabe des Gesetzgebers, das soziale Staatsziel zu verwirklichen[282]. Zu diesem Zweck wurde der Legislative auch ein gewisser Spielraum zwischen der Freiheit des einzelnen und den Anforderungen der sozialstaatlichen Ordnung zugestanden[283]. Betont wurde ferner, daß in der Sozialstaatsklausel keine Handlungsanweisungen enthalten seien, die von den Gerichten ohne gesetzliche Grundlage in einfaches Recht umgesetzt werden könnten[284]. In Übertragung der Rechtsprechung zum Sozialstaatsprinzip kann also festgehalten werden, daß Staatsziele in erster Linie vom Gesetzgeber umgesetzt werden und erst infolgedessen auch der Judikative und der Exekutive als Auslegungsmaßstab dienlich sein sollen.

bb)   Erwägungen im Schrifttum

Zu vergleichbaren Ergebnissen, die aus den allgemeinen Überlegungen zur Verpflichtungswirkung von Staatszielen resultieren, kommt auch das Schrifttum. Hiernach werden die drei Gewalten in unterschiedlicher Intensität gebunden. Primärer Umsetzungsadressat ist der Gesetzgeber, der durch Einzelmaßnahmen zunächst das pauschal gefaßte Staatsziel konkretisieren muß[285]. Allein die Legislative verfüge über das rechtliche Instrumentarium der Zielverwirklichung durch ihre Gesetzgebungsgewalt. Gehindert durch den Vorbehalt des Gesetzes könnten die anderen Gewalten nicht selbständig die Staatszielverwirklichung angehen[286]. Gleichwohl ergeben sich auch für die Judikative und Exekutive Bindungswirkungen durch Staatsziele. Für die Rechtsprechung wirkt das Staatsziel als Auslegungsrichtlinie und als Rechsfortbildungsimpuls im Sinne des § 137 GVG[287]. Die Exekutive muß das Verfassungsziel als Auslegungsmaßstab und Planungsziel beachten[288]. Zudem ergibt sich eine Bindungswirkung für das administrative Ermessen[289] und ein Abwägungsgesichtspunkt für die Auslegung unbestimmter Rechtsbegriffe[290].

---

[281] BVerfGE 1, 97 (105).
[282] BVerfGE 1, 97 (105); 65, 182 (193); 75, 348 (359 f).
[283] BVerfGE 18, 257 (267); 44,70 (89); 65, 182 (193).
[284] BVerfGE 65, 182 (193).
[285] *Merten*, DöV 1993, S.368 (371); *Schmidt-Jortzig*, GVK-Anhörung vom 16.6.1992, S.132; *Vogel*, FS für Benda, S.413; *Sommermann*, Der Staat 1993, S.430 (436).
[286] *König*, Heymanns-GS, S.119; *Fischer*, Verfassungsentwürfe, S.5
[287] *Schmidt-Jortzig*, GVK-Anhörung vom 16.6.1992, S.132; *Schneider*, NJW 1994, S.558 (560); *Vogel*, FS für Benda, S.413.
[288] *Klein*, DVBl 1991, S.729 (733); *Schmidt-Jortzig*, GVK-Anhörung vom 16.6.1992, S.132.
[289] *Stern*, NWVBl 1988, S.1 (6); AK-*Kittner*, Art.20 Abs. 1-3 IV, Rn 58.
[290] *Ramm*, Böckenförde/Jekewitz/Ramm, S.30; *Brohm*, JZ 1994, S.213 (219).

cc) Zusammenfassendes Ergebnis

In Anwendung dieser dem Sozialstaatsziel und allgemeinen Überlegungen entnommenen Prinzipien bedeutet die Benennung des Staates als Adressat in Art.3 II S.2 GG demnach, daß hinsichtlich der öffentlichen Gewalten primär der Gesetzgeber für das Fördern faktischer Gleichstellung und das Hinwirken auf Nachteilsbeseitigung im Zuge von Gesetzgebungsmaßnahmen zuständig ist. Rechtsprechung und Verwaltung sind aber gleichfalls angesprochen und haben das Gleichstellungsziel bei der Auslegung von Rechtsvorschriften sowie bei der Planung und Ermessensausübung zu beachten.

b) Verpflichtungswirkung in der Privatwirtschaft

Über die Bindungswirkung gegenüber den öffentlichen Gewalten hinaus stellt sich die Frage, ob auch Verpflichtungen im privaten Rechtsverkehr hergeleitet werden können. In Betracht zu ziehen wäre eine Erstreckung der Bindungswirkung auf die Arbeitgeber und auf die Tarifvertragsparteien.
Im Rahmen der Grundrechte wurde deren Verpflichtungswirkung für den Privatrechtsverkehr unter dem Stichwort der sogenannten Drittwirkung der Grundrechte diskutiert. Darunter versteht man die Geltung der Grundrechte über das klassische Zweierverhältnis zwischen dem einzelnem und dem Staat hinaus auch im Verhältnis der Privaten untereinander[291]. Eine unproblematische Übertragung der Drittwirkungsthematik könnte sich jedoch verbieten, da Art.3 II S.2 GG als Staatsziel im Verfassungsinstrumentarium der Grundrechtscharakter abgesprochen werden muß[292] und die Grundsätze der Drittwirkung bisher nicht auf das Feld der Staatsziele ausgeweitet wurden.
Vordergründig ist ein Transfer auf Staatszielbestimmungen nicht von der Hand zu weisen, da sowohl den Grundrechten als auch den Staatszielen ein Verpflichtungscharakter, hier die grundrechtlichen Freiheits- und Gleichheitsgewährleistungen zu schützen und dort ein bestimmtes Ziel zu erreichen, innewohnt. Entscheidende Bedeutung kommt der Vergleichbarkeit der Charaktereigenschaften der beiden Verfassungsinstrumente zu. Wenn die Gesichtspunkte, die in der Diskussion um die grundrechtliche Drittwirkung zur Ausformung von Argumenten und Gegenargumenten geführt haben, beim Staatsziel "faktische Gleichberechtigung" wiederzufinden sind, spricht alles für die Übertragbarkeit der Kontroverse.

---

[291] *Pieroth/Schlink*, Grundrechte, Rn 186.
[292] S.o. S.69.

aa) Drittwirkung von Grundrechten

Eine spezielle verfassungsrechtliche Regelung bezüglich einer Drittwirkung ist nicht zu finden[293]. Der streitige Aspekt in der Drittwirkungsdiskussion lag aber auch nicht in der drittschützenden Wirkung der Grundrechte an sich[294]. Uneinigkeit herrschte vielmehr darüber, ob die Grundrechte unmittelbar für jeden Privatrechtsteilnehmer zu beachten sind[295] oder ob nach überwiegender Meinung nur mittelbar Wirkung auf den einzelnen entfaltet wird, indem die Grundrechte über ausfüllungsbedürftige Generalklauseln als "Einbruchstellen" in das Zivilrecht Eingang finden[296]. Über ein gewisses Minimum an Drittwirkung bestand damit weitgehendes Einvernehmen.

Gegen eine unmittelbare Drittwirkung wurden im Schrifttum und in der Rechtsprechung, angeführt durch das Bundesverfassungsgericht, erhebliche Bedenken erhoben. Formale Argumente ergaben sich aus den herkömmlichen Interpretationsparametern. Vom Wortlaut her spreche schon Art.1 III GG gegen die unmittelbare Grundrechtsdrittwirkung[297]. In dieser Norm wird eine unmittelbare Bindungswirkung an die Grundrechte für die Gesetzgebung, vollziehende Gewalt und Rechtsprechung konstituiert, während der Privatrechtsverkehr keine Erwähnung findet.

In historischer Sichtweise wird die klassische Funktion der Grundrechte als Abwehrrechte gegen den Staat angeführt. Außerdem sprechen, so wird hervorgehoben, systematische Überlegungen für eine höchstens mittelbare Wirkweise, da das Grundgesetz Fälle unmittelbarer Drittwirkung in dem entsprechenden Grundrecht ausdrücklich hervorzuheben pflegt (z.B. in Art.9 III S.2 GG)[298].

Hinzu tritt nach dieser Ansicht die teleologische Erwägung, daß eine unmittelbare Drittwirkung zu Sinn und Zweck der Grundrechte in Widerspruch steht. Aus Rechten gegenüber dem Staat würden Pflichten gegenüber allen Bürgern und Bürgerinnen, so daß eine weitreichende Freiheitsbeschränkung die zwangsläufige Folge wäre[299]. Das Grundgesetz habe sich durch die Formulierung eines umfassenden Grundrechtskataloges aber gerade einen möglichst großen Freiheitsspielraum des einzelnen zum Ziel gesetzt.

Neben diesen aus dem Institut "Grundrecht" abgeleiteten Gesichtspunkten rührt der Haupteinwand gegen unmittelbare Drittwirkung von einer Folgenbetrachtung her. Befürchtet wird eine tiefgreifende Einschränkung der Privatautonomie und damit

---

[293] *Hesse*, Grundzüge, Rn 352.
[294] BonKom-*Zippelius*, Art.1 Abs.1 u. 2, Rn 107 b.
[295] So lange Zeit das BAG. S. z.B. in DB 1955, S.267 (267); DB 1973, S.728 (728); DB 1979, S.553 (554).
[296] BVerfGE 7, 199 (205 f.); 73, 261 (269); s. auch speziell zur Drittwirkung des Art.3 II GG (a.F.): *Suelmann*, Die Horizontalwirkung des Art.3 II GG.
[297] *Pieroth/Schlink*, Grundrechte, Rn 188.
[298] *Pieroth/Schlink*, Grundrechte, Rn 188.
[299] *Pieroth/Schlink*, Grundrechte, Rn 188.

einer tragenden Prämisse des gesamten Privatrechtssystems[300]. Als Grundansatz im Privatrecht gelte gerade, daß die Art und Weise des Verhaltens im Rechtsverkehr im freien Belieben der Rechtspartner stehe[301]. Eine Ausformung könne eben sogar auch darin bestehen, sich über Grundrechtssätze hinwegsetzen zu dürfen, solange dies nur in gegenseitigem Einvernehmen geschehe[302]. Als typisches Beispiel wird das Prinzip der Vertragsfreiheit angeführt, das durch die Art.12 I, 14 I und 2 I GG auch eine grundgesetzliche Absicherung erfahren hat[303]. Hiernach soll der Privatbürger seinen Vertragspartner frei wählen und sich uneingeschränkt bis zur Grenze der zivilrechtlichen Billigkeitsprinzipien über die inhaltliche Ausgestaltung einigen können. Die Pflicht zur unmittelbaren Beachtung aller grundrechtlichen Verbürgungen hätte also unweigerlich die Beschneidung der unserer Verfassung zugrundeliegenden selbstverantwortlichen Freiheit des Individuums zur Folge[304]. Folgerichtig ist in Zusammenschau dieser formalen und inhaltlichen Bedenken mit dem Großteil in Schrifttum und Rechtsprechung eine unmittelbare Verpflichtungswirkung der Grundrechte abzulehnen.

bb) Drittwirkung von Staatszielen

Es bleibt danach zu diskutieren, ob die am Beispiel der Grundrechtsdrittwirkung erwachsenen Einwände gegen eine unmittelbare Verbindlichkeit für den einzelnen Bürger auf die Parallelsituation bezüglich der Staatszielbestimmung "faktische Gleichberechtigung" übertragen werden können.
Die ausdrücklich unmittelbare Verpflichtung des Art.1 III GG für die öffentlichen Gewalten bezieht sich nur auf die nachfolgenden Grundrechte. Von Staatszielen ist dort nicht die Rede und auch die Integration des Staatsziels aus Art.3 II S.2 GG in den Grundrechtskatalog kann nicht zur Klassifizierung als Grundrecht führen, auf das sich Art.1 III GG dann bezöge. Das Wortlautargument der Gegner unmittelbarer Drittwirkung kann damit bezüglich der Staatsziele nicht von Nutzen sein.
Weiterhelfen könnte eher eine historische Betrachtung, die den Charakter des Verfassungsinstruments "Staatszielbestimmung" analysiert. Die klassische Funktion von Staatszielen, wie schon die Bezeichnung verdeutlicht, besteht in der Verpflichtung der staatlichen Organe, festgelegten Zielen zu ihrer Verwirklichung zu verhelfen. Aufgerufen ist in erster Linie der Gesetzgeber, in dessen Einflußbereich es fällt, mit entsprechenden gesetzlichen Maßnahmen das Erreichen des Zieles zu beschleunigen. Aber auch Judikative und Exekutive werden, wie aufge-

---

[300] *M/D/H/S- Dürig*, Art.1 III, Rn 129; *Hesse*, Grundzüge, Rn 354.
[301] *Schmitt Glaeser*, DöV 1982, S.381 (382).
[302] *M/D/H/S-Dürig*, Art.1 III, Rn 130.
[303] *Schmitt Glaeser*, DöV 1982, S.381 (383).
[304] *Hesse*, Grundzüge, Rn 352.

zeigt[305], in die Pflicht genommen. Eine Ausschließlichkeit der staatlichen Gewalten als Adressaten ist damit aber nicht automatisch begründet. Auch die Grundrechte und Grundrechtsschranken sind von der Grundtendenz auf den Staat als Adressaten zugeschnitten, gleichwohl entfalten sie zumindest mittelbar Ausstrahlungswirkung auf den Privatrechtsverkehr und betreffen auf diese Weise auch den einzelnen. Gut vorzustellen ist schließlich, daß bei unmittelbarer Gebundenheit der privaten Arbeitgeber an das Gleichstellungsstaatsziel ein rascheres Voranschreiten in Richtung auf eine absolute Chancengleichheit angenommen werden kann. Aus dem historisch gewachsenen Charakter der Staatszielbestimmungen läßt sich damit kein zwingender Ausschluß der unmittelbaren Staatszieldrittwirkung ablesen.

Das systematische Argument, der Verfassungsgeber lasse eine gewünschte unmittelbare Drittwirkung von Grundrechten wie z.B. in Art.9 III GG ausdrücklich erkennen, läßt sich auf die Paralleldiskussion hinsichtlich der Staatszielbestimmungen nur in Ansätzen transferieren. Die Schwierigkeit ergibt sich daraus, daß beispielgebende Staatsziele in der Verfassung kaum auszumachen sind. Aufschluß könnte allenfalls das zumindest im Grundrechtsbereich angesiedelte Staatsziel "Sozialstaat" des Art.20 I GG geben. Doch steht einer Vergleichbarkeit mit der faktischen Gleichberechtigung von vornherein entgegen, daß das Sozialstaatsprinzip viel globaler und unbestimmter gefaßt ist. Die Zielsetzung "Sozialstaat" ist so vielschichtig und in zahlreiche Richtungen ausdeutbar, daß eine unmittelbare Drittwirkung für Private schon daran scheitern müßte, daß der einzelne nicht wüßte, nach welcher konkreten Zielbestimmung er sein Verhalten auszurichten hätte. Beim Staatsziel "faktische Gleichberechtigung" ist das Ziel hingegen klarer formuliert. Unabhängig von einer ausdrücklich benannten unmittelbaren Drittwirkung des Staatsziels "Sozialstaat", die auf den möglichen Willen zu einer Verpflichtung Dritter durch Staatsziele hindeuten könnte, ist eine Schlußfolgerung für das Staatsziel aus Art.3 II S.2 GG von vornherein mangels Vergleichbarkeit ausgeschlossen. Somit existiert bisher keine Staatszielbestimmung, die durch ausdrückliche Anordnung von Drittwirkung als Exempel dienen könnte und damit für das Staatsziel der faktischen Gleichberechtigung, das keine ausdrückliche Drittwirkungsanordnung enthält, den Schluß höchstens mittelbarer Verbindlichkeit für Private nahelegen würde.

Zu hinterfragen bleibt, ob auch durch die unmittelbare Verbindlichkeit von Staatszielbestimmungen die Gefahr einer nicht hinnehmbaren Beschränkung der Privatautonomie befürchtet werden muß. Die Beantwortung hängt davon ab, ob von Staatszielen eine Verpflichtungswirkung in ähnlicher Intensität wie von Grundrechten ausgehen kann.

Die beschränkende Kraft der Grundrechte liegt bei Annahme ihrer unmittelbaren Drittwirkung darin, daß der Privatbürger von zahlreichen festbestimmten Rechten z.B. seines Vertragspartners direkt in die Pflicht genommen würde und keine frei

---

[305] S.o. S.87 ff.

bestimmte Entscheidung mehr treffen könnte, ohne fortwährend auf grundrechtliche Grenzen seiner Mitbürger zu treffen. Ganz anders stellt sich aber die Möglichkeit der Einflußnahme von Staatszielen dar. In ihnen wird ein Zielpunkt festgelegt, auf dessen Verwirklichung sich die Aktivität des Adressaten zu richten hat. In konkreter Anwendung auf Art.3 II S.2 GG bedeutet dies, daß beispielsweise ein Arbeitgeber selbst bei unmittelbarer Verpflichtung durch das Staatsziel "faktische Gleichberechtigung" lediglich irgendeine Tätigkeit auf dieses Ziel hin vorweisen müßte. Er wäre aber keineswegs so eingeengt, daß jede Entscheidung oder jeder Vertragsschluß durch die Staatszielbestimmung reglementiert würde wie im Parallelfall der Grundrechte. Es müßte sich nur in seiner gesamten Tätigkeit an einer beliebigen Stelle eine frauenfördernde Tendenz ausmachen lassen, denn konkrete Maßnahmen oder Ergebnisse werden durch das Staatsziel nicht vorgegeben. Ein mit der unmittelbaren Drittwirkung von Grundrechten vergleichbarer Verpflichtungsgrad läßt sich somit nicht feststellen. Die Einschränkung der Privatautonomie durch die Staatszielbestimmung des Art.3 II S.2 GG wäre damit so gering, daß die Gefahr grundlegender Charakterveränderungen des Privatrechts kaum angenommen werden kann. Ein zwingendes Argument zur Ablehnung der unmittelbaren Drittwirkung für Staatsziele ergibt sich aus dem Einfluß auf den Privatrechtsverkehr folglich nicht. Vielmehr läßt die gegenüber den Grundrechten weit abgeschwächte Wirkung der unmittelbaren Verpflichtung eher den Schluß auf die Möglichkeit einer direkten Drittwirkung zu.

Nach der Übertragung der gegen die unmittelbare Drittwirkung von Grundrechten vorgebrachten Argumente zeigt sich, daß teils eine Gleichbehandlung aufgrund der unterschiedlichen Charaktereigenschaften der beiden Verfassungsinstrumente nicht möglich ist, teils der Transfer der Gesichtspunkte zu einem in Bezug auf die Staatsziele abweichenden Ergebnis führt oder zumindest eher eine Hinwendung zu unmittelbarer Drittwirkung zuläßt. Nach formaler und inhaltlicher Betrachtungsweise spricht somit kein grundlegender Gesichtspunkt gegen die unmittelbare Drittwirkung von Staatszielen. Jedoch ist dieses Ergebnis nur haltbar, wenn daraus ein sinnvoller und effektiver Nutzen erwächst.

(1)   Drittwirkung gegenüber einzelnen

Wie beschrieben hätte die unmittelbare Verpflichtung auf ein Staatsziel hin nur relativ schwachen Verpflichtungscharakter, indem weder bestimmte Maßnahmen noch zeitliche oder sachliche Vorgaben die Bestimmung konkretisieren, sondern lediglich irgendeine Tätigkeit im Sinne eines Hinwirkens auf das Ziel der faktischen Gleichberechtigung zu beobachten sein muß. Der einzelne, der in einer Maßnahme ihm gegenüber einen Verstoß gegen das Staatsziel zu erkennen meint, hat also nicht das Recht, den privatrechtlichen Arbeitgeber oder Vertragspartner auch bei unmittelbarer Drittwirkung zu der bestimmten Ausrichtung einer Einzelfallentscheidung nach dem Staatsziel zu zwingen. Es reicht bereits aus, daß in anderen Entscheidungen eine Hinwendung auf das Staatsziel zum Ausdruck kommt. Im Konfrontationsfall der Teilnehmer im Privatrechtsverkehr würde eine unmittelbare Drittwirkung damit ohne Belang sein. Der gleiche Effekt wird zumindest schon bei mittelbarer Drittwirkung von Staatszielen erfüllt. Innerhalb der Überprüfung von privatrechtlichen Rechtsverhältnissen käme dem befaßten Gericht die Aufgabe zu, über die zivilrechtlichen Generalklauseln wie die §§ 134 oder 242 BGB auch eine hinreichende Beachtung des Staatsziels aus Art.3 II S.2 GG zu überprüfen und bei krassen Zuwiderhandlungen einen Verstoß im Sinne der entsprechenden Generalklausel festzustellen. Allerdings wird eine derartige Feststellung kaum vorkommen, da wie gesagt jegliches Bemühen um die Zielerfüllung auch an anderer Stelle als dem im Streit stehenden Rechtsverhältnis für den Privaten ausreicht. Schließlich ist nicht zu vergessen, daß die Aufgabe des Staatszielverwirklichung genau wie die des Grundrechtsschutzes zuvorderst den staatlichen Gewalten zufällt und eine Bindungswirkung gegenüber den Privaten von vornherein nicht in gleicher Intensität erfolgen kann.

Trotz der theoretischen Möglichkeit einer unmittelbaren Drittwirkung von Staatszielen ist somit bei der Zweckmäßigkeitsprüfung in Anwendung auf die Praxis festzustellen, daß eine unmittelbare Staatszielverpflichtung Privater wenig nutzbringend ist. Jedenfalls ist die gleiche Beachtung von Staatszielen im Privatrechtsverkehr schon durch mittelbare Drittwirkung gewährleistet, so daß eine wenn auch nur geringfügige Einschränkung der Privatautonomie als grundlegendes Selbstbestimmungsrecht des einzelnen vermieden werden kann. Diese Folgerung gilt zunächst für alle einzeln im Privatrechtsverkehr agierenden Personen, also insbesondere für die Arbeitgeber.

(2)   Drittwirkung gegenüber Tarifvetragsparteien

Als weiterer privater Adressat von Staatszielbestimmungen kommen die Tarifvertragsparteien in Betracht. Kraft der ihnen verfassungsrechtlich in Art.9 III GG zugesicherten Tarifautonomie sind sie unter anderem dazu befugt, in Tarifverträgen arbeitsrechtliche Vereinbarungen zu treffen. Auch in diesem Bereich stellt sich die Frage nach einem drittwirkenden Einfluß des Staatsziels der faktischen Gleichberechtigung.

Hinsichtlich des schuldrechtlichen Teils des Tarifvertrages ergibt sich zu dem oben getroffenen Resultat keine Abweichung, da sich gleichrangige Privatrechtssubjekte in einem gegenseitigen arbeitsrechtlichen Vertrag gegenüberstehen. Der normative Teil des Tarifvertrags hingegen wird von der überwiegenden Meinung als materielle Rechtsetzung staatlich verliehener oder doch zumindest anerkannter Art

verstanden[306]. Der Tarifvertrag ist demnach also Akt eines gesetzesgleich normgebenden Organs. Somit greift für die vertraggebende Partei bezüglich der Verpflichtung gegenüber den Grundrechten direkt Art.1 III GG mit der Maßgabe unmittelbarer Verbindlichkeit wie für jeden Gesetzgeber ein. In seinem normativem Teil ist damit jeder Tarifvertrag an die Beachtung der Grundrechte gebunden[307].
Wiederum steht der automatischen Erstreckung auf Staatszielbestimmungen entgegen, daß diese vom Wortlaut des Art.1 III GG nicht erfaßt sind. Jedoch ging die Intention des Verfassungsgebers dahin, alle gesetzgebenden und sonstigen staatlichen Gewalten sowohl an jedes Einzelgrundrecht zu binden, als auch genauso das im gesamten Grundrechtsteil zum Ausdruck kommende objektive Wertegefüge zur Beachtung zu bringen. Mit der Aufnahme der Staatszielbestimmung zur faktischen Gleichberechtigung innerhalb des Grundrechtskataloges ist dieses Wertegefüge um eine Zielsetzung ergänzt worden, die vom Staat in Form der drei Gewalten zu beachten und anzustreben ist. Wenn auch der Tarifvertragsgeber als Quasigesetzgeber materiellen Rechts anzuerkennen ist, ergibt sich folglich ebenso für ihn die Notwendigkeit, das grundrechtliche Wertegefüge zu berücksichtigen, das unter anderem auch durch die Staatszielbestimmungen geprägt wird.
Die Tarifvertragsparteien sind also unmittelbar dazu verpflichtet, das Staatsziel der faktischen Gleichberechtigung bei der Aushandlung der Tarifverträge zu beachten und zu verwirklichen.

II. *Verfassungsrechtliche Deckung von Frauenfördermaßnahmen*

Die wichtigste Frage bezüglich des neu eingefügten Staatsziels der faktischen Gleichberechtigung stellt sich nach dessen tatsächlicher Relevanz. Ist die Staatszielbestimmung in der Lage, fühlbare Veränderungen der bisherigen Benachteiligungssituation der Frauen herbeizuführen? Ein Fortschritt auf dem Weg zur tatsächlichen Durchsetzung der Gleichberechtigung kann nur verzeichnet werden, wenn frauenfördernde Maßnahmen aufgrund der Verfassungsergänzung einen neuen, rechtfertigenden Rückhalt erhalten haben, der auch gegenüber der Beeinträchtigung von Rechten anderer standzuhalten vermag.
Kompensierende Maßnahmen sind in vielfältigen Erscheinungsformen denkbar, die im folgenden auf ihre Deckung durch die Staatszielbestimmung des Art.3 II S.2 GG hin untersucht werden sollen.

---

[306] BAGE 1, 258 (262 ff); 4, 240 (250 f); *M/D/H/S-Scholz*, Art.9, Rn 257; *Schaub*, ArbR, § 198 III 1.; *Adomeit*, Rechtsquellenfragen, S.132, 136 ff; *Wiedemann/Stumpff*, TVG, § 1, Rn 25 ff.
[307] *Schaub*, ArbR, § 198 III 1.; *Pfarr/Bertelsmann*, Diskriminierung, S.47.

1. "Sanfte" Maßnahmen

Zunächst haben sich zahlreiche Vorschläge für sogenannte "sanfte" Frauenfördermaßnahmen herausgebildet. Die Titulierung entstammt der Überlegung, daß durch die angestrebten Maßnahmen beide Geschlechter angesprochen werden sollen. Dadurch entfällt von vornherein die Rechtfertigung einer einseitigen Bevorzugung. Der Eingriff in Grundrechte nur eines Geschlechts durch eine Regelung unterbleibt, so daß derartigen Förderungsmodellen keine verfassungsrechtlichen Bedenken entgegenstehen. Einer besonderen Berufung auf das Staatsziel "faktische Gleichberechtigung" als Gegengewicht zu anderen beeinträchtigten Grundrechten bedarf es also nicht. Gleichwohl sind auch die sanften Maßnahmen auf das schnelle Erreichen des Staatsziels angelegt, denn nicht zu vergessen ist, daß es faktisch immer noch zu weit überwiegendem Teil die Frauen sind, die die Doppelbelastung von Berufs- und Familienarbeit auf sich nehmen und dafür nicht auch noch bestraft werden sollen.

Das Schwergewicht sanfter Maßnahmen liegt deshalb auf dem Bemühen, die Vereinbarkeit von Familie und Beruf zu fördern. Es werden dazu Forderungen gestellt nach flexiblerer und damit familiengerechterer Arbeitsplatz- und Arbeitszeitgestaltung[308]. Dazu gehört ebenso das Angebot qualifizierter Teilzeitbeschäftigungen, um den tradierten Geschlechterrollenbildern entgegenzutreten[309]. In diesem Zuge wird auch die Berücksichtigung des Wertes von in Haushalt und Familie erworbenen Kenntnissen für den Beruf vorgeschlagen[310]. Ein weiterer Baustein, um Beruf und Familie gleichzeitig zu ermöglichen, wird im Hinwirken auf die gesicherte Fremdbetreuung der Kinder bereits in frühem Alter gesehen[311]. Angeboten werden sollen ferner Fördermaßnahmen für den beruflichen Wiedereinstieg nach Kindererziehungszeiten[312]. Spezielle Fort- und Weiterbildungsveranstaltungen sollen stattfinden, um die erforderlichen Qualifikationen für sich weiterentwickelnde Berufsfelder zu vermitteln[313]. Dazu gehören auch Umschulungsangebote für Frauen, die bisher in nun nicht mehr gefragten Berufsbereichen gearbeitet haben[314].

Sicherlich kann von diesen Vorschlägen, insbesondere, wenn alle gemeinsam und gleichzeitig verwirklicht werden sollten, ein Fortschritt für die tatsächliche Gleichberechtigung erwartet werden. Solange es jedoch genug Arbeitswillige - zum Großteil Männer - gibt, die zu den alten Bedingungen arbeiten und so gerade im

---

[308] *Körner-Dammann*, NJW 1994, S.2056 (2061); *König*, DöV 1995, S.837 (841).
[309] *Birk*, Beilage zu NJW 1994, S.17 (17).
[310] *Harms*, DöD 1991, S.49 (49).
[311] *Körner-Dammann*, NJW 1994, S.2056 (2062); *Laubinger*, VerwArch 87 (1996), S.532.
[312] *König*, DöV 1995, S.837 (841).
[313] *Laubinger*, VerwArch 87 (1996), S.532; *Eckertz-Höfer*, FS für Simon, S.473; *König*, DöV 1995, S.837 (841).
[314] *Harms*, DöD 1991, S.49 (49).

Bereich der privaten Unternehmen keinen Mehraufwand an Angeboten und Kosten verursachen, fehlt das zwingende Moment zum Ergreifen solcher Unterstützungsmaßmahmen. Gleiches gilt auf der anderen Seite natürlich für die entsprechende Anzahl von Frauen, die auch in Zukunft in die Rolle der Hausfrau schlüpfen und anfängliche Unannehmlichkeiten der erst zu erprobenden Maßnahmen nicht in Kauf nehmen wollen. Bei entsprechendem Druck der männlichen und weiblichen Erwerbsbevölkerung ist aber ein Beitrag auf dem Weg zum Staatsziel der faktischen Gleichberechtigung durchaus denkbar, auch wenn viel guter Wille der Arbeitgeber dazu erforderlich sein wird.

2. Quotierende Gesetze

Neben den Vorschlägen für sanfte Maßnahmen begann Anfang der 80er Jahre die Auseinandersetzung mit frauenfördernden Maßnahmen in Form von quotierenden Gesetzen. Angeregt durch Quotenmodelle in den politischen Parteien[315], die den Frauen dort zu einer gewissen garantierten Anzahl an Plätzen, beispielsweise an Listenplätzen und Sitzen im Parlament, und damit zu einer gesicherten Vertretung ihrer Interessen verhelfen sollten, wurde die Diskussion um quotierende Regelungen bald für die berufliche Stellung der Frau im öffentlichen Dienst und in der Privatwirtschaft aufgenommen.

a) Diskussion um die Zulässigkeit unter alter Rechtslage

Über die Zulässigkeit von Quotenregelungen herrschen innerhalb der Rechtsprechung und des Schrifttums sehr geteilte Ansichten. Da die vorgebrachten Argumente auch anhand der veränderten Rechtslage des Art.3 II S.2 GG zu überprüfen sein werden, soll eine zusammenfassende Darstellung der Quotendiskussion der letzten 10 Jahre einen Überblick über das weitverästelte Meinungsbild geben.

aa) Rechtsprechung

In der Rechtsprechung herrscht selbst unter den Gerichten weitgehende Uneinigkeit über die verfassungsrechtliche Zulässigkeit von Kompensationsmaßnahmen, insbesondere von Quotenregelungen.

---

[315] *Deller*, Quotenregelung in Parteien, S.13 ff.; *Maidowski*, Umgekehrte Diskriminierung, S.186 ff.

(1)   Keine Entscheidung des Bundesverfassungsgerichts

Eine Ursache für die Unsicherheit in der Beurteilung der Verfassungsmäßigkeit dürfte sein, daß eine richtungsweisende Entscheidung des Bundesverfassungsgerichtes zur Quotenproblematik noch nicht ergangen ist. Zwar wurden schon mehrere Richtervorlagen zur Überprüfung von landesgesetzlichen Frauenförderregelungen beim Bundesverfassungsgericht eingereicht[316], jedoch kam es aus Gründen mangelnder Entscheidungserheblichkeit im Verfahren des einstweiligen Rechtsschutzes zum Rückzug der Vorlage[317] oder die Vorlagen sind noch anhängig[318].

(2)   Ansichten der Bundes- und Landesgerichte

In den bereits ergangenen Entscheidungen der sonstigen Bundes- und Landesgerichte war unter alter Rechtslage[319] des Art.3 II GG a.F. eine tiefgreifende Meinungsspaltung zu konstatieren.
Zur Gruppe der frauenfördernde Kompensationsmaßnahmen in Form von Quoten grundsätzlich ablehnenden Gerichte gehören fast alle mit dieser Angelegenheit bisher befaßten Verwaltungs- und Oberverwaltungsgerichte. Beschäftigungsgegenstand waren zumeist Einstellungs- und Beförderungsentscheidungen[320], die durch die entsprechenden Landesgesetze zur Frauenförderung mit leistungsbezogenen[321] Quotierungsmaßgaben flankiert worden waren.
Eine gewisse Vorreiterrolle übernahm dabei das OVG Münster, das bereits 1989 einen Eingriff des Frauenförderkonzepts des Landes Nordrhein-Westfalen in das Recht des Mannes auf Nichtdiskriminierung feststellte[322]. Allerdings wandte sich die Entscheidung in Hauptsache dagegen, daß ein Frauenförderungskonzept auf der

---

[316] OVG NW vom 23.10.1990, DVBl 1991, S.118 ff.; VG Münster vom 23.7.1992, Az.4 K 464/91.
[317] OVG NW, DVBl 1992, S.1372.
[318] S. dazu VG Arnsberg vom 25.8.1993, bestätigt aufgrund neuer Rechtslage am 18.1.1995, NVwZ 1995, S.725; Laut Auskunft des Bundesverfassungsgerichtes sind derzeit beim Zweiten Senat zwei Verfahren zur Überprüfung von landesrechtlichen Quotenregelungen anhängig. Es handelt sich in beiden Fällen um Vorlagebeschlüsse des VG Arnsberg vom 22.11.1995 zur Vereinbarkeit des § 25 V S.2 HS 1 LBG NW mit dem Grundgesetz (Aktenzeichen beim BVerfG: 2 BvL 13/95 und 2 BvL 14/95). Der Zeitpunkt einer Entscheidung über die Vorlagen sei allerdings noch nicht abzusehen.
[319] S. zu den sich anschließenden verwaltungsgerichtlichen Entscheidungen unter neuer Rechtslage unten S.124 ff.
[320] Andere Entscheidungen beschäftigten sich mit der Rechtmäßigkeit der kommunalen Verpflichtung zur Beschäftigung von Frauenbeauftragten, s. z.B.: BVerfG, DöV 1995, S.419 ff.; dazu auch *Thieme*, DöV 1995, S.329 f.
[321] S. zum Begriff der leistungsbezogenen Quote unten S.108.
[322] OVG Münster vom 15.6.1989, NJW 1989, S.2560 f.

Basis einer Verwaltungsrichtlinie keine Rechtfertigung für einen Grundrechtseingriff darstellen könne und die Wesentlichkeit der Beeinträchtigung eine gesetzliche Grundlage erfordere[323]. Diesem auch im Schrifttum anerkannten Erfordernis[324] wurde inzwischen von allen Bundesländern mit der landesgesetzlichen Normierung der Frauenförderungskonzepte Rechnung getragen[325]. Doch auch in Gesetzesform hielt das OVG Münster[326] den eine leistungsbezogene Frauenquote bei Einstellungen und Beförderungen festlegenden § 25 V S.2 1.HS LBG NW für rechts- und verfassungswidrig, weil die Regelung mit § 7 BRRG sowie mit den Art.33 II GG und 3 II, III GG unvereinbar sei. Die Argumentation stützte sich auf die Unrechtmäßigkeit typisierender Benachteiligungen, die eine Quotenregelung zwangsläufig mit sich bringe. Es sei nicht richtig, wenn ein Mann das Unrecht auszugleichen habe, das den Frauen allgemein in der Vergangenheit widerfahren sei und das der betroffene Mann nicht begangen habe. Zudem müsse der Mann nicht dafür einstehen, daß sich weniger Frauen als Männer für die entsprechende Laufbahn entschieden hätten und aus diesem Grund Unterrepräsentanz herrsche. Auf diesem Wege würden außerdem verheiratete Männer mit Kindern gegenüber Frauen, die bisher keinerlei geschlechtsbedingte Nachteile erlitten hätten, benachteiligt, was die Verfassungswidrigkeit derartiger typisierender Förderungsregelungen belege[327]. Diesen Argumenten wurde in Entscheidungen zahlreicher Verwaltungsgerichte beigepflichtet[328].

Das OVG Münster hat ferner als den Quotenregelungen entgegenstehend angesprochen, daß § 7 BRRG eine abschließende Regelung sei, die eine Einstellungs- oder Beförderungsentscheidung ausschließlich an die Kriterien des in Art.33 II GG vorgegebenen Leistungsprinzips knüpfe und somit eine in der Hierarchie darunterstehende, landesgesetzliche Regelung keine darüberhinausgehenden Hilfskriterien, wie beispielsweise die Unterrepräsentanz der Frau, normieren könne.

Auf diesen Gesichtspunkt wurde auch in nachfolgenden Entscheidungen verstärkt eingegangen. So stellte das OVG Schleswig bei der Überprüfung der entsprechenden schleswig-holsteinischen Landesregelung in Frage, ob das Kriterium "Frauenunterrepräsentanz" überhaupt als Hilfskriterium zur Auswahl zwischen zwei gleich gut geeigneten Bewerbern herangezogen werden dürfe[329]. Auch der

---

[323] OVG Münster, NJW 1989, S.2560 (2561).
[324] *Benda*, Gutachten, S.198; *Maidowski*, Umgekehrte Diskriminierung, S.174.
[325] S. Gesetzesnachweis der Landesgleichstellungsgesetze in Fn 121.
[326] OVG NW, DVBl 1991, S.118 ff.
[327] OVG NW, DVBl 1991, S.118 (121); Mit der gleichen Begründung erging ein weiterer Beschluß des OVG zu einer gleichgelagerten Fallgestaltung am 7.12.1990, NVwZ 1992, S.1226 f.
[328] OVG Berlin vom 16.4.1992, NVwZ 1992, S.1227; OVG Münster 6 B 713/92 vom 2.7.1992 und 6 B 3146/92 vom 26.8.1992; VG Gelsenkirchen 1 L 1642/92 vom 22.6.1992; VG Aachen 1 L 1067/93 vom 5.8.1993; VG Braunschweig vom 1.12.1994 (Az.: 7 B 7792/94); OVG Lüneburg vom 29.6.1994 (Az.: 5 M 1857/94).
[329] OVG Schleswig vom 13.4.1994, NVwZ 1994, S.1229 (1230).

Hessische VGH sah in den Regelungen des Hessischen Gleichberechtigungsgesetzes keine Veranlassung, das Kriterium des Geschlechts bei beamtenrechtlichen Auswahlentscheidungen zu berücksichtigen[330]. Das VG Darmstadt stellte anläßlich der Beurteilung des Hessischen Gleichberechtigungsgesetzes fest, daß das Hilfskriterium "Unterrepräsentanz der Frau" nicht im Sinne einer Hierarchie an erste Stelle gerückt werden dürfe, da dieses Vorgehen auf eine Ungleichbehandlung wegen des Geschlechts hinausliefe. Jedenfalls müßten in einer Abwägung auch andere anerkannte Hilfskriterien in die Entscheidung miteinbezogen werden[331].

Die Gegenauffassung grundsätzlicher Vereinbarkeit leistungsabhängiger Quoten in den Landesgleichstellungsgesetzen mit höherrangigem Recht vertritt neben einigen Arbeitsgerichten als Ausnahme unter den Verwaltungsgerichten das VG Bremen[332], das sich als eines der ersten Gerichte mit der Quotenproblematik auseinanderzusetzen hatte.
Das Gericht ging von dem im Schrifttum vordringenden und durch die Bundesverfassungsgerichts-Rechtsprechung in der Rentenalterentscheidung[333] bestätigten Verständnis des Art.3 II GG a.F. als objektivem Förderauftrag aus. Eine frauenfördernde Maßnahme wie die leistungsabhängige Quote sei nicht als Beeinträchtigung des Diskriminierungsverbotes in Bezug auf den betroffenen Mann von vornherein ausgeschlossen. Vielmehr müsse eine Abwägung zwischen der objektiven Wertentscheidung auf Herstellung faktischer Gleichberechtigung und der individuellen Grundrechtsposition auf Nichtberücksichtigung des Geschlechts stattfinden[334]. Die Abwägung müsse allerdings anhand des jeweiligen Einzelfalls getroffen werden, da ein eine Ausnahmesituation nicht berücksichtigender Automatismus zur Verfassungswidrigkeit der Frauenförderungsmaßnahme führe[335]. Die Gefahr eines Verstoßes kompensatorischer Maßnahmen im öffentlichen Dienst gegen den Leistungsgrundsatz des Art.33 II GG sieht das Gericht insoweit gebannt, als die drei Leistungskriterien der Eignung, Befähigung und fachlichen Leistung als Grundvoraussetzung gleicher Qualifikation vorliegen müßten, um dann anhand weiterer Hilfskriterien zu einer Entscheidung gelangen zu können[336].
In diesem Sinne entschieden auch mehrere Arbeitsgerichte[337]. Besonderes Gewicht kommt dabei der Entscheidung des Bundesarbeitsgerichtes zu, da es das erste

---

[330] Hess VGH vom 7.4.1994, NVwZ 1994, S.1229 (1229); Mit gleicher Begründung erließ der Hess VGH Beschlüsse am 5.7.1994 (ZBR 1995, S.109 f) und am 7.6.1995 (Az.: 1 TG 54/95).
[331] VG Darmstadt vom 29.11.1994, NVwZ-RR 1995, S.289 (290).
[332] VG Bremen vom 26.11.1987, NJW 1988, S.3224 ff; Kommentierung dieser Entscheidung bei *Raasch*, KJ 1993, S.225 ff.
[333] BVerfGE 74, 163.
[334] VG Bremen, NJW 1988, S.3224 (3225).
[335] VG Bremen, NJW 1988, S.3224 (3227).
[336] VG Bremen, NJW 1988, S.3224 (3226).
[337] ArbG Dortmund 1 Ca 2881/92 vom 1.12.1992; LAG Hamm vom 15.7.1993, BB 1993, S.1811; LAG Bremen Az.2 Sa 322/91 vom 8.7.1992.

oberste Bundesgericht war, das sich mit der Frage der Verfassungsmäßigkeit frauenfördernder Regelungen auseinanderzusetzen hatte[338]. Bei der Beurteilung der Vereinbarkeit des § 4 BremLGG mit höherrangigem Recht zog das Gericht in seiner Argumentation zunächst die Auslegung des Art.3 II GG a.F. durch das Bundesverfassungsgericht heran. Inzwischen bestätigt durch die Nachtarbeitsentscheidung[339] wurde die Möglichkeit zugrundegelegt, faktische Nachteile auf Seiten der Frauen durch begünstigende Regelungen auszugleichen. Nach der Entscheidung des Bundesverfassungsgerichtes sei ein tatbestandlicher Verstoß gegen Art.3 III GG grundsätzlich durch das objektive Gebot in Art.3 II GG (a.F.) rechtfertigungsfähig. Der Ausgleich beider Verfassungsgüter müsse im Wege praktischer Konkordanz erfolgen.

Dem Argument, daß Männer auf Jahre hinaus von Einstellung und Beförderung ausgeschlossen seien, hielt das Bundesarbeitsgericht entgegen, daß die leistungsabhängige Quote schließlich nur im Falle gleichwertiger Qualifikation greife. Die Männer würden also sehr wohl eingestellt bzw. befördert, soweit sie bessere Leistung zeigten[340]. Allerdings sah sich der Senat dazu angehalten, dem Europäischen Gerichtshof den Fall im Rahmen des Vorabentscheidungsverfahrens gemäß Art.177 EGV vorzulegen, da es die Vereinbarkeit des § 4 BremLGG mit der Richtlinie 76/207/EWG[341] als höherrangigem Recht nicht als eindeutig erachtete[342].

(b) Schrifttum

Im Schrifttum entstand um die verfassungsrechtliche Deckung kompensierender Frauenfördermaßnahmen ab dem Beginn der 80er Jahre eine intensive Diskussion.

(1) Objektiver Förderauftrag als Grundvoraussetzung

Die Grundvoraussetzung für die Befürworter aktiver Gleichstellungskonzepte auf Verfassungsbasis bestand in der uneingeschränkten Anerkennung eines objektiven Gehaltes in Art.3 II GG a.F.. Gegen anfangs starken Widerstand in der Literatur setzte sich, gestützt durch entsprechende Aussagen von Seiten des Bundesverfassungsgerichtes, in zunehmendem Maße die Ansicht durch, daß das Gleichbe-

---

[338] BAG vom 22.6.1993 AP Nr.193 zu Art.3 GG; ausführliche Kritik an dieser Entscheidung bei *Herrmann*, SAE 1995, S. 229 ff.
[339] BVerfGE 85, 191.
[340] BAG vom 22.6.1993 AP Nr.193 zu Art.3 GG, Blatt 7.
[341] Richtlinie 76/207/EWG ... zur Verwirklichung des Grundsatzes der Gleichbehandlung von Männern und Frauen hinsichtlich des Zugangs zur Beschäftigung, zur Berufsbildung und zum beruflichen Aufstieg sowie in Bezug auf die Arbeitsbedingungen. S. dazu auch S.32.
[342] BAG vom 22.6.1993 AP Nr.193 zu Art.3 GG, Blatt 8.

rechtigungsgebot des Art.3 II GG a.F. neben der individualrechtlich-subjektiven Komponente einen objektiven Gehalt aufweise, der den Staat verpflichte, für die umfassende Durchsetzung der Gleichberechtigung zu sorgen[343]. Auf dieser Erkenntnis basierend wurden im Schrifttum zahlreiche Fördermodelle entwickelt, um die Gleichstellung der Frau effektiv voranzutreiben. An erster Stelle ist sicherlich die Quotenregelung zu nennen, um deren Verfassungsmäßigkeit in ihren mannigfaltigen Ausgestaltungen in höchstem Maße kontroverse Diskussionen geführt wurden. Denn zu Recht stellte Sachs fest, daß auch bei Anerkennung eines objektiven Gehalts des Art.3 II GG (a.F.) kein Anhaltspunkt für die Festlegung auf bestimmte Maßnahmen wie z.B. Quotierungen gegeben sei[344].

Da die verschiedenen Quotenmodelle ihre Relevanz durch die Einfügung des Art.3 II S.2 GG nicht verloren haben, sondern viel eher vor einem neuen Rechtfertigungshintergrund in verändertem Licht gesehen und auf ihre Verfassungsmäßigkeit zu überprüfen sein werden, sollen Zwecksetzungen und Ausgestaltungen vom Ursprung ihrer Entwicklung an vorgestellt werden.

Die Diskussion konzentrierte sich hauptsächlich auf Quotierungen im öffentlichen Dienst[345]. Grund dafür war, daß eine Verpflichtungswirkung der öffentlichen Gewalten an den konstatierten Förderauftrag des Art.3 II GG a.F. problemloser zu konstruieren war als eine entsprechende Bindungswirkung im Privatrechtsverkehr, weil die drei Gewalten in Art.1 III GG direkt und unmittelbar an die Grundrechte gebunden sind.

(2) Zwecksetzung von Quoten

In allgemeiner Definition werden unter Quoten Maßnahmen verstanden, die darauf abzielen, den zahlenmäßigen Anteil der Frauen solange systematisch zu erhöhen, bis zwischen den Geschlechtern ein Gleichgewicht bei der Besetzung von Stellen erreicht ist[346]. Auf dem Weg zu diesem angestrebten Endziel existieren zwei sich vom Ansatzpunkt her grundsätzlich unterscheidende Modelle.

Einer Meinungsgruppe zu Folge ist der Quotenzweck des Geschlechtergleichgewichts bereits dann erreicht, wenn absolute Chancengleichheit hergestellt wird[347]. Gemeint ist damit, daß jeder Frau vor Einstellungen und Beförderungen,

---

[343] S.zur Entwicklung und zum Inhalt der verschiedenen Ansichten oben S.27 ff.
[344] *Sachs*, NJW 1989, S.553 (556).
[345] S. für den Bereich der Quotierung in politischen Parteien: *Lange*, NJW 1988, S.1174 ff; *Deller*, Die Zulässigkeit von satzungsrechtlichen und gesetzlichen Quotenregelungen zugunsten von Frauen in politischen Parteien; *Ebsen*, Verbindliche Quotenregelungen für Frauen und Männer in Parteistatuten.
[346] *Benda*, Gutachten, S.41.
[347] *Ebsen*, Jura 1990, S.515 (516); *Huster*, AöR 118 (1993), S.109 (119 u. 125); *Sachs*, NJW 1989, S.553 (556).

ohne Rücksicht auf das Geschlecht und damit verbundenen abweichenden Lebensumständen, die gleiche Chance auf eine Auswahl durch den personalentscheidenden Dienstherrn zuteil wird wie den sich gleichzeitig bewerbenden Männern. Damit steigt die Wahrscheinlichkeit, daß Frauen ihre Repräsentanz auf allen Ebenen und Positionen verstärken[348].

Nach anderer Ansicht kann das Ziel uneingeschränkter Gleichstellung nur im Wege der anzustrebenden Ergebnisgleichheit verwirklicht werden[349]. Dieser Ansatz zielt darauf ab, durch Vorgabe eines für den jeweiligen Bereich paritätischen Anzahlwertes zu einem Ausgleich im Geschlechterverhältnis zu gelangen. Unabhängig von anderen Auswahlfaktoren ist also das Verteilungsverhältnis von Männern und Frauen zu einem hälftigen Gleichstand zu bringen. Letztere Ansicht stellt natürlich die "radikalere" Verwirklichungsmöglichkeit von faktischer Gleichberechtigung dar, indem an erste Stelle das zu erreichende Zahlenergebnis gestellt wird und andere Entscheidungskriterien zurückzustehen haben. Im Falle von Chancengleichheit hingegen können die Auswahlentscheidungen mit entsprechender Begründung doch zu einem ungleichgewichtigen Männer-Frauen-Verhältnis geführt haben, ohne damit den Grundsatz gleicher Chancen verletzt zu haben.

Unabhängig von den aufgezeigten Zielsetzungen wurde zur jeweiligen Rechtfertigung wiederum in zwei Begründungssträngen argumentiert. Der sogenannte Kompensationsansatz orientierte sich in die Vergangenheit und legitimierte frauenfördernde Quotenregelungen anhand der Tatsache, daß Frauen in den vergangenen Jahrzehnten neben anderen Lebensbereichen insbesondere auch im Beruf starker Diskriminierung ausgesetzt gewesen seien und aufgrunddessen dringend ausgleichende Kompensation durch entsprechende Maßnahmen angezeigt sei[350]. An dieser Auffassung ist Kritik laut geworden. In neuerer Zeit wandte sich Huster[351] mit dem Argument dagegen, daß durch Quotenregelungen gerade die Frauen bevorzugt würden, die in der Lage seien, mit Männern zu konkurrieren. Im Gegensatz zu den Frauen, die - selbstverschuldet - gar nicht so weit gekommen seien, blieben sie ohnehin von Benachteiligungen verschont. Außerdem habe die Diskriminierung eben schon früher stattgefunden und die damals benachteiligten Frauen würden durch heutige Fördermodelle gar nicht mehr erreicht[352].

Der andere Begründungsstrang zur Rechtfertigung quotierender Maßnahmen richtet sich auf die Zukunft aus[353]. Hiernach führen Quotenregelungen mit dem Ziel eines geschlechtlichen Gleichgewichts dazu, den gesellschaftlichen Gewöhnungsprozeß schneller voranzutreiben. Die sich fortsetzende Unterrepräsentanz von Frauen auf

---

[348] *Raasch*, Frauenquoten, S.159.
[349] *Pfarr*, Quoten und Grundgesetz, S.251; *Slupik*, Parität, S.123.
[350] *Garbe-Emden*, Gleichberechtigung, S.160 f.; *Raasch*, DuR 1985, S.319 (330); *Schlachter*, Wege, S.65; *Slupik*, Parität, S.109.
[351] *Huster*, AöR 118 (1993), S.109 ff.
[352] *Huster*, AöR 118 (1993), S.109 (112); so auch *Kowal*, ZRP 1989, S.445 (446).
[353] *Kowal*, ZRP 1989, S.445 (446).

gehobenen Positionen verstärkt hingegen das Vorurteil bei den die Stellen besetzenden Personen, daß Frauen, da sie dort nicht repräsentiert sind, zu derartigen Tätigkeiten eben nicht in der Lage sind. Die daraufhin erfolgende Stellenbesetzung mit einem Mann führt also in einen Teufelskreis. Eine durch bestimmte Quoten "erzwungene" Verteilung auch höherrangiger Posten an Frauen kann somit dazu beitragen, bei entsprechender Leistung die Vorurteile zu entkräften und dem Kreislauf so Einhalt gebieten. Auf der anderen Seite kann nach dieser Ansicht eine ausgleichendere Besetzungspolitik den Mangel an positiven Rechtsvorbildern für andere Frauen beheben[354].

Jeglicher Zwecksetzung von Quotenregelungen wurde das den Männern ebenso wie den Frauen zustehende Recht auf Gleichberechtigung (Art.3 II GG a.F.) und auf Nichtdiskriminierung wegen des Geschlechts (Art.3 III GG) entgegengehalten. Dazu komme ein Unverständnis bei Männern über Quotenregelungen, die zu Hemmnissen des Verwaltungsablaufs führen könnten[355]. Ohne an dieser Stelle die Beeinträchtigung der Männerrechte verifizieren oder falsifizieren zu wollen[356], sollen kurz die Argumente vorgestellt werden, die auf der global abstrakten Zweckebene von Quotenregelungen einer Verkürzung der Männerrechte entgegengehalten wurden.

Maidowski formulierte als Ziel von Frauenförderregelungen die Schaffung eines sozialen Gleichgewichts als Ebenbild einer gerechten Gesellschaftsordnung[357]. Das Erreichen eines derartigen Zustandes sei kein einseitig weibliches Ansinnen, sondern stelle im Gegenteil ein gesamtgesellschaftliches Interesse dar[358]. Indem die Alternative, die männlichen Positionen beizubehalten und zusätzlich Frauen entsprechende Posten zu verschaffen, finanziell nicht durchführbar sei, müßten Männer bis zu einem Ausgleich Zurücksetzungen hinnehmen[359]. Die Rigorosität von Quotenregelungen werde schließlich auch dadurch abgeschwächt, daß die Berechtigung zu einer Politik umgekehrter Diskriminierung schließlich nur für eine zeitlich begrenzte Übergangsperiode, nämlich bis zu einem Geschlechterausgleich gelte[360]. Auch Raasch räumt zu diesem Punkt ein, daß zwar die Wahrscheinlichkeit, sich mit maximalem Einsatz an Einfallsreichtum und Energie um eine entsprechende Frauenrepräsentanz zu bemühen, mit dem Grad der Verpflichtungswirkung ansteige, daß jedoch alle Quotenregelungen gleichzeitig immer unter den Vorbehalt des Möglichen zu setzen seien[361].

---

[354] *Huster*, AöR 118 (1993), S.109 (112); so auch *Franke/Sokol/Gurlit*, Öffentliche Ausbildung, S.100.
[355] *Krimphove*, DöD 1990, S.164 (166); *Laubinger*, VerwArch 87 (1996), S.531.
[356] S. dazu unten S.112 ff.
[357] *Maidowski*, Umgekehrte Diskriminierung, S.132.
[358] *Maidowski*, Umgekehrte Diskriminierung, S.132.
[359] *Maidowski*, Umgekehrte Diskriminierung, S.135.
[360] *Maidowski*, Umgekehrte Diskriminierung, S.129.
[361] *Raasch*, Frauenquoten, S.159.

Zusammenfassend wurde der Zweck von Quotenregelungen also entweder in der Erreichung von Chancen- oder von Ergebnisgleichheit bei Stellenbesetzungen und Beförderungen gesehen, der zu seiner rechtfertigenden Begründung einerseits auf die vergangenheitsbezogene Kompensation erlittener Diskriminierungen, andererseits auf das zukunftsorientierte Antreiben eines gesellschaftlichen Gewöhnungsprozesses gestützt wurde.

Als äußerst problematischer Aspekt in der Diskussion um Zielsetzung und Rechtfertigung von Quotenmodellen erwies sich die Frage, welche Sichtweise zum Ausgangspunkt der Feststellung von Unterrepräsentanz zu machen sei. Indem eine Quotenregelung die Gruppe der Frauen unabhängig davon begünstigt, ob die einzelne Bewerberin in der konkreten Situation überhaupt je von individueller Diskriminierung betroffen war, wurde eine Abkehr von streng individualrechtlichem Grundrechtscharakter hin zu einem Gruppengrundrecht beklagt. Gerade bei Zugrundelegung von Ergebnisgleichheit als Quotierungsziel wird ohne Rücksicht auf die Berührung der Einzelperson durch Diskriminierungstatbestände abstrakt der paritätische Ausgleich der Geschlechter angestrebt. Gegen ein derartiges Grundrechtsverständnis wurde eingewandt, daß die Deutung als kollektivrechtlicher Auftrag dem bisherigen streng individualrechtlichen Grundrechtscharakter zuwiderliefe[362]. Huster stellt weiterführend die Frage, ob Gruppen überhaupt Rechte haben können, da Rechte nur dazu bestimmt seien, dem Individuum zu dienen. Im übrigen sei ja auch nur der einzelne dazu befähigt, Interessen zu haben, darunter lasse sich ein Wohlergehen der Gruppe der Frauen als Interesse nicht unterordnen. Zwar erkenne das Grundgesetz auch Gruppenrechte an (z.B. für juristische Personen, Art.19 III GG), jedoch sei dafür eine gewisse Organisationsstruktur der Gruppe erforderlich, wie sie der Gruppe der Frauen eben nicht zukomme[363].

Gegen diese Argumentation läßt sich aber anführen, daß Quoten zwar ein gruppenbetontes Gerechtigkeitsmodell verwirklichen, dies jedoch nicht automatisch die Lesart des Art.3 II GG als Gruppengrundrecht erfordert[364]. Dem fügte Maidowski in historischer Betrachtungsweise hinzu, daß sich die theoretische Rechtfertigung für gleichheitswidriges Verhalten gegenüber Frauen stets auf die Gruppe der Frauen bezogen hat. "Opfer" und "Nutznießer" der Diskriminierung waren durch die Gruppenzugehörigkeit definiert, so daß dieser Umstand die gleiche Vorgehensweise in der Phase der Kompensation plausibel macht[365].

Die praktisch relevante Konsequenz einer Anerkennung dieses gruppenbetonten Ansatzes zeigt sich daran, daß auf der Seite der Frau kein Nachweis persönlicher Beeinträchtigung erfolgen muß, um in den Genuß von bevorzugender Quotierung

---

[362] *Brohm*, JZ 1994, S.213 (220); *Sachs*, ZBR 1994, S.133 (140); *Schmitt Glaeser*, ArbG 1993, S.416 (421).
[363] *Huster*, Rechte und Ziele, S.343.
[364] *Bumke*, Der Staat 1993, S.117 (130); *Schlachter*, Wege, S.65.
[365] *Maidowski*, Umgekehrte Diskriminierung, S.130 f.

zu kommen und auf der anderen Seite der Nachweis persönlicher Verantwortlichkeit eines Mannes für eine Diskriminierung obsolet wird. Unter Außerachtlassung von einzelnen Schicksalen und Verantwortlichkeiten zählt somit allein der Ausgleich der Gruppe je nach Geschlecht in einem bestimmten Verhältnis. Um innerhalb der verschiedenen Quotenmodelle mit zu erreichenden oder anzustrebenden Werten operieren zu können, war zunächst eine gruppenbezogene Sichtweise notwendig, um Unterrepräsentanzen im Bezug auf die Gruppe der Frauen festzustellen. Im nächsten Schritt konnte daraufhin der konstatierte Handlungsbedarf auf ein bestimmtes Ziel hin, wiederum in Gesamtbetrachtung der Gruppe der Frauen, gelenkt werden. In streng individualrechtlicher Sicht wären diese Prämissen für den Einsatz von Quotenregelungen nicht aufstellbar gewesen.

Nur kurz angerissen werden kann an dieser Stelle die moralphilosophische Diskussion um das Thema Gerechtigkeit von Quotenregelungen[366]. Der Einordnung der Gleichberechtigung als Gruppen- oder Individualrecht wurden in rechtsphilosophischer Sichtweise individuelle Gerechtigkeits- und gesamtgesellschaftliche Nutzenserwägungen gegenübergestellt[367]. Diese Überlegung leitete zur Kategorisierung quotierender Maßnahmen in die verschiedenen Gerechtigkeitstheorien über. Es kristallisierte sich dabei die Frage heraus, ob unser auf dem Begriff des moralischen Verdienstes im Sinne persönlicher Qualifikation aufbauendes meritokratisches Leistungssystem zugunsten eines gesamtgesellschaftlichen Bedürfnisses ausgehebelt werden darf[368]. Denn dies sei der Fall, wenn durch Quotierung das Geschlecht als leistungsunabhängiges Kriterium Einfluß auf eine Entscheidung erlange[369].

(3) Kategorisierung von Quotenmodellen

Auf der Grundlage der dargestellten verschiedenen Zielvorstellungen sind mit dem Hintergrund maximaler Effektivität zahlreiche unterschiedliche Quotierungsmodelle entwickelt worden. Aus Gründen der teilweise verwirrenden und von den verschiedenen Autoren in abweichender Weise gebrauchten Terminologie soll ein kurzer Überblick über die wichtigsten Quotierungsformen gegeben werden, deren Definitionen im folgenden zu Grunde gelegt werden sollen.

---

[366] Dazu *Gräfrath*, Wie gerecht ist die Frauenquote ?; *Huster*, Rechte und Ziele, S.313 ff; insb. *Rössler*, Quotierung und Gerechtigkeit, die eine Reihe maßgeblicher amerikanischer und englischer rechtsphilosophischer Abhandlungen zu diesem Thema in einem Buch herausgegeben hat.
[367] *Gräfrath*, Frauenquote, S.14.
[368] *Gräfrath*, Frauenquote, S.47.
[369] *Rössler*, Quotierung, S.21.

In einer Grobeinordnung lassen sich zunächst Ergebnis- und Entscheidungsquoten unterscheiden. Ergebnisquoten legen einen bestimmten, im Ergebnis zu erreichenden Anteil der Geschlechter für die Besetzung von Stellen und Beförderungen fest. Eine weitere Unterteilung innerhalb der Ergebnisquoten erfolgt durch die Differenzierung zwischen starren und weichen Quoten. Während erstere einen bestimmten Anteil neu zu besetzender Stellen oder zu vergebender Ämter vorab für Frauen reservieren, stellen die auch als "Zielvorgaben" bezeichneten weichen Quoten lediglich die Verpflichtung auf, innerhalb eines vorgegebenen Zeitraums einen bestimmten Prozentsatz der frei werdenden Posten mit Frauen zu besetzen.

Entscheidungsquoten suchen im Gegensatz dazu nicht eine gewisse Anzahl mit Frauen besetzter Stellen in einem bestimmten Zeitrahmen zu erreichen. Vielmehr wirkt hier die Quotenregelung auf jede Einzelentscheidung ein. Es bleibt also nicht dem Dienstherrn überlassen, bei welcher Bewerbung er die sich bewerbende Frau berücksichtigt, um der vorgegeben Richtmarke am Stichtag zu genügen, sondern unter den bestimmten Voraussetzungen des quotierenden Gesetzes muß jede Personalentscheidung zugunsten der Frau gefällt werden.

Entscheidungsquoten sind in Form von leistungsabhängigen und leistungsunabhängigen Quoten denkbar. Leistungsabhängige Quoten verpflichten den Dienstherrn, bei gleicher bzw. gleichwertiger Qualifikation von weiblichem und männlichem Bewerber Frauen solange bevorzugt einzustellen oder zu befördern, bis ein gesetzlich vorgeschriebener Prozentsatz mit Frauen besetzt ist. Auch mit leistungsunabhängigen Quoten soll bei Einstellung und Beförderung ein gewisser Frauenanteil erreicht werden. Im Unterschied zur leistungsabhängigen Quote ist aber eine gleiche oder gleichwertige Qualifikation für die Stelle nicht Voraussetzung für das Eingreifen der Quotenregelung. Frauen sind vielmehr bereits bei Vorliegen einer Mindestqualifikation vorzuziehen, um das vorgegebene Kontingent möglichst rasch aufzufüllen[370].

Für alle aufgezeigten Quotenarten gilt, daß die Maßstabsbestimmung für das Erreichen des Quotenziels individuell erfolgen kann. Möglich ist eine Ausrichtung am Bevölkerungsanteil, also ca. 50 %, die Zielbestimmung nach dem Anteil der Erwerbsbevölkerung oder in noch stärker focussierter Sichtweise nach dem Anteil an Frauen in der jeweiligen Bewerbungssituation[371].

Für den öffentlichen Dienst waren hauptsächlich Entscheidungsquoten in beiden Erscheinungsformen in der Diskussion. Die Auseinandersetzung um die Vereinbarkeit mit dem Verfassungsrecht soll im folgenden skizziert werden, um später vor dem neuen rechtlichen Hintergrund des Art.3 II S.2 GG wiederaufgenommen werden zu können.

---

[370] S. detaillierter zur unterschiedlichen Ausgestaltung von Quotenmodellen: *Pfarr/Bertelsmann*, Diskriminierung, S.91 ff; für den Überblick auch *Kruse*, DöV 1991, S.1002 (1003).

[371] *Benda*, Gutachten, S.41; *Eckertz-Höfer*, FS für Simon, S.475.

(a) Leistungsunabhängige Quoten

Nach diesem Quotierungsmodell soll für eine Einstellung oder Beförderung im öffentlichen Dienst bereits eine sogenannte Mindest- oder Basisqualifikation ausreichen, um einer Bewerberin gegenüber dem sich ebenfalls bewerbenden Mann im Hinblick auf die Beseitigung von Unterrepräsentanz den Vorzug zu geben. Davon wurde sich ein relativ weitreichender Erfolg für die strukturelle Gleichstellung der Frau versprochen, da die Qualifikation bei der Stellenbesetzung nur eine Nebenrolle spielt und auf diesem Wege sogar weit schlechtere Bewerberinnen den qualifizierteren Bewerbern zu Gunsten der Frauenförderung hätten vorgezogen werden müssen.

In einer solchen Regelung wurde jedoch ein eklatanter Verstoß gegen das grundrechtsgleiche Recht des Bewerbers aus Art.33 II GG gesehen[372]. Dort ist für den öffentlichen Dienst normiert, daß jeder Deutsche nach seiner Eignung, Befähigung und fachlichen Leistung gleichen Zugang zu jedem öffentlichen Amt haben soll. Eine Mindestqualifikationsquote würde nun die aufgestellten Leistungskriterien mißachten und den besseren Bewerbern den Zugang aufgrund eines dem Art.3 II GG entnommenen Fördergebotes verwehren.

Dem wurde entgegengehalten, daß, obwohl nach dem Wortlaut keine Einschränkung des Art.33 II GG möglich ist, dennoch zahlreiche Ausnahmeregelungen existieren[373]. Gesetzlich festgelegte Einstellungsquoten für den öffentlichen Dienst ohne Beachtung eines Leistungsvergleichs werden z.B. im Schwerbehindertengesetz, im Heimkehrergesetz, im Soldatenversorgungsgesetz oder im Bundespolizeibeamtengesetz festgelegt. All diese Ausnahmegesetze seien letztendlich als Ausformungen des Sozialstaatsprinzips zu verstehen[374]. Indem auch das Gleichstellungsfördergebot teilweise dem Sozialstaatsprinzip entnommen wurde, stellte sich die Frage einer Vergleichbarkeit und damit nach der Legitimität der Einschränkung des Art.33 II GG auch durch der Frauenförderung dienende Maßnahmen. Raasch räumte zwar ein, daß Fälle wie z.B. die Schwerbehindertenquote dem Ausgleich sogenannter schicksalsbedingter Härten dienen sollten[375]. Sie hielt die Gleichsetzung mit der Frauendiskriminierung aber gleichwohl für angemessen, weil ein vergleichbares Gewicht von Gleichstellungsdefiziten zu anderen sozialen Benachteiligungen anzunehmen und als ausreichend zu erachten sei[376].

Maidowski hingegen wandte sich gegen die Vergleichbarkeit existierender Ausnahmeregelungen mit der Materie der Frauenförderung. Er macht für seine Ansicht Unterschiede in Quantität und Qualität geltend. Zum einen ergriffen die

---

[372] *Bumke*, Der Staat 1993, S.117 (Fn 42); *Huster*, AöR 118 (1993), S.109 (121).
[373] *Pfarr*, NZA 1995, S.809 (812).
[374] *Benda*, Gutachten, S.182.
[375] So auch *Benda*, Gutachten, S.183.
[376] *Raasch*, Frauenquoten, S.295; Für die Einschränkbarkeit auch *Pfarr/Fuchsloch*, NJW 1988, S.2201 (2206); a.A. *Bumke*, Der Staat 1993, S.117 (Fn 42).

Ausnahmegesetze stets nur einen geringen Anteil der Bevölkerung, z.B. die überschaubare Gruppe der Schwerbehinderten. Die Gruppe der Frauen mache jedoch einen Anteil von ca. 50 % der Gesamtbevölkerung aus, so daß die Ausmaße, in denen Frauenförderung betrieben werden müßte, dem Leistungsprinzip als Grundnorm des öffentlichen Dienstrechts seinen Charakter nähmen und es selbst zu einer Ausnahmebestimmung umfunktionierten[377]. Außerdem ergäben sich auch qualitative Unterschiede. Während in den bestehenden Ausnahmeregelungen der Ausnahmetatbestand, z.B. eine Schwerbehinderung oder der Status des Heimkehrers, an der sich bewerbenden Einzelperson festgemacht werden könne, müsse nicht unbedingt jede Frau, die in den Genuß der Quotenregelung käme, je individuell benachteiligt worden sein. Das Gleichstellungsdefizit ergebe sich nur aus der Situation der Gesamtgruppe der Frauen.[378].

Angesichts der massiven Kritik und der breiten Ablehnung eines Eingriffs in Art.33 II GG durch leistungsunabhängige Quoten wurde dieses Modell zwar fortgesetzt im Schrifttum diskutiert, zu einer Aufnahme in Landes- oder Bundesgleichstellungsgesetze kam es aber nicht.

(b)   Leistungsabhängige Quoten

Weitaus höhere Bedeutung wurde leistungsabhängigen Quotenmodellen beigemessen, derer sich viele Landesgesetzgeber in den seit Ende der 80er Jahre verabschiedeten Landesgleichstellungsgesetzen zur Frauenförderung im öffentlichen Dienst bedienten. Mit[379] oder ohne[380] Härteklausel versehen normieren die Regelungen die Pflicht des personalentscheidenden Dienstherrn, bei gleicher Qualifikation einer Bewerberin und eines Bewerbers das Bestehen weiblicher Unterrepräsentanz als Hilfskriterium heranzuziehen und der Frau den Vorzug zu geben.

(aa)   Verstoß gegen höherrangiges Recht

Gegen die Verfassungsmäßigkeit eines Hilfskriteriums "Unterrepräsentanz der Frau" bei gleicher oder gleichwertiger Erfüllung der Leistungskriterien wurden Verstöße gegen höherrangiges Recht, namentlich gegen Art.33 II GG, 3 II und III GG und gegen § 7 BRRG, angeführt.

---

[377] *Maidowski*, Umgekehrte Diskriminierung, S.162.
[378] *Maidowski*, Umgekehrte Diskriminierung, S.161; so auch *Benda*, Gutachten, S.183; *Raasch*, Frauenquoten, S.196.
[379] S. z.B. § 25 V LBG NW.
[380] S. z.B. § 4 LGG Bremen.

Becker sieht eine Durchbrechung des Art.33 II GG als gegeben, indem aus dem Anliegen der Frauenförderung kein zulässiges Hilfskriterium erwachsen könne[381]. In seiner Begründung schließt er sich den Schlußfolgerungen des OVG Münster[382] an. Das Gericht leitete aus einer Entscheidung des Bundesverwaltungsgerichtes[383], das in einer "Pattsituation" das religiöse Bekenntnis als Hilfskriterium nicht anerkannt hatte, ab, daraus ergebe sich synonym die Unzulässigkeit eines nach dem Geschlecht ausgerichteten Hilfskriteriums.

Maidowski sieht in der Heranziehung des Hilfskriteriums "Frauenunterrepräsentanz" hingegen keine Durchbrechung des Leistungsprinzips des Art.33 II GG, sondern eine Ergänzung[384]. Die Förderungsregelung werde schließlich nur dann herangezogen, wenn die Kriterien des Leistungsgrundsatzes "versagt" hätten und eine Entscheidung allein nicht ermöglichten[385]. Dem wird entgegengesetzt, daß zwar in derartigen Pattsituationen das Heranziehen von Hilfskriterien zur Entscheidungsfindung legitim sei, daß jedoch nicht jedes beliebige Hilfskriterium zur Ergänzung geeignet sei. Es müsse sich vielmehr um Gesichtspunkte handeln, die auf die Funktionsfähigkeit des öffentlichen Dienstes und eine wirksame Aufgabenerfüllung hinwirken könnten. Diese Eigenschaft sei jedoch für jede Art des Proporzes zu verneinen[386]. In Aufnahme dieser Argumentation hält Maidowski die Bekämpfung weiblicher Unterrepräsentanz gleichwohl für ein legitimes Ziel. Für ihn bedeutet die Beseitigung geschlechtsspezifischer Einseitigkeit eine dem öffentlichen Dienst nur zu Gute kommende, vollständige Ausschöpfung des vielfältigen Potentials an Fähigkeiten[387].

Außerdem wurde in den landesgesetzlichen Quotierungsregelungen ein Verstoß gegen die höherrangige bundesrechtliche Norm des § 7 BRRG gesehen[388]. Geregelt ist dort der gleiche Zugang bei Einstellung und Beförderung in Wiederholung des Grundsatzes aus Art.33 II GG. Zusätzlich werden in § 7 BRRG außerdem die Kriterien - fast gleichlautend mit Art.3 III GG - aufgezählt, die nicht für die Entscheidung herangezogen werden dürfen, unter anderem das Geschlecht. Zunächst wurden gegen eine Vereinbarkeit des Hilfskriteriums "Unterrepräsentanz" mit dieser Regelung die gleichen Argumente wie zu Art.33 II GG angeführt. Gerade das ausdrückliche Verbot in § 7 BRRG, Auswahlentscheidungen am Merkmal des Geschlechtes des Bewerbers auszurichten, stünde einer Berücksichtigung des

---

[381] *Becker*, RiA 1991, S.292 (294); so i.E. auch *Mengel*, JZ 1982, S.530 (535).
[382] OVG NW vom 23.10.1990, DVBl 1991, S.118 ff.
[383] BVerwGE 81, 22 ff.
[384] Im Ergebnis so auch: *Pfarr/Fuchsloch*, NJW 1988, S.2201 (2205).
[385] *Maidowski*, Umgekehrte Diskriminierung, S.154; *Breuer*, Antidiskriminierungsgesetzgebung, S.60.
[386] *Becker*, RiA 1991, S.292 (294); *Stober*, ZBR 1989, S.289 (291).
[387] *Maidowski*, Umgekehrte Diskriminierung, S.155.
[388] *Stober*, ZBR 1989, S.289 (290).

Gebotes frauenfördernder Maßnahmen in Form eines Hilfsauswahlkriteriums entgegen. Dagegen wandte Benda ein, daß es sich mit § 7 BRRG um eine Rahmenregelung i.S.d. Art.75 GG handele. Der Rahmencharakter müsse ausfüllende Entscheidungen auf gewichtigen Gebieten ermöglichen. Deshalb könne eine weitgehende Einengung der Hilfskriterienauswahl von § 7 BRRG nicht gemeint sein[389].

Desweiteren wurde eine Unvereinbarkeit des Hilfskriteriums "weibliche Unterrepräsentanz" mit Art.3 III GG, dem absoluten Diskriminierungsverbot, konstatiert. Das Recht des Mannes auf Nichtdiskriminierung stünde dem aus dem objektiven Förderauftrag des Art.3 II GG (a.F.) abgeleiteten Hilfskriterium entgegen[390]. Benda bemerkt dazu, daß der betroffene Bewerber aus seinem Grundrecht nicht die Forderung ableiten könne, das verfassungsrechtlich legitimierte Ziel der Frauenförderung gänzlich außer acht zu lassen[391]. Raasch hält zudem die befürchtete Benachteiligung des Mannes für gering, weil dieser schließlich durch entsprechend bessere Vorleistungen die Möglichkeit habe, die Pattsituation bei gleicher Qualifikation nicht eintreten zu lassen und auf diesem Wege die Anwendung des Hilfskriteriums zu unterbinden[392]. Hinzugefügt wird, daß ein Qualifikationspatt ohnehin zwangsläufig für einen Bewerber zu einer benachteiligenden Entscheidung führen müsse. Nun sei es rechtens, durch das Hilfskriterium der Unterrepräsentanz eine Entscheidung zugunsten des bisher diskriminierten Geschlechts zu treffen, nachdem vorher fast ausschließlich Männer über das sogenannte Dienstalterkriterium Bevorzugung fanden, da in der Regel die Frauen ihre berufliche Laufbahn für Kindererziehungszeiten unterbrachen[393]. Eine legitimierende Abmilderung erkennt Benda zudem darin, daß auch im Fall der Anwendung des Hilfskriteriums in jedem Fall die Einzelfallgerechtigkeit zu wahren sei. Der durch Zugrundelegung der jeweiligen Umstände ermöglichte Ausgleich der Rechtspositionen reiche aus, um ein prinzipielles Entgegenstehen des Grundrechts der Männer auf Nichtdiskriminierung zu verneinen[394].

(bb) Effektivität

Eine intensive Auseinandersetzung entwickelte sich um die Frage der Effektivität leistungsabhängiger Quoten. Vordergründig sollte man davon ausgehen, daß die

---

[389] *Benda*, Gutachten, S.210.
[390] *Schmitt Glaeser*, DöV 1982, S.381 (387); *Harms*, DöD 1991, S.49 (57).
[391] *Benda*, Gutachten, S.190.
[392] *Raasch*, Frauenquoten, S.203.
[393] *Battis/Schulte-Trux/Weber*, DVBl 1991, S.1165 (1172); nach a.A. muß dem Dienstalterkriterium als Hilfskriterium sogar höhere Bedeutung als anderen zugemessen werden, weil es dem Leistungsgrundsatz näher stehe. So *Wittkowski*, NJW 1993, S.817 (822).
[394] *Benda*, Gutachten, S.191.

Personalentscheidung zugunsten der Frau bei gleicher oder gleichartiger Qualifikation als Regelfall einen großen Schritt auf dem Weg zur faktischen Gleichberechtigung bedeuten würde. Bei näherer Betrachtung wurden jedoch verschiedene Umstände offenbar, die an der Relevanz und Effektivität leistungsabhängiger Quoten zweifeln ließen.

Ein natürliches Hindernis wurde darin erkannt, daß es aufgrund speziellster Anforderungen bei Spitzenämtern im gehobenen Dienst nur äußerst selten zur Feststellung gleicher Qualifikation zweier Bewerber kommt[395]. In den ersten beiden Beförderungsstufen ab dem Eingangsamt trete eine gleiche Beurteilung zwar öfter auf, jedoch sei eine Quote hier deshalb ohne Relevanz, weil ohnehin nahezu jeder Beamter diese beiden Beförderungsstufen erreiche[396].

Als weitaus schwerwiegender - sozusagen als künstliches Hemmnis - erwiesen sich weitgreifende Umgehungsmöglichkeiten der leistungsabhängigen Quote, die sich auf zwei miteinander verzahnte Faktoren im Personalentscheidungsverfahren zurückführen ließen und letzlich eine "verdeckte Ungleichbehandlung"[397] hervorriefen. Ein Problem stellt dabei das Wesen der drei Leistungskriterien des Art.33 II GG dar. Die Begriffe der "Eignung", "Befähigung" und "fachlichen Leistung" sind auf vielfache Weise durch verschiedene Unterpunkte ausfüllbar. Es bietet sich keine eindeutige Definition, die eine voraussehbare klare Entscheidung ermöglicht. Vielmehr obliegt es der Pesonalentscheidungsgewalt des Dienstherrn, die Leistungskriterien je nach Anforderung der Stelle auszugestalten und zu bewerten. In diesem Bereich wird ihm ein Beurteilungsspielraum zugestanden, der nur eingeschränkter gerichtlicher Überprüfbarkeit offensteht[398]. Es liegt damit also in der Hand des Dienstherrn, je nach Belieben den Qualifikationskriterien ein bestimmtes Gewicht einzuräumen[399]. Mit anderen Worten ist der Dienstherr in der Lage, das von ihm gewünschte Ergebnis bewußt anzusteuern und so durch entsprechende Leistungsbewertung einer nicht erwünschten Pattsituation, die das Quotierungsgesetz erst eingreifen ließe, aus dem Weg zu gehen[400]. Durch diesen Mechanismus kommen Fördermaßnahmen also nur bei Dienstherren zum Zuge, bei denen der gute Wille für dieses Ziel ohnehin schon vorhanden ist. Ein Abbau geschlechtsspezifischer Vorurteile bei Entscheidungsträgern und Konkurrenten wird durch leistungsabhängige Quotierungsmaßnahmen damit von vornherein illusionär[401]. Als weiteres Problem zu diesem Aspekt wurde die mangelnde Sanktionierung im Falle nicht verwirklichter Quotenregelungen angesehen. Gefordert sei lediglich ein

---

[395] *Fuchsloch*, NVwZ 1991, S.442 (444).
[396] *Krimphove*, DöD 1990, S.164 (165).
[397] *Ebsen*, Jura 1990, S.515 (521).
[398] *Schenke*, Beamtenrecht, S.9; *Pfarr*, Anm. zu BAG AP Nr.193 zu Art.3 GG, Blatt 14 (15).
[399] *Raasch*, Frauenquoten, S.282; *Breuer*, Antidiskriminierungsgesetzgebung, S.61; *Ladeur*, ZBR 1992, S.39 (44).
[400] *Maidowski*, Umgekehrte Diskriminierung, S.157.
[401] *Maidowski*, Umgekehrte Diskriminierung, S.157.

Bericht. Tatsächliche Verbesserungen könnten sich aber nur durch die Verstärkung des Öffentlichkeitsdrucks ergeben, wie er zum Beispiel durch eine Publikationspflicht für nach dem Geschlecht aufgeschlüsselte Beschäftigungsbilanzen hervorgerufen werden könne[402]. Jedoch wurde befürchtet, daß der letzte Rest an Effektivität in den wenigen Fällen, in denen es zu gleicher Leistungsbewertung und damit zum Eingreifen der leistungsabhängigen Quote gekommen ist, den aus Gründen der Vereinbarkeit mit dem Grundrecht der Männer aus Art.3 III GG geforderten Ausnahmehärteklauseln zum Opfer fiele[403].

Lösungsmöglichkeiten aus diesem Dilemma setzen an den beiden Schwachpunkten des Personalentscheidungsverfahrens an. Zum einen wurde die normative Präzisierung und Objektivierung der Tatbestandsmerkmale des Art.33 II GG gefordert, um eine Ausfüllung je nach Belieben des einstellenden Dienstherrn zu vermeiden[404]. Maidowski schlägt beispielsweise vor, anstelle einer beliebig ausfüllbaren Ausdifferenzierung anhand von Parametern wie "Charakter", "Begabung" oder "Leistungsfähigkeit" eine nähere Aufschlüsselung des Begriffsinhalts von Eignung durch Schaffen von Beurteilungsrichtlinien zu leisten. Diese sollten in ihrer Formulierung auf das Problem geschlechtsspezifischer Differenzierung von Eignung und Leistung bezogen sein[405]. Darin stimmen auch Pfarr[406] und Sacksofsky[407] mit ihm überein, die eine Abänderung der Beurteilungsmaßstäbe i.S. einer auch Frauen in ihren besonderen Eigenschaften und Fähigkeiten berücksichtigenden Sichtweise fordern. Bisher sei es ein natürlicher Vorgang gewesen, daß sich die Kriterienausfüllung für Qualifikationen an den Erfahrungen und Vorstellungen von Männern ausgebildet hätten, da sie weit in der Überzahl die Personalentscheidungsgewalt durch ihre entsprechende Stellung ausübten. Explizit herausgehoben wurde von Raasch, daß für eine "hinreichende Qualifikation" frauenspezifische Berufsunterbrechungen durch Schwangerschaft oder Kindererziehungszeiten nicht mehr automatisch zu Abqualifizierungen führen dürften[408]. Maidowski sieht den zentralen Gesichtspunkt zur Lösung dieser Probleme in einer Schwerpunktverlagerung von den Eignungsmerkmalen Charakter und Begabung hin zu Befähigung und fachlicher Leistung, die ihm eher objektivierbar und nicht mit ähnlich schillernder Weitläufigkeit behaftet erscheinen[409].

Als zweites Standbein eines berechenbaren und damit auch dem Rechtstaatsgedanken Rechnung tragenden Stellenbesetzungsverfahrens wird die Verrecht-

---

[402] *Raasch*, Frauenquoten, S.115.
[403] *Pfarr*, Anm. zu BAG AP Nr.193 zu Art.3 GG, Blatt 14 (15).
[404] *Maidowski*, Umgekehrte Diskriminierung, S.165; *Benda*, Gutachten, S.175; *Ebsen*, Jura 1990, S.515 (521).
[405] *Maidowski*, Umgekehrte Diskriminierung, S.166.
[406] *Pfarr*, Quoten und Grundgesetz, S.218.
[407] *Sacksofsky*, Grundrecht auf Gleichberechtigung, S.190.
[408] *Raasch*, Frauenquoten, S.295.
[409] *Maidowski*, Umgekehrte Diskriminierung, S.167.

lichung des Personalausleseverfahrens gesehen. Davon verspricht man sich die Einengung und damit die größere Durchsichtigkeit des Beurteilungsspielraums des Diestherrn. Bisher bestehe eine geringe Normdichte verfahrenslenkender Regelungen, die Maidowski mit folgenden Vorschlägen zu erweitern sucht. Genannt werden das Angehen gegen psychologische Testverfahren, die lediglich männlich geprägte Werte und Leistungsvorstellungen beinhalten sowie die Modifikation des institutionellen Gefüges in der Personalführung. Erfolg im Sinne eines "gesellschaftlichen Lernprogramms" erhofft man sich auch von der Thematisierung der Unterrepräsentation bei jeder Stellenvergabe versprochen, die das Bewußtsein für das wahre Ausmaß von Frauenbenachteiligung schärfe[410]. Positive Wirkung für die Frauenförderung soll auch von der obligatorischen Beteiligung einer Frauenbeauftragten bei Personalentscheidungen und von einer Begründungspflicht bei einer ablehnenden Entscheidung ausgehen[411], denn ein Begründungszwang könne bisher eingefahrene Auswahlformbegründungen als nicht haltbar erweisen[412].

Als Fazit der fachlichen Auseinandersetzung mit leistungsabhängigen Quoten unter alter Rechtslage läßt sich festhalten, daß die Vereinbarkeit mit der Verfassung und sonstigem höherrangigen Recht größtenteils Zuspruch fand, jedoch massive Einschränkungen in der Effektivität durch die ohne entsprechende Abänderungen nur äußerst unzulänglich überprüfbare Qualifikationsbewertung im Personalentscheidungsverfahren beklagt werden.

(4)   Entgegenstehende Grundrechte

Eine gewichtige Rolle bei der verfassungsrechtlichen Beurteilung quotierender Gesetze spielte die mögliche Beeinträchtigung von Grundrechten Dritter. Im Bereich des öffentlichen Dienstes, auf den sich die tatsächliche legislative Umsetzung von Frauenfördermaßnahmen konzentrierte, sind die Einwände einer Unvereinbarkeit von Quotierungen mit dem grundrechtsgleichen Recht aus Art.33 II GG auf gleiche Einstellungschancen und dem Diskriminierungsverbot des Art.3 III GG bereits vorgestellt worden[413].

Auf dem Gebiet des Privatrechts wurden angedachten Quotierungsmodellen entgegenstehende Grundrechte sowohl männlicher Konkurrenten als auch der Arbeitgeber sowie der Tarifvertragsparteien in Betracht gezogen.

In Bezug auf männliche Bewerber, die aufgrund einer Quotenregelung nicht eingestellt oder befördert worden sind, wurde ein Eingriff in die Berufswahlfreiheit des Art.12 I GG durch die Quote gesehen - je nach Intensität als subjektive oder objek-

---

[410] *Raasch*, KJ 1995, S.493 (495).
[411] *Maidowski*, Umgekehrte Diskriminierung, S.169 f.
[412] *Raasch*, KJ 1995, S.493 (495).
[413] S.oben S.107 ff.

tive Zulassungsbeschränkung[414]. Weiter wurde die Beeinträchtigung des Diskriminierungsverbots zulasten des Konkurrenten in Erwägung gezogen.
Hinsichtlich der Grundrechte der Arbeitgeber wurde ebenfalls auf die mögliche Betroffenheit der Berufsfreiheit aus Art.12 I GG verwiesen. Allerdings war hier nur von einer Beeinträchtigung der Berufsausübungsfreiheit als unterster Eingriffsstufe die Rede, die nach der vom Bundesverfassungsgericht entwickelten Dreistufentheorie[415] bereits durch Interessen des Gemeinwohls zu rechtfertigen sei[416]. Als weitere Grundrechtsbeeinträchtigung wurde die Verletzung der Eigentumsfreiheit angedacht[417]. Für möglich gehalten wurde ferner eine Beeinträchtigung der in Art.9 III GG gewährleisteten Tarifautonomie, indem durch gesetzliche Normierung von Quotierungsregelungen die entsprechenden Bereiche den Vereinbarungen der Tarifvertragsparteien entzogen würden.

(5)   Praktische Konkordanz

Aus der Kollision zweier Grundrechte ergibt sich die Notwendigkeit, einen Ausgleich vor dem Hintergrund der Verfassungsintention zu schaffen. Hesse hat für diesen Vorgang den Begriff der "praktischen Konkordanz" geprägt[418]. Darunter ist die Zuordnung verfassungsrechtlich geschützter Güter in der Weise, daß jedes von ihnen Wirklichkeit gewinnt, zu verstehen.
Diskussionsgegenstand war also der Ausgleich zwischen auf dem objektiven Förderauftrag des Art.3 II GG a.F. beruhenden Quotierungsgesetzen und den entgegenstehenden Grundrechten der männlichen Konkurrenten bzw. der Arbeitgeber[419]. Die Frage nach der Grenze der Verhältnismäßigkeit wurde im wesentlichen in drei Richtungen gelenkt.
Zum einen wurde unter zeitlichem Aspekt problematisiert, wie lange das Diskriminierungsgebot zuungunsten der Männer zugunsten eines Fortschritts der Frauenförderung suspendiert werden dürfe[420]. Und bei welchem Näherungswert an das 50-prozentige Gleichgewicht sollte eine Quotierung als erfüllt angesehen werden, so daß die Erforderlichkeit von Quoten in der Hoffnung auf eine "natürliche" Gleichstellung für den Restwert entfiele[421]?

---

[414] *Raasch*, Frauenquoten, S.256.
[415] BVerfGE 7, 377.
[416] Für das Ziel der Frauenförderung als Gemeinwohlinteresse: *Pfarr/Fuchsloch*, NJW 1988, S.2201 (2204).
[417] *Mengel*, JZ 1882, S.530 (538) und *Pfarr/Fuchsloch*, NJW 1988, S.2201 (2205), die eine Verletzung des Schutzbereichs durch Quotierung allerdings für kaum denkbar hielten.
[418] *Hesse*, Grundzüge, Rn 72.
[419] *Schlachter*, Wege, S.59.
[420] *Raasch*, Frauenquoten, S.237.
[421] *Maidowski*, Anm. zu BAG AP Nr.193 zu Art.3 GG, Blatt 10 (12).

Wesentliche Aufmerksamkeit kam danach natürlich der Frage zu, welche Art von Quotierung je nach Intensität für den Mann noch hinnehmbar ist. Raasch hält dabei Ergebnisquoten für zumutbar, da die bestimmten Nachteile für Männer sich nicht aus der Quote selbst, sondern erst durch die einzelne Umsetzungsmaßnahme ergäben. Die Angemessenheit leistungsbezogener Quoten resultiere daraus, daß die Männer durch vermehrte Anstrengung auf die Bewertung ihrer Qualifikation Einfluß ausüben könnten[422].

Die eine leistungsunabhängige Quote grundsätzlich für mit der Verfassung vereinbar haltenden Verfechter räumten auf der Stufe der Zumutbarkeit allerdings ein, daß eine einem Beschäftigungsverbot nahekommende, rigorose Quotierung nicht mehr zu rechtfertigen sei[423]. Als Ausweg wurden in diesem Fall Einstellungskorridore, also eine von der Quotenregelung abweichende, soziale Ausnahmeklausel, für die männlichen Bewerber vorgeschlagen[424].

Hinsichtlich der Globalität von Quotierungsgesetzen fügte Huster noch hinzu, daß eine Abwägung zwischen den Rechten des Mannes und dem Ziel der Herstellung von Chancengleichheit immer nur bereichsspezifisch getroffen werden könne[425].

Die Skizzierung der Argumente zur Gewichtung der kollidierenden Rechte im Rahmen praktischer Konkordanz hat gezeigt, daß an dieser Stelle vielfältige Ansatzpunkte für die begründete Bevorzugung der einzelnen Grundrechte vorstellbar erscheinen. Diese Auseinandersetzung soll unter den geänderten Vorzeichen der neuen Rechtslage wiederaufgenommen und weiterentwickelt werden.

b)   Die Quotenentscheidung des EuGH vom 17. Oktober 1995

Eine höchstrichterliche Beantwortung der Frage nach der Rechtmäßigkeit von Quotenregelungen wurde vom Europäischen Gerichtshof erwartet. Das Bundesarbeitsgericht hatte mit Beschluß vom 22.6.1993 dem EuGH eine Quotenregelung im Rahmen des Vorabentscheidungsverfahrens gemäß Art.177 EGV vorgelegt.

In dem in Bremen spielenden Fall ging es um die Besetzung der Stelle eines Sachgebietsleiters im Gartenbauamt. Um den Beförderungsposten hatten sich der Kläger und eine Konkurrentin beworben, die beide bereits seit knapp 20 Jahren als gartenbautechnische Angestellte gearbeitet hatten. Nachdem der Personalrat seine Zustimmung zu der von der Leitung des Gartenbauamtes vorgesehenen Beförderung des Klägers verweigert hatte, entschied nach einem gescheiterten Schlichtungsverfahren die angerufene Einigungsstelle für den Arbeitgeber bindend, daß beide Bewerber die gleiche Qualifikation besäßen und gemäß § 4 des

---

[422] *Raasch*, Frauenquoten, S.267.
[423] S. dazu für den Ausbildungsbereich: *Franke/Sokol/Gurlit*, Öffentliche Ausbildung, S.106.
[424] *Pfarr/Fuchsloch*, NJW 1988, S.2201 (2206).
[425] *Huster*, AöR 118 (1993), S.109 (120).

Bremischen Landesgleichstellungsgesetzes[426] der weiblichen Bewerberin der Vorrang gebühre. § 4 BremLGG normierte eine leistungsabhängige Entscheidungsquote ohne soziale Härteklausel zur Bekämpfung der Unterrepräsentation der Frau. Bis zur Besetzung einer Dienststelle mit mindestens 50 % Frauen mußte bei gleicher Qualifikation von weiblichem und männlichem Bewerber der Frau der Vorrang eingeräumt werden.

Die Klage des männlichen Bewerbers wurde vom Arbeitsgericht abgewiesen, die eingelegte Berufung blieb ohne Erfolg. Das Bundesarbeitsgericht machte seine Entscheidung von der Frage abhängig, ob § 4 BremLGG mit Art.2 der Richtlinie 76/207/EWG[427] vereinbar sei und legte diese Frage dem EuGH vor[428]. Um die Entscheidung besser nachvollziehen zu können, sollen die entscheidenden Passagen des BremLGG und des Art.2 RL 76/207/EWG im Wortlaut wiedergegeben werden.

§ 4 BremLGG: Einstellung, Übertragung eines Dienstpostens und Beförderung

> (2) Bei der Übertragung einer Tätigkeit in einer höheren Lohn-, Vergütungs- und Besoldungsgruppe sind Frauen bei gleicher Qualifikation wie ihre männlichen Mitbewerber vorrangig zu berücksichtigen, wenn sie unterrepräsentiert sind. Das gilt auch bei der Übertragung eines anderen Dienstpostens und bei Beförderung.

> (5) Eine Unterrepräsentation liegt vor, wenn in den einzelnen Lohn-, Vergütungs- und Besoldungsgruppen der jeweiligen Personalgruppe einer Dienststelle nicht mindestens zur Hälfte Frauen vertreten sind. Dies gilt auch für die nach dem Geschäftsverteilungsplan vorgesehenen Funktionsebenen.

Art.2 RL 76/207/EWG

> (I) Der Grundsatz der Gleichbehandlung im Sinne der nachstehenden Bestimmungen beinhaltet, daß keine unmittelbare oder mittelbare Diskriminierung aufgrund des Geschlechts - insbesondere unter Bezugnahme auf den Ehe- oder Familienstand erfolgen darf.

---

[426] Gesetz zur Gleichstellung von Mann und Frau im öffentlichen Dienst des Landes Bremen vom 20.11.1990, Bremisches Gesetzblatt, S.433.

[427] RL 76/207/EWG des Rates zur Verwirklichung des Grundsatzes der Gleichbehandlung von Männern und Frauen hinsichtlich des Zugangs zur Beschäftigung, zur Berufsbildung und zum beruflichen Aufstieg sowie in Bezug auf die Arbeitsbedingungen vom 9.2.1976 (ABl. 1976 L 39, 40).

[428] Genauer Wortlaut der Fragestellungen in BAG vom 22.6.1993, AP Nr.193 zu Art.3 GG.

(IV) Diese Richtlinie steht nicht den Maßnahmen zur Förderung der Chancengleichheit für Männer und Frauen, insbesondere durch Beseitigung der tatsächlich bestehenden Ungleichheiten, die die Chancen der Frauen in den in Art.1 I genannten Bereichen beeinträchtigen, entgegen.

In jeder Phase der Entscheidungsfindung wurde das Verfahren vor dem EuGH von Kommentierungen und Wertungen im Schrifttum begleitet. Vehemente Kritik riefen bereits die rigorosen Schlußanträge des Generalanwalts Tesauro[429] hervor, der die gemeinschaftsrechtliche Würdigung des Falles vorbereitend vorzunehmen hatte.

Der Generalanwalt hielt die vorgelegten Quotenregelungen für unvereinbar mit der Bestimmung aus Art.2 I RL 76/207/EWG, da sie keine Maßnahme zur Förderung der Chancengleichheit im Sinne der Ausnahmevorschrift des Art.2 IV der Richtlinie darstellten. Der Begriff der Chancengleichheit umfaßt nach seiner Auslegung nur die Aufgabe, gleiche Voraussetzungen hinsichtlich der Ausgangssituation von Mann und Frau zu schaffen. In erster Linie seien das Maßnahmen, die der verbesserten Ausbildung der Frauen oder der Vereinbarung von Familie und Beruf dienten. Die positiven Maßnahmen im Sinne des Art.2 IV RL 76/207/EWG müßten also auf die Beseitigung der Hindernisse ausgerichtet sein, die sich der Chancengleichheit der Frau in den Weg stellten. Gemeint sei aber keinesfalls das Erreichen von Ergebnisgleichheit unter Männern und Frauen bei der Besetzung von Arbeitsstellen. Dies sei aber von einem 50 %-Ziel in einer Gleichstellungsregelung intendiert.

In einer derartigen Interpretation des Begriffs der Chancengleichheit aus Art.2 IV der Richtlinie wurde eine unzureichende Verkürzung gesehen. Denn indem Frauen in der sozialen Realität trotz gleicher Qualifikation bei Bewerbung, Einstellung und beruflichem Aufstieg diskriminiert würden, sei es mit der Pauschalfeststellung, daß gleichqualifizierte Personen automatisch auch gleiche Chancen haben, nicht getan[430]. Weiter wird argumentiert, daß die Gründe für berufliche Hindernisse von Frauen nicht allein in ihrer Doppelrolle und in historischen Benachteiligungen zu suchen seien, sondern viel eher in vorurteilsbehafteter Personalpolitik. Frauenbevorzugende Regelungen verfolgten damit den Zweck, bei den Dienstherren durch die Vorgabe der Entscheidung bei gleicher Qualifikation Vorurteile zuungunsten der Frau und daraus resultierende Willkürentscheidungen zugunsten des Mannes zu verhindern. Somit sei § 4 BremLGG als Instrument zur Vermeidung diskriminierender Einstellungs- und Beförderungspraktiken und damit als Maßnahme zur Förderung von Chancengleichheit anzusehen[431].

---

[429] Schlußanträge des Generalanwaltes Tesauro vom 6.4.1995, EuGRZ 1995, S.546-552.
[430] *Colneric*, BB 1996, S.265 (267); *Sporrer*, DRdA 1995, S.442 (444).
[431] *Sporrer*, DRdA 1995, S.442 (444); *Raasch*, KJ 1995, S.493 (494).

Auch der EuGH hat die Argumentation Tesauros mit dem Ergebnis der pauschalen Ablehnung von Quotenregelungen nicht übernommen[432]. Entschieden wurde vielmehr, daß eine Regelung mit den inhaltlichen Komponenten des § 4 BremLGG, also eine Quotenregelung in Form einer mit einer Ergebnisquote kombinierten Entscheidungsquote, dann nicht mit Gemeinschaftsrecht vereinbar ist, wenn "den weiblichen Bewerbern automatisch der Vorrang eingeräumt wird"[433].

Der Begründungsgang des EuGH[434] stellt das Gleichbehandlungsgebot von Mann und Frau hinsichtlich des Zugangs zur Beschäftigung einschließlich des Aufstiegs aus Art.2 I RL 76/207/EWG als Grundsatzvorschrift an den Anfang. Inhalt der Zielsetzung aus Art.2 I sei unter anderem das Verbot unmittelbarer und mittelbarer Diskriminierung wegen des Geschlechts. Eine automatische Entscheidungsquote zugunsten der Frauen bewirke aber genau eine Diskriminierung der Männer wegen ihres Geschlechts. Eine Zulässigkeit dererlei Maßnahmen könne sich aber eventuell aus der Ausnahmevorschrift des Art.2 IV der Richtlinie ergeben, der Maßnahmen zur Herbeiführung von Chancengleichheit, insbesondere durch Beseitigung tatsächlich bestehender Ungleichheiten, erlaube. Es handele sich dabei um eine bestimmte und begrenzte Ausnahmeregelung für Maßnahmen, die dem Anschein nach diskriminierend wirkten, aber in der sozialen Wirklichkeit faktische Ungleichheiten beseitigen sollten. Bezug nimmt der EuGH sodann auf die Empfehlung des Rates 84/635/EWG vom 13.12.1984[435], die die geltenden Vorschriften als nicht ausreichend bemängelte und die Ergänzung durch nationale Regelungen vorschlug. Gleichwohl wird im folgenden betont, daß, wie schon in einer vorangegangenen Entscheidung befunden[436], Art.2 IV RL 76/207/EWG als Ausnahmevorschrift eng auszulegen sei. Wenn aber von einer Regelung den Frauen zur Bekämpfung von Unterrepräsentation absolut und unbedingt ohne Ausnahme der Vorrang eingeräumt werde, entspräche dies nicht mehr dem Ausnahmecharakter des Art.2 IV hinsichtlich der Förderung von Chancengleichheit. Ebenso sei das Ziel der Chancengleichheit im Sinne des Art.2 IV verfehlt, wenn eine Regelung ein Gleichgewicht von Frauen und Männern auf allen Funktionsebenen als Zielmaßstab fordere, es handele sich dann eben um eine nicht gedeckte Ergebnisgleichheit.

Im Ergebnis ergab sich aus diesen Gründen für den EuGH die Unvereinbarkeit einer nationalen Quotierungsvorschrift, die mit den Regelungskomponenten des § 4 BremLGG ausgestattet ist, mit Art.2 I und IV RL 76/207/EWG als höherrangigem Gemeinschaftsrecht.

---

[432] EuGH vom 17.10.1995, Rs C-450/93 (Kalanke/Freie Hansestadt Bremen), EuGRZ 1995, S.553-558.
[433] So im Wortlaut der Tenor der Entscheidung.
[434] S. dazu die Rnrn 15-24 der Entscheidung.
[435] ABl. L 331, S.34.
[436] EuGH, Rs 222/84 (Johnston), Slg.1986, S.1651 (1686).

Die Anmerkungen bezüglich der Kalanke-Entscheidung beschäftigten sich in erster Linie mit der Frage, auf welche Art von Quote sich die festgestellte Unvereinbarkeit mit Art.2 I RL 76/207/EWG bezöge, ob also das Urteil eine Absage an alle Arten von Quoten bedeute.
Anerkannt wurde die Praxis des EuGH, Ausnahmen im Sinne des Art.2 II, III und IV vom Gleichbehandlungsgrundsatz des Abs. I nur in engen Grenzen zuzulassen. Auf der anderen Seite zeige der EuGH aber auch, daß er den Ausnahmevorschriften durchaus Gewicht beimessen wolle. In einer früheren Entscheidung sei in diesem Sinne definierend geäußert worden, daß Maßnahmen nach Art.2 IV zulässig seien, "die zwar nach ihrer äußeren Erscheinung diskriminierend sind, tatsächlich aber in der sozialen Wirklichkeit bestehende faktische Ungleichheiten beseitigen oder verringern sollen"[437]. Hinzugefügt wird, daß der EuGH Ausnahmen zwar nur in begrenztem Maße anerkenne, der hohe Stellenwert der tatsächlichen Chancengleichheit sich jedoch schon aus der Vielzahl der Berücksichtigungen im Gemeinschaftsrecht dokumentiere[438]. Dies bestätige sich auch in der Bezugnahme des EuGH auf die Empfehlung des Rates, der das Nichtausreichen der geltenden Rechtsvorschriften über die Gleichbehandlung zum Zweck der Beseitigung aller faktischen Ungleichheiten festgestellt hatte[439].
Zu bemängeln ist, daß der Gerichtshof die aufgezeigte Unverhältnismäßigkeit der Quotenregelung, die das Übertreten der Grenze der engen Ausnahmevorschrift des Art.2 IV bedeutet, kaum begründet[440]. Indirekt verdeutlicht die Entscheidung aber, daß der Begriff der Unverhältnismäßigkeit nur auf Quotenregelungen ohne soziale Härteklausel abzielt. Dafür sprechen das Abstellen auf die Absolutheit und Unbedingtheit der Quotenregelung (Rn 22 des Urteils) und auf den Automatismus des Vorrangs (Rnrn 16 und 24). Im Gegensatz zu den Schlußanträgen des Generalanwalts verneint der EuGH die Vorlagefragen des BAG eben nicht pauschal, sondern verurteilt nur den Automatismus zugunsten der Frauen bei Quotenregelungen ohne Härteklausel als über die Grenzen des Verhältnismäßigkeitsprinzips hinausgehend. Schließlich hat der Gerichtshof entsprechend der vorgelegten Fragen auch nur über diese Art der Quoten zu entscheiden gehabt[441]. Allein auf diese Fallgestaltung sind auch Tenor und Begründung mit ihrer Betonung der Absolutheit und des Automatismus als Ursache für die Unvereinbarkeit ausgerichtet[442]. Es ergeben sich folglich keine Auswirkungen der Entscheidung für Quotenregelungen,

---

[437] EuGH, Rs 312/86 (Kommission der EG/Frankreich), Slg.1988, S.6315.
[438] So *Sporrer*, DRdA 1995, S.442 (445), die den Grundsatz der Lohngleichheit aus Art.119 EGV, die Gleichberechtigungsrichtlinien, die sozialpolitischen Aktionsprogramme und verschiedene Entschließungen und Empfehlungen des Rates und der Kommission aufzählt; S. dazu auch oben S.49 ff.
[439] *Rust*, NJ 1996, S.102 (104).
[440] *Rust*, NJ 1996, S.102 (103).
[441] *Colneric*, BB 1996, S.265 (268).
[442] *Rust*, NJ 1996, S.102 (103).

die mit einer sozialen Härteklausel versehen sind[443], geschweige denn für gänzlich anders gestaltete Quotierungsvorschriften. Hingegen wird von einer Ausweitbarkeit des Tenors auch auf den Bereich der Einstellungen ausgegangen, der aufgrund der Fallgestaltung nur den Vorrang bei Beförderungen zum Gegenstand hatte[444].
Neben der Kritik am unverhältnismäßigen Automatismus der vorgelegten Quotenregelung erklärte der EuGH auch die Form der Ergebnisquote für nicht vereinbar mit Art.2 IV RL 76/207/EWG als Ausnahmeregel zum Grundsatz aus Art.2 I der Richtlinie. Dem wird von einer Seite zugestimmt. Art.2 IV erlaubt es nur, die Ausgangsposition benachteiligter Gruppen zu verbessern und so Chancengleichheit zu gewährleisten, er rechtfertigt aber nicht die Gleichstellung im Ergebnis als Ausgleich in der Vergangenheit erlittener Diskriminierungen[445]. Dem kann man entgegenhalten, daß die in der Quotenregelung des § 4 BremLGG angegebene 50 %-Marke nicht als garantiertes Ergebnis aufzufassen ist, sondern nur als Grenzwert für die Anwendungsdauer der Quotenregelung fungiert[446]. Hinzugesetzt wird, daß sich die Kritik des EuGH aufgrund der Fallgestaltung nur auf die Kombination einer Quotenregelung ohne Härteklausel mit einer Ergebnisquote von 50 % bezogen hat und deshalb über die Rechtmäßigkeit von isolierten Ergebnisquoten keine Aussage getroffen worden ist[447].
Im Ergebnis der Kommentierungen und Stellungnahmen herrscht demnach weitgehend Einigkeit darüber, daß trotz aufbauschender Pressemeldungen mit dem Inhalt einer umfassenden Absage für alle Arten von Quoten lediglich die Europarechtswidrigkeit einer relativ seltenen Extremform der Quote festgestellt worden ist. Für alle anderen Formen von Bevorzugungsregelungen sind hiernach insoweit aus dem Urteil keine Konsequenzen zu ziehen.

Die für das nationale Recht entscheidende Frage stellt sich nach den konkreten Folgewirkungen, die sich aus der Kalanke-Entscheidung für bundes- und landesrechtliche Regelungen ergeben.
Im speziellen Fall erging am 5.3.1996 die abschließende Entscheidung des BAG[448], für das die Vorlage an den EuGH lediglich ein Zwischenverfahren dargestellt hatte. In Berücksichtigung des Urteilsspruchs führt das BAG aus, daß die Anwendung der Quotierungsvorschrift im Bremer Gleichstellungsgesetz auf die Besetzung der streitigen Stelle wegen Gemeinschaftsrechtswidrigkeit hätte unterbleiben müssen[449]. Die gemeinschaftsrechtskonforme Auslegung des § 4 BremLGG, die das BAG in seinem Beschluß vor Aussetzung des Verfahrens für möglich gehalten

---

[443] *Raasch*, KJ 1995, S.493 (497); *Colneric*, BB 1996, S.265 (268).
[444] *Rust*, NJ 1996, S.102 (103).
[445] *Loritz*, EuZW 1995, S.763 (764).
[446] *Raasch*, KJ 1995, S.493 (494).
[447] *Colneric*, BB 1996, S.265 (268).
[448] BAG vom 5.3.1996 - 1 AZR 590/92 (A).
[449] Skizzierung des Urteils vom 5.3.1996 in der Pressemitteilung, DB 1996, S.577 f.

hatte[450], hält das Gericht nun wegen eines zu geringen Auslegungsspielraumes nicht mehr für durchführbar. Denn der Bremische Landesgesetzgeber habe in Abgrenzung zu anderen Gleichstellungsgesetzen bewußt keine Härteklausel vorgesehen.

Das BAG betont im folgenden, daß die Entscheidung des EuGH nur auf Gleichstellungsgesetze zu beziehen sei, die eine automatisch wirkende Bevorzugungsregel beinhalten. Keine Bedenken ergäben sich für Quotierungsvorschriften mit ausdrücklichen Ausnahmen oder für sehr differenzierte Quoten. In konkreten Fall bedeute dies für den Kläger, daß seine Ablehnung, soweit sie auf das Bremer Gleichstellungsgesetz gestützt sei, keinen Bestand haben könne. Es ergebe sich allerdings auch kein Anspruch auf die Beförderungsstelle, da vor Anwendung der Quote die gleiche Qualifikation beider Bewerber festgestellt worden sei. Vielmehr habe der Kläger lediglich Anspruch auf Neubescheidung.

Auf Gesetzesebene unmittelbar betroffen von der Entscheidung des EuGH sind die an entsprechender Stelle nicht mit einer Härteregelung ausgestatteten Landesgleichstellungsgesetze in Niedersachsen und natürlich in Bremen. Für diese Länder besteht nach Art.3 (2) (a) RL 76/207/EWG i.V.m. Art.5 EGV die Verpflichtung zur Gesetzesänderung. Bis zu einer Neuregelung sind die Gerichte dazu angehalten, die mit dem Europarecht unvereinbaren nationalen Vorschriften gemeinschaftsrechtskonform auszulegen[451].

Keine Auswirkung ergibt sich für die Landesgleichstellungsgesetze in sechs anderen Bundesländern, die eine qualifikationsbezogene Vorrangregelung bis zu einem Frauenanteil von 50 %, aber eben unter Berücksichtigung einer sozialen Härteklausel, festlegen[452]. Allerdings kann aus der Entscheidung auch nicht der Gegenschluß gezogen werden, daß alle Quotenregelungen mit Härteregelung auch automatisch mit dem Gemeinschaftsrecht vereinbar sind. Über diese Frage wird der EuGH vielmehr demnächst zu entscheiden haben: Die Vorlage einer Frauenquotenregelung mit Härteklausel erfolgte am 21.12.1995 durch das VG Gelsenkirchen. Ebenso ist die Kalanke-Entscheidung für die Länder Hessen und Brandenburg ohne Belang, da deren Landesgleichstellungsgesetze keine Vorrangregeln, sondern Zielvorgaben verbunden mit Sanktionen enthalten. Mecklenburg-Vorpommern und Sachsen-Anhalt normieren nur die Pflicht zur Aufstellung von Frauenförderplänen mit anzustrebender Erhöhung des Frauenanteils. Noch unverbindlicher sind die Vorschriften in Sachsen und im Zweiten Gleichberechtigungsgesetz als bundesrechtlichem Pendant gehalten, die lediglich vage Zielbestimmungen vorgeben. Auch hinsichtlich aller letztgenannten Förderungsregelungen bestehen nach dem europäischen Urteilsspruch keine Bedenken.

---

[450] BAG vom 22.6.1993, AP Nr.193 zu Art.3 II GG, Bl. 7.
[451] St.Rspr. des EuGH, s. z.B. Urteil vom 14.7.1994, Rs C-91/92 (Dori), Slg.1994, S.3325.
[452] So in Berlin, Hamburg, Nordrhein-Westfalen, Rheinland-Pfalz, dem Saarland und in Schleswig-Holstein.

Zusammenfassend ist festzuhalten, daß die erste Quotenentscheidung des EuGH auf die deutschen Bundes- und Landesregelungen zur Frauenförderung nur recht geringe Auswirkungen hat. Lediglich zwei landesgesetzliche Quotenbestimmungen können aufgrund des Urteilsspruchs nicht aufrecht erhalten werden. Alle Normierungen, die eine Abweichmöglichkeit von der Quote im Härtefall bieten, sind nicht berührt. Damit kann die Diskussion um die Vereinbarkeit von quotierenden Maßnahmen mit der Verfassung mit Ausnahme absoluter Quotenformen mit "Automatisierungseffekt" fortgeführt werden.

Zu einfach machte es sich danach sicherlich das OVG Münster in einem Beschluß vom 19.12.1995. Es erklärte die dem § 4 BremLGG entsprechende, allerdings mit einer Härteklausel versehene, nordrhein-westfälische Landesregelung des § 25 V S.2 HS 1 LBG NW in Folge der Kalanke-Entscheidung für unvereinbar mit Gemeinschaftsrecht. Das Verwaltungsgericht mutmaßte, daß der Öffnungsklausel aus gemeinschaftsrechtlicher Sicht keine wesentliche Bedeutung zukomme[453]. Nicht klar wird allerdings, welcher Passage des EuGH-Urteils diese Schlußfolgerung entnommen wird. Nicht stichhaltig erscheint dann auch die Begründung für die Unvereinbarkeit des § 25 V S.2 HS 1 LBG NW mit dem Gemeinschaftsrecht. Das OVG führt dazu aus, dem Entscheidungssatz im Urteil des EuGH wie auch den Entscheidungsgründen sei nichts dafür zu entnehmen, daß eine derartige Öffnungsklausel einer Vorrangregel die gemeinschaftsrechtlich unzulässige Automatik nehmen könne[454]. Abgesehen davon, daß die Begründung des EuGH an zahlreichen Stellen gerade die Absolutheit und automatische Wirkung der Quotierungsregelung als Ursache für die Unvereinbarkeit mit dem Gemeinschaftsrecht hervorhebt[455], kann daraus, daß der EuGH vielleicht nicht wörtlich Quotierungsregelungen mit Härteklausel als rechtens bezeichnet, ebensowenig gefolgert werden, daß das Gericht das Gegenteil gemeint habe. Bezüglich Bevorzugungsregelungen mit Härteklausel ist eben bisher keine Beurteilung erfolgt, die laut den Fallfragen im Kalanke-Urteil auch gar nicht zur Entscheidung anstanden. Das berechtigt jedoch weder zu der Annahme der Vereinbarkeit noch der Unvereinbarkeit einer Förderungsregelung mit Härteklausel auf Grundlage der EuGH-Entscheidung. Die Klärung dieser Frage muß abgewartet werden.

---

[453] OVG NW, Beschluß vom 19.12.1995 - 6 B 2688/95, S.4; diese Meinung wird auch vom VG Trier in einem Beschluß vom 4.12.1995 (NVwZ 1996, S.494 f) und vom VG Gelsenkirchen in dem Beschluß vom 21.12.1995 (NVwZ 1996, S.511 f) vertreten.
[454] OVG NW, Beschluß vom 19.12.1995 - 6 B 2688/95, S.5.
[455] S. nur Rnrn 16 und 22 sowie den Urteilstenor.

c) Änderungen der Rechtslage durch Art.3 II S.2 GG

Es bleibt zu klären, welche Wendungen und Lösungen durch die Einführung des Art.3 II S.2 GG im Hinblick auf die Rechtmäßigkeit von Quotierungsvorschriften Eingang in die Diskussion finden müssen.

aa) Inhaltsklärung

Zunächst ist eine Inhaltsklärung des neuen Staatsziels vorzunehmen, um das Erfaßtsein von Förderregelungen ermessen zu können. Für die Beurteilung der verfassungsrechtlichen Reichweite des Art.3 II S.2 GG ist dabei von Interesse, inwieweit Quotenregelungen von den im Anschluß an die Verfassungsänderung ergangenen Gerichtsentscheidungen und Äußerungen im Schrifttum als von dem neuen Staatsziel erfaßt angesehen wurden. Je nachdem, ob das Schrifttum und insbesondere die Rechtsprechung sich zu einer völlig neuartigen Betrachtungsweise und zur Revidierung bisheriger Argumentationsketten veranlaßt sahen oder die bisher vorherrschende Rechtslage durch das neue Staatsziel als unberührt ansehen, ist davon auch die gesellschaftliche Akzeptanz und Bekanntmachung einer wirklich zur gesellschaftlichen Veränderung fähigen Rechtsnorm abhängig.

(1) Die Rechtsprechung

Seitens der Rechtsprechung erhält das VG Arnsberg[456] trotz erneuerter Verfassungslage einen Vorlagebeschluß an das BVerfG aufrecht, in dem die Vereinbarkeit des § 25 V S.2 HS 1 LBG NW mit höherrangigem Recht in Frage gestellt wird. Die Norm enthält eine leistungsabhängige Frauenquote auf dem Gebiet der Beförderungen mit Ausnahmeklausel. Das Gericht hält die Regelung weiterhin für verfassungswidrig. Trotz der Öffnungsklausel bewirke die Frauenquote eine faktische Beförderungssperre für die männlichen Bediensteten und führe so in unverhältnismäßiger Weise zu einer Aushöhlung des Grundrechts aus Art.3 II, III GG. Eine Änderung dieser Auffassung durch die Einführung des Art.3 II S.2 GG ergab sich für die Kammer nicht. Allerdings läßt sie den geltend gemachten Vorwurf eines Verstoßes der Norm gegen § 7 BRRG fallen. Im Lichte des Art.3 II S.2 GG könne § 7 BRRG dahingehend verfassungskonform ausgelegt werden, daß aus Gründen der Kompensation für bisherige tatsächliche Benachteiligungen bei

---

[456] VG Arnsberg vom 18.1.1995, NVwZ 1995, S.725.

gleicher Qualifikation die Ergreifung geeigneter frauenfördernder Maßnahmen ermöglicht werde[457].

Im Ergebnis stimmt damit auch ein Beschluß des OVG Münster vom 20.9.1995 überein[458]. Der Senat sieht keine Veranlassung, seine ständige Rechtsprechung bezüglich der Unvereinbarkeit des § 25 V S.2 HS 1 LBG NW mit den Art.33 II, 3 II und III, und mit § 7 BRRG zu ändern[459]. Das Staatsziel des Art.3 II S.2 habe auf diese Beurteilung keinen Einfluß, da es zur Angleichung der realen Lebensverhältnisse, nicht aber zur pauschalierenden Benachteiligung männlicher Beamter geschaffen worden sei. Der männliche Bewerber könne schließlich nicht als Mittel zum Erreichen eines gesellschaftspolitischen Zieles, namentlich der Geschlechterparität, benutzt werden[460].

In die andere Richtung argumentiert das VG Schleswig[461] anläßlich seiner Überprüfung des § 5 SchlHGleiG. Es hält die dort normierte leistungsabhängige Quote für den öffentlichen Dienst weiterhin für unvereinbar mit den Art.33 II GG und 3 II, III GG sowie mit § 7 BRRG. Zum einen argumentiert das Gericht gegen die Rechtmäßigkeit eines Hilfskriteriums "Unterrepräsentanz der Frau" damit, daß das im Juni 1994 in Kraft getretene Zweite Gleichberechtigungsgesetz in seinem Art.2, der Änderungen des Beamtenrechts zum Gegenstand hat, weder die Vorschriften des BRRG noch die des BBG ändert. Dies ließe darauf schließen, daß der Gesetzgeber das strikte Differenzierungsgebot nach dem Geschlecht auch in § 7 BRRG nicht habe abändern wollen[462]. Außerdem gehe auch der neue Satz 2 des Art.3 II GG von dem Begriff der Gleichberechtigung, nicht dem der Gleichstellung aus, da letztere das Verständnis des Art.3 II GG als Gruppengrundrecht im Sinne einer paritätischen Gleichbeteiligung ohne Rücksicht auf die individuelle Benachteiligung fordere. Eine solche Sichtweise sei dem Grundgesetz fremd, so daß sich für die Beurteilung als gruppenfördernde Maßnahme keine Auffassungsänderung ergeben könne[463].

Eine Ablehnung des Verständnisses als Gruppengrundrecht geht auch aus einer Entscheidung des OVG Lüneburg[464] hervor[465]. Die §§ 5 und 9 NGG (leistungsabhängige Quote für den öffentlichen Dienst) verstießen trotz neuer Verfassungslage gegen Art.33 II GG, da das Ermessen des Dienstherrn in einer

---

[457] VG Arnsberg, NVwZ 1995, S.725 (726). Wegen Erledigung des verwaltungsgerichtlichen Ausgangsverfahrens soll das Verwaltungsgericht seine Vorlage allerdings inzwischen zurückgezogen haben (s. *Laubinger*, VerwArch 87 (1996), S.495, Fn 152). Bestehen bleibt aber die Vorlage des VG Arnsberg vom 22.11.1995.
[458] OVG NW vom 20.9.1995, NVwZ 1996, S.495 ff.
[459] OVG NW, NVwZ 1996, S.495 (495).
[460] OVG NW, NVwZ 1996, S.495 (496).
[461] VG Schleswig vom 16.3.1995, NVwZ 1995, S.724.
[462] VG Schleswig, NVwZ 1995, S.724 (725).
[463] VG Schleswig, NVwZ 1995, S.724 (725).
[464] OVG Lüneburg vom 11.8.1995, DVBl 1995, S.1254.
[465] OVG Lüneburg, DVBl 1995, S.1254 (1257).

"Pattsituation" nicht soweit reiche, anerkannte Hilfskriterien nicht zu beachten und statt dessen mit dem Hilfskriterium "Unterrepräsentanz der Frau" ein Kriterium heranzuziehen, das keinerlei Bezug zum Leistungsgrundsatz mehr aufweise[466]. Insbesondere wird auch hier, wie bereits bezüglich der Entscheidung des OVG Schleswig aufgezeigt wurde, mit der Verwendung des Begriffes "Gleichberechtigung" anstelle von "Gleichstellung" in Art.3 II S.2 GG argumentiert[467].

Es zeigt sich, daß die ablehnende Tendenz von Quotenregelungen zumindest bei den Verwaltungsgerichten bisher erhalten geblieben ist. Der Staatszielbestimmung zu faktischer Gleichberechtigung wird nicht das ausreichende Gewicht beigemessen, um einen Eingriff in die bestehenden verfassungsrechtlichen Diskriminierungsverbote der Art.33 II GG und 3 III GG rechtfertigen zu können. Zumindest findet aber eine Überprüfung der laufenden Verfahren anhand der neuen Rechtslage statt. Die Möglichkeit zu einer Veränderung der zugrundeliegenden Umstände wird also anerkannt und die Neubestimmung nicht wegen offensichtlicher Funktionslosigkeit und reiner Wiederholung von bereits zuvor aus Art.3 II a.F. GG Interpretiertem ignoriert.

(2) Das Schrifttum

Auch im Schrifttum hat die Ergänzung des Art.3 II S.2 GG nicht zu einer endgültigen Klärung der Frage nach der Verfassungsmäßigkeit von Quoten führen können. Bereits die Mitglieder der GVK waren sich über die Interpretation der beiden Halbsätze des neuen Staatsziels uneinig. Die Vertreter der CDU erwarteten von dem ersten Halbsatz "Der Staat fördert die tatsächliche Durchsetzung der Gleichberechtigung" eine Stärkung des Gleichberechtigungsrechts, und zwar in Form von gleichberechtigt chancengleichen Ausgangsbedingungen in den defizitären Bereichen. Dies bedeutet gleichzeitig die Absage an das Ziel der Ergebnisgleichheit und damit an die frauenfördernde Ergebnisquote als ihr Durchsetzungsmittel. Die GVK-Mitglieder aus den Reihen der SPD sahen die Möglichkeit bevorzugender Ungleichbehandlung durch die eingeführte staatliche Förderpflicht gerade eingeschlossen und hielten die Durchbrechung des Diskriminierungsverbotes per Quote deshalb für gedeckt. Diese beiden Grundpositionen nahmen Befürworter und Gegner in der Weiterführung ihrer Diskussion unter der neuen Rechtslage zum Ausgangspunkt.

Ein entstehungsgeschichtliches Argument macht sich Hofmann in seiner die Quoten ablehnenden Auffassung zu Nutze: Die Verfahren in der GVK und bei der Gesetzgebung hätten gezeigt, daß Formulierungen mit den Worten "Quote" oder

---

[466] OVG Lüneburg, DVBl 1995, S.1254 (1256).
[467] OVG Lüneburg, DVBl 1995, S.1254 (1257).

"Gleichstellung" keine Chance auf die erforderliche Zweidrittelmehrheit gehabt hätten[468]. Gerade der Begriff der Gleichberechtigung an Stelle von "Gleichstellung" sei bewußt gewählt worden, da letztere auf Ergebnisgleichheit abziele und damit Quoten als Durchsetzungsmittel gedeckt hätte[469]. Gemeint sein sollte aber nur Chancengleichheit im Sinne gleicher Chancen bei der Ausgestaltung der Lebensverhältnisse[470]. In Fortführung dieser Ansicht interpretiert Laubinger den Begriff der "tatsächlichen Durchsetzung der Gleichberechtigung" als Gebot an die staatlichen Organe, dafür Sorge zu tragen, daß Männer und Frauen auch tatsächlich entsprechend diesen Rechtsregeln gleich behandelt werden. Quotenregelungen ließen sich auf den ersten Satzteil jedoch nicht stützen[471]. Vogel als Befürworter von Quotenregelungen spricht sich mit pragmatischen Überlegungen für deren Erfaßtsein von Art.3 II S.2 GG aus. Das Staatsziel fordere eine effektive Gleichberechtigungspolitik, die mit einem Chancenausgleich allein nicht zu erreichen sei. Sie sei zwar die erste Voraussetzung, jedoch sei der weitere "Wettbewerb" um Stellen und Beförderungen ebenfalls von geschlechtsspezifischen Benachteiligungen geprägt[472]. Außerdem sei in Art.3 II S.2 GG nur die Mindestverpflichtung zur Schaffung von Chancengleichheit enthalten. Dies nehme dem Staat aber nicht die Möglichkeit, darüberhinausgehende Maßnahmen zu ergreifen, denn schließlich treffe das Staatsziel über die Art der Förderungsmittel keine Aussage[473]. Für die bevorzugende Ungleichbehandlung als Fördermittel spreche schon, daß der Ergänzung andernfalls kein Neuheitswert gegenüber dem nach gefestigter BVerfG-Rechtsprechung entnommenen objektiven Gehalt des Gleichberechtigungsgebots nach Art.3 II GG a.F. zukomme[474]. Weiter will Vogel dem Staatsziel die Aussage entnehmen, daß Ausgleichsmaßnahmen im Sinne des Art.3 II S.2 GG nicht als Durchbrechungen des Art.3 III GG zu werten seien[475]. Demgegenüber äußert sich Ebsen skeptisch, der als Argument für lediglich durch die Staatszielbestimmung gedeckte Chancengleichheit anführt, daß bei Annahme von erfaßter Ergebnisgleichheit durch Art.3 II S.2 GG das Verhältnismäßigkeitsprinzip im Hinblick auf die Beeinträchtigung des Art.3 III GG nicht mehr gewahrt bleiben könne[476].
Wiederaufgenommen wird die Diskussion um die Sichtweise des Gleichberechtigungsgrundrechts des Art.3 II S.1 GG als individualgrundrechtliche oder gruppenbezogene Bestimmung. Es wird vertreten, daß Quotenregelungen auch unter der neuen Staatszielbestimmung des Art.3 II S.2 GG schon deshalb nicht zulässig

---

[468] *Hofmann*, FamRZ 1995, S.257 (261).
[469] So auch *Isensee*, NJW 1993, S.2583 (2585) und *Schmidt-Bleibtreu/Klein*, GG, Art.3, Rn 39a.
[470] *Hofmann*, FamRZ 1995, S.257 (261).
[471] *Laubinger*, VerwArch 87 (1996), S.528
[472] *Vogel*, FS für Benda, S.419.
[473] *Vogel*, FS für Benda, S.419.
[474] *Vogel*, DVBl 1994, S.497 (500).
[475] *Vogel*, DVBl 1994, S.497 (501); in diesem Sinne auch *Pfarr*, NZA 1995, S.809 (810).
[476] *Ebsen*, Benda/Maihofer/Vogel-HB, § 8, Rn 45.

seien, weil in diesem Falle das Individualgrundrecht auf Gleichbehandlung zugunsten einer kollektivrechtlich begründeten Bevorzugung eines anderen eingebüßt werde[477]. Art.3 II S.2 GG setze sich - so verstanden - in Widerspruch zu den durchweg individualrechtlichen Grundstrukturen der Verfassung[478]. Das sieht Vogel anders, der bezüglich der neuen Staatszielbestimmung von einem notwendigen kollektiven Gehalt von Förderpflicht und Nachteilsausgleich spricht. Bezugspunkt des Staatsziels sei schließlich mit der tatsächlichen Durchsetzung der Gleichberechtigung ein überindividueller gesellschaftlicher Zustand, wenn auch letztendlich die einzelne Frau begünstigt werde. Außerdem folge der Ausgleich individueller Nachteile durch individuell zurechenbare Akte schon aus Art.3 II S.1 GG. Wenn aber die Feststellung von Benachteiligungen im Sinne des Art.3 II S.2 GG nur im überindividuellen Vergleich als Auswirkung zumeist mittelbarer Diskriminierung möglich sei, könne die Ausgleichsmaßnahme nicht den Nachweis individueller Benachteiligung voraussetzen[479].

Im zweiten Halbsatz der eingefügten Staatszielbestimmung "(Der Staat) wirkt auf die Beseitigung bestehender Nachteile hin" wird eine Stärkung des Gleichberechtigungsgebotes gesehen. Laut der Gesetzesbegründung[480] dürfe zwar keine vom Nachteil losgelöste Kompensation durch einen mit der kollektiven Benachteiligung nicht verbundenen Vorteil erfolgen, jedoch sei dem Gesetzgeber immerhin eine typisierende Regelung gestattet[481]. Betont wird außerdem die Intensität der Verpflichtung an den Staat, da nicht nur von einem "Abbau", sondern von "Beseitigung" der Nachteile die Rede sei[482]. Bedarf für eine einschränkende Klarstellung sieht Laubinger: Der Staat sei zwar verpflichtet, tatsächliche Hemmnisse zu beseitigen, die es Frauen erschweren, mit den Männern um öffentliche Ämter zu konkurrieren, also gleiche Wettbewerbschancen zu schaffen. Daraus ergebe sich aber keinesfalls die Rechtfertigung dafür, Frauen zu Lasten der Männer zu bevorzugen[483].

Weitgehende Einigkeit in Übereinstimmung mit der Gesetzesbegründung[484] herrscht darüber, daß die sogenannten starren Quoten als radikalste Bevorzugungsform jedenfalls nicht von Art.3 II S.2 GG umfaßt werden[485]. Dies gehe auch aus der Entscheidung der GVK gegen die Aufnahme einer Kompensationsklausel hervor. Damit sei deutlich geworden, daß eine ausdrückliche Einschränkung der verfassungsrechtlichen Diskriminierungsverbote nicht gewollt gewesen sei und

---

[477] *Brohm*, JZ 1994, S.213 (220).
[478] *Brohm*, JZ 1994, S.213 (220); *Hofmann*, FamRZ 1995, S.257 (263).
[479] *Vogel*, FS für Benda, S.415.
[480] Bt-Dr 12/6000, S.50.
[481] *König*, DöV 1995, S.827 (840 f.).
[482] *Vogel*, FS für Benda, S.413.
[483] *Laubinger*, VerwArch 87 (1996), S.528.
[484] Bt-Dr 12/6000, S.50.
[485] *Kokott*, NJW 1995, S.1049 (1052); *Brohm*, JZ 1994, S.213 (220).

deshalb auch die Kriterien der gleichen Qualifikation aus Art.33 II GG als speziellem Diskriminierungsverbot, die von einer leistungsunabhängigen, starren Quote ignoriert werden, aufrecht erhalten bleiben sollten[486].

Auf der anderen Seite werden leistungsabhängige Quoten größtenteils unter dem neuen Staatsziel für zulässig erachtet, da Art.3 II S.2 GG dem Ziel der Durchsetzung faktischer Gleichberechtigung ein Gewicht verleihe, das in der Lage sei, verhältnismäßigen Frauenfördermaßnahmen gegenüber beeinträchtigten Rechten Dritter den Vorrang einzuräumen[487].

Zusammenfassend besteht im Schrifttum Einigkeit darüber, daß dem aufgenommenen Staatsziel keine Aussage über die konkrete Zulässigkeit von Förderungsmitteln zu entnehmen ist. Dies nehmen die Befürworter von Quotenregelungen zum Anlaß, über die Interpretation des Zieles im Sinne von Ergebnisgleichheit, gestützt auf die durch die Benennung als Staatsziel eingeräumte Gewichtsverstärkung des Belangs der tatsächlichen Gleichberechtigung, zur Rechtmäßigkeit von Quotierungsmaßnahmen zu gelangen. Die Gegner ziehen die Auslegung im Sinne von Chancengleichheit heran und stehen so pauschal Quotierungsregelungen skeptisch gegenüber.

(3) Eigene Ableitungen

Vor der Beantwortung der Frage, ob das Fördermittel der Quote durch das neue Staatsziel verfassungsrechtlich abgesichert ist, soll auf einen vorzuschaltenden Gedanken eingegangen werden, und zwar, ob die Quote überhaupt als probate Maßnahme zur Bekämpfung von Diskriminierung in Frage kommt. Ihr Ziel ist die Behebung von weitgreifenden Unterrepräsentanzen der Frauen im Erwerbsleben, die auf Diskriminierungen wegen des Geschlechts zurückzuführen sind. Diesem Gedankengang wird insofern engegengetreten, als für die zu konstatierende Unterrepräsentanz in vielen Bereichen diskriminierende Maßnahmen nicht für kausal gehalten werden. Vielmehr ergebe sich die Unterbesetzung mit Frauen aus einer Anzahl an freigewählten Lebensumständen, die sich von dem "normalen" männlichen Werdegang unterschieden. Das Karrierestreben sei bei Frauen nicht so ausgeprägt, sie setzten mit der Verbindung von Familie, Freizeit und Beruf andere Prioritäten. Zudem seien Frauen eher geneigt, ihren Lebenskreis auf den Beruf des Mannes auszurichten. Dies bedinge gleichzeitig weniger Mobilität als Voraussetzung für Spitzenpositionen. Die Unterrepräsentation in höheren Rängen werde also durch eine Quote nicht abgebaut[488].

---

[486] *Scholz*, ZG 1994, S.1 (23).
[487] *Vogel*, FS für Benda, S.416; *König*, DöV 1995, S.837 (844); *Fisahn*, NJ 1995, S.352 (356); *Döring*, Frauenquoten, S.212; einschränkend *Sannwald*, NJW 1994, S.3313 (3314).
[488] *Laubinger*, VerwArch 87 (1996), S.509 f.

M.E. müssen all diese Umstände von der anderen Seite aus betrachtet werden: Die langjährig tradierte Rollenvorstellung von Frau und Mann hat ein gewisses Gesellschaftsbild geprägt. Eine Wandlung geht nur sehr langsam vonstatten, so daß die äußeren Zwänge die Frauen zur Annahme der genannten Lebensausrichtungen drängen. Wenn nach den gesellschaftlich noch immer vorherrschenden Einstellungen heutzutage der Mann die Aussicht auf einen reibungslosen Karriereverlauf hat, nimmt sich die Frau der Einfachheit halber der Rolle als Familienumsorgerin an. Viele Frauen würden gerne Karriere machen, wenn ihnen für gleiche Arbeit die gleichen Erfolge und Aufstiegschancen im beruflichen Streben ermöglicht würden. Da die Einstellungs- und Beförderungspraxis also bisher noch zur Anpassung der weiblichen Vorstellungen zwingt, ist eben hierin der diskriminierende Umstand zu sehen, der Frauen aufgrund ihres Geschlechts weiter in das alte Rollenbild zurückdrängt. Aus diesem Grund ist die weitgehende Unterrepräsentation auf diskriminierende Maßnahmen zurückzuführen. Die Quote als Mittel zur Erhöhung des Frauenanteils im Erwerbsleben ist eine Möglichkeit, das auf Diskriminierung beruhende Defizit auszugleichen und einen gesellschaftlichen Einstellungswandel zu beschleunigen, der Frau und Mann in der Realität gleichberechtigt nebeneinanderstehen läßt. Dafür ist ihre verfassungsrechtliche Absicherung jedoch unbedingte Voraussetzung.

Durch die Auslegungsmethode nach dem Wortlaut läßt sich bezüglich der Rechtmäßigkeit einzelner Fördermittel keine Schlußfolgerung ziehen. Mit der Formulierung "tatsächliche Durchsetzung der Gleichberechtigung und Beseitigung von Nachteilen" ist die Wortwahl für konkrete Ableitungen zu global. Es erfolgt auf der einen Seite also keine Festlegung auf den bestimmten Förderungsweg anhand verschiedener Quotierungen, andererseits wird ihre Rechtmäßigkeit eben auch nicht ausdrücklich verneint. Zu kurz gegriffen ist die Ansicht, "tatsächliche Durchsetzung der Gleichberechtigung" meine nur die auch tatsächlich gleiche Behandlung nach den im Sinne des Art.3 II S.1 GG gleichberechtigenden Rechtsregeln[489]. Die tatsächliche Anwendung der formal gleichberechtigenden Gesetze ist den entsprechenden Normen immanent und hätte nicht durch eine neue Verfassungsnorm postuliert werden müssen. Eine darüberhinausgehende Intention deutet vielmehr daraufhin, daß das neue Staatsziel in Bereichen, in denen faktische Gleichberechtigungsdefizite aufgefallen sind, fördernde Maßnahmen ermöglichen soll, an die die aufgestellten Rechtsregeln bisher nicht herangereicht haben. Eine Festlegung auf Maßnahmen bedeutet das aber nicht.

Auch entstehungsgeschichtlich kann eine einhellige Meinung über die Reichweite des Art.3 II S.2 GG - wie dargestellt - nicht erkannt werden. Eine Klärung der Rechtmäßigkeitsfrage muß daher über die Funktion erfolgen, die die neue Staats-

---

[489] So *Laubinger*, VerwArch 87 (1996), S.528.

zielbestimmung erfüllen soll. Hilfreich sind dabei Aspekte der systematischen und teleologischen Interpretation.
Die Rechtmäßigkeit von Quoten scheitert jedenfalls nicht von vornherein an der These, die gruppengrundrechtliche Sichtweise sei dem System des Grundgesetzes fremd und verbiete daher Maßnahmen, die die Bevorzugung von Personen allein aufgrund ihrer Gruppenzugehörigkeit ohne den Nachweis individueller Benachteiligung zum Ziel hätten. Zwar ist richtig, daß insbesondere der Grundrechtskatalog als Herzstück unserer Verfassung auf die Wahrung individueller Freiheit und Gleichheit angelegt ist. Dieser Charakter soll aber durch die Neubestimmung nicht negiert werden. Die Notwendigkeit einer "gruppenrechtlichen Dimension" des Staatsziels der faktischen Gleichberechtigung ergibt sich bereits daraus, daß das konstatierte strukturelle Gleichberechtigungsdefizit ein Gruppenphänomen ist. Bei Focussierung auf die einzelne Frau kann das Moment der Unterrepräsentanz der Gruppe aller Frauen nicht mehr festgestellt werden. Die befürchtete Tendenz zum Gruppengrundrecht ist schon deshalb auszuschließen, weil es sich mit Art.3 II S.2 GG lediglich um eine Staatszielbestimmung handelt, die dem einzelnen keine einklagbaren Rechte gewährt. Die Kehrseite eines durch eine beklagte Benachteiligung einer gesamten Gruppe entstandenen Staatsziels kann demnach zwangsläufig nur die Bekämpfung dieses Zustandes mit die Gruppe als Ganzes fördernden Maßnahmen sein.
Im folgenden soll nun die tatsächliche Relevanz der Staatszielbestimmung des Art.3 II S.2 GG für die Rechtmäßigkeit der vorgestellten Quotierungsmodelle ermittelt werden. Dabei bietet es sich an, zunächst die grundsätzliche Zulässigkeit von Bevorzugungsregelungen vor dem Hintergrund des Staatsziels zu hinterfragen, um dann in einem zweiten Schritt anhand eventuell entgegenstehender Rechte Dritter die endgültige Entscheidung über ihre Verfassungsmäßigkeit zu treffen.

bb) *Relevanz für den öffentlichen Dienst*

Da bisher die verschiedenen Quotenmodelle in Bundes- und Landesgleichstellungsgesetzen nur für den öffentlichen Dienst normiert worden sind, ist zunächst für diesen Bereich zu klären, ob ihre Rechtmäßigkeit aufgrund der neuen Verfassungslage rechtlich nachgewiesen werden kann.

(1) *Leistungsunabhängige Quoten*

Wie dargelegt, äußert sich die neue Staatszielbestimmung nicht dazu, ob bestimmte Fördermaßnahmen erfaßt sind. Auch ist es nicht zur Aufnahme einer Kompensationsklausel im Anschluß etwa an Art.3 II oder III GG oder auch an Art.33 II GG gekommen. Dies deutet darauf hin, daß eine Ausnahmeregelung zugunsten des Staatsziels der tatsächlichen Gleichberechtigung, die die rechtmäßige Einschränkung der genannten Gleichberechtigungsgebote und Diskriminierungsverbote hätte begründen können, jedenfalls vom Verfassungsgeber nicht beabsichtigt war. Der leistungsunabhängigen Quote als Ausdruck einer frauenfördernden Maßnahme im Sinne des neuen Staatsziels stehen damit weiterhin uneingeschränkt Grundrechte und grundrechtsgleiche Rechte auf Gleichbehandlung entgegen. Damit hat sich die Ausgangslage grundsätzlich nicht verändert.

Eine Möglichkeit zur Einschränkung der Grundsätze des Art.33 II GG sieht König aber gerade durch die neue Verfassungslage gerechtfertigt[490]. Sie greift die Argumentation der bereits realen Ausnahmeregelungen zum Leistungsgrundsatz aus Art.33 II GG anhand der Beispiele des Bundespolizeibeamtengesetzes und des Soldatenversorgungsgesetzes wieder auf. Die Gesetze, die Einstellungserleichterungen für die betroffenen Berufsgruppen entgegen der Qualifikationskriterien des Art.33 II GG gewähren, dienten mit der Sicherung der Grenzen und der Verteidigungsbereitschaft unseres Landes anerkannten öffentlichen Interessen. Mit der Formulierung der Staatszielbestimmung "faktische Gleichberechtigung" sei ausdrücklich eine ebenso im öffentlichen Interesse stehende Zielsetzung in das Grundgesetz aufgenommen worden. Grundsätzlich sei demnach die Durchbrechung des Leistungsprinzips qua leistungsabhängiger Quote auch zugunsten dieses öffentlichen Anliegens zu rechtfertigen.

Ohne Zweifel ist dem Ziel der tatsächlichen Gleichberechtigung in der Verfassung ein neues Gewicht zuerkannt worden. Zum einen verdeutlicht sich der hohe Stellenwert daran, daß eine Zielsetzung, deren Interpretation bereits vorher aus dem Gleichberechtigungsgrundrecht des Art.3 II GG a.F., möglicherweise in Verbindung mit dem Sozialstaatsprinzip, anerkannt war, eine ausdrückliche Präzisierung in der Verfassung erfahren hat. Das Vorhandensein von Defiziten in der faktischen Gleichberechtigung ist damit festgeschrieben und kann nicht mehr ernsthaft bezweifelt werden. Eine weitere Bestätigung für den hohen Rang des neuen Staatsziels ergibt sich aus seiner systematischen Stellung, da die Integration einer Staatszielbestimmung direkt in den Grundrechtskatalog bisher ohne Beispiel ist.

Doch kann der exponierte Stellenwert nicht den Freibrief für die Einschränkung seit langer Zeit anerkannter Verfassungswerte liefern. Die von König zur Begründung einer rechtmäßigen Durchbrechung des Leistungsgrundsatzes herangezogene Vergleichbarkeit zwischen den angeführten Beispielen und dem Staatsziel der faktischen Gleichberechtigung hinkt. Zum einen ist eine Bevorzugung aufgrund der genannten Ausnahmegesetze immer mit der Individualisierbarkeit der Ausnahmekriterien an eine bestimmte Person geknüpft. Im Gegensatz dazu soll bei leistungsabhängiger Quotierung ein Gruppenphänomen, nämlich die Unterrepräsentanz einer Geschlechtergruppe, bekämpft werden. Eine tatsächliche Benachteiligung

---

[490] *König*, DöV 1995, S.837 (845).

wird also nicht auf die einzelne Bewerberin zurückgeführt, sondern die Zugehörigkeit zu der im Ganzen gesehen benachteiligten Geschlechtergruppe reicht unabhängig von der individuellen Diskriminierung für eine Bevorzugung schon aus. Zweifel an der Vergleichbarkeit ergeben sich außerdem aus den unterschiedlichen Relationen. Während aufgrund der existierenden Ausnahmegesetze jeweils nur ein geringer Teil zur vorrangigen Einstellung im öffentlichen Dienst zu berücksichtigen ist, handelt es sich mit der Gruppe der Frauen um einen 50 %-Anteil der Bevölkerung, der theoretisch die Voraussetzung der Bevorzugungsregelung erfüllt. In diesem Fall kann jedoch nicht mehr von einer Ausnahmevorschrift gesprochen werden. Der anerkannte Leistungsgrundsatz im Beamtenrecht würde seinen Charakter als Grundprämisse verlieren. Dies bedeutete, daß besser qualifizierte Männer zugunsten einer Proporzerhöhung auf längere Zeit hin von ihnen nicht beeinflußbare Nachteile hinnehmen müßten. Das Grundprinzip der Verhältnismäßigkeit zwischen Zielsetzung und eingesetztem Mittel wäre verletzt. Erneute Überlegungen müssen sicherlich angestellt werden, wenn weniger einschneidende Frauenfördermaßnahmen nicht zu einer nennenswerten Verbesserung der strukturellen Diskriminierung führen können. Solange jedoch andere Maßnahmen nicht erprobt worden sind, können leistungsunabhängige Quotierungsregelungen vor dem Hintergrund des Leistungsgrundsatzes aus Art.3 II GG und des Diskriminierungsverbotes des Art.3 III GG auch auf Grundlage einer ausdrücklichen Staatszielbestimmung zur faktischen Gleichberechtigung nicht gerechtfertigt werden.

(2)   Leistungsabhängige Quoten

Auch hinsichtlich leistungsabhängiger Quotierungsmaßnahmen ist dem Wortlaut der eingefügten Staatszielbestimmung keine positive Äußerung zu entnehmen. Da leistungsabhängige Quoten aber vor der Verfassung leichter zu legitimieren sind, indem sie nicht die grundsätzliche Geltung des Leistungsprinzips durchbrechen wie leistungsunabhängige Quoten, erscheint eine Einflußnahme des Staatsauftrags von vornherein plausibler. Das Grundgesetz hat klargestellt, daß ein Defizit in der faktischen Gleichberechtigung existiert und hat dem Staat eine Förder- und Nachteilsbeseitigungspflicht auferlegt. Hinzu kommt die exponierte Stellung des Staatsziels inmitten der den Staat am strengsten in die Pflicht nehmenden Grundrechte, die das dem Ziel der Durchsetzung faktischer Gleichberechtigung zugedachte überragende Gewicht unterstreicht. Diese Klarstellung könnte zur Entkräftung bisher vorgebrachter Einwände gegen die verfassungsrechtliche Zulässigkeit leistungsabhängiger Quoten führen.
Das Staatsziel "faktische Gleichberechtigung" könnte z.B. das nach der Festlegung der gleichen oder gleichwertigen Qualifikation im Sinne des Art.33 II GG entsprechend der Vorgabe einer Quotierungsregelung heranzuziehende Kriterium "Unterrepräsentanz der Frau" als Hilfskriterium legitimieren. Der Staat hat die

Aufgabe, möglichst effektive Umsetzungsmaßnahmen zum Erreichen des Staatsziels zu unternehmen. Gerade auf Personalentscheidungen im öffentlichen Dienst als unmittelbar der staatlichen Gewalt unterstelltem Bereich muß demnach ein erfolgversprechender Einfluß zur Verwirklichung der Frauenförderung geltend gemacht werden. Genau wie der Staat aus dem Sozialstaatsziel dazu verpflichtet ist, benachteiligten Gruppen wie z.B. den Schwerbehinderten sogar unter Durchbrechung des Leistungsgrundsatzes Eingang in den öffentlichen Dienst zu verschaffen, ist die tatsächliche Gleichberechtigung ebenso zu einem zu verwirklichenden Staatsauftrag geworden. Aus Gründen der Unvergleichbarkeit mit individuell nachweisbaren Benachteiligungen und einem einer Ausnahmeregelung widersprechendem Bevölkerungsanteil der Frauen muß die Berücksichtigung des Leistungsprinzips aus Art.33 II GG zwar weiterhin verlangt werden. Jedoch erscheint ein Tätigwerden des Staates auf einer schwächeren Eingriffsstufe legitim. Insofern dient das Hilfskriterium der Unterrepräsentanz dazu, dem staatlichen Verpflichtungsauftrag gerecht zu werden und führt damit zur Auslegung des grundrechtsgleichen Rechtes aus Art.33 II GG im Lichte einer anderen vom Grundgesetzgeber getroffenen objektiven Wertentscheidung. Das Heranziehen des Hilfskriteriums "Unterrepräsentanz der Frau" entspricht daher den Vorgaben der neuen Staatszielbestimmung und begründet so dessen Verfassungsmäßigkeit.
Ebenso wird der bisher weitreichend gewährten Personalentscheidungsgewalt des Dienstherrn mit Art.3 II S.2 GG ein hochrangiges Gegengewicht entgegengestellt. Um seiner Pflicht zur Verwirklichung der Staatszielbestimmung zu genügen, muß es auf der einen Seite dem Gesetzgeber gestattet sein, dem Dienstherrn verbindliche Auswahlkriterien mit dem Ziel der Frauenförderung an die Hand zu geben, solange dessen Entscheidungsfreiheit im Kernbereich gewahrt bleibt. Denn auf der anderen Seite ist schließlich auch die Exekutive über Art.1 III GG direkt an die objektiven Zielsetzungen des Grundgesetzes gebunden. Da der Zielsetzung "tatsächliche Gleichberechtigung" durch explizite Aufnahme in das Grundgesetz eine gewisse Wertstellung eingeräumt worden ist, ist keine Beschneidung der Personalentscheidungsgewalt des Diensherrn zu erkennen, wenn durch leistungsabhängige Quoten ein Ziel gefördert werden soll, das ohnehin vom Dienstherrn verpflichtend in seine Entscheidung mitaufzunehmen ist. Zu fordern ist dabei allerdings die gleichzeitige Normierung einer sozialen Härteklausel, die dem Dienstherrn letztendlich doch die Möglichkeit zu einer Entscheidung in die andere Richtung, also zugunsten eines anderenfalls untragbar benachteiligten Mannes erlaubt. Ein Grundmaß an Entscheidungsfreiheit bleibt dem Dienstherrn damit erhalten, so daß von einer unzulässigen Einschränkung durch eine schließlich mit Verfassungsrang ausgestattete Pflicht des Staates zur tatsächlichen Durchsetzung der Gleichberechtigung nicht die Rede sein kann.
In gleicher Weise ist für das Ergreifen spürbarer Sanktionen im Falle der Nichtbeachtung von mit einer leistungsabhängigen Quote gekoppelten Zielvorgaben im öffentlichen Dienst durch das ergänzte Staatsziel eine rechtfertigende Grundlage

geschaffen worden. Der Dienstherr ist durch Art.3 II S.2 GG unmittelbar dazu verpflichtet, der normierten Zielsetzung in seiner Besetzungspolitik Rechnung zu tragen. Die Verwirklichung faktischer Gleichberechtigung ist entscheidend von der Besetzung von Stellen mit Frauen und ihrer Beförderung auf höherrangige Positionen abhängig. Dienstherren, die den Verfassungswert aufgrund eines tradierten Rollenverständnisses oder aufgrund von Vorurteilen gegen Qualifikationen von Frauen ignorieren, boykottieren die auch ihnen auferlegte Verpflichtung, tatsächliche Gleichberechtigung im Rahmen ihres Beurteilungsspielraumes zu beachten und durchzusetzen. Ein Begründungs- und Rechtfertigungszwang jeder von einer normierten Zielvorgabe abweichenden Personalentscheidung würde zu zwangsläufiger Einbeziehung des Aspektes der Frauenförderung führen. Im Falle nicht ausreichender oder willkürlicher Begründungen muß die Verpflichtung geschaffen werden, über die Stellenbesetzung nochmals zu entscheiden. Gerade der öffentliche Dienst ist zur uneingeschränkten Beachtung der Grundrechte verpflichtet. Eine ebenso verbindliche Entscheidungsrichtlinie muß das Staatsziel "faktische Gleichberechtigung" als objektiver Auftrag in der Verfassung bedeuten.

Für leistungsabhängige Quoten ist die eingefügte Staatszielbestimmung damit in der Lage, der Frauenförderung im Sinne einer Erhöhung des Frauenanteils im Erwerbsleben ein erhebliches Gewicht zu verleihen. Im Lichte der unbedingten Bindung der staatlichen Gewalt an die Zielsetzung muß sich auch die Exekutive an Vorgaben halten, die zur effektiven Zielverwirklichung bestimmt sind wie z.B. ein Hilfskriterium "Frauenunterrepräsentanz" im Rahmen des Art.33 II GG.

Der grundsätzlichen Zulässigkeit im Sinne der Motivationskraft des neuen Staatszieles könnten grundrechtliche Hemmnisse in ihren Rechten berührter Dritter entgegenstehen. Eine Beeinträchtigung des grundrechtsgleichen Rechts aus Art.33 II GG ist zu verneinen. Die drei Qualifikationskriterien des Leistungsgrundsatzes werden durch leistungsabhängige Quoten nicht berührt, die gleiche oder gleichwertige Qualifikation wird vielmehr gerade zur Voraussetzung ihres Eingreifens gemacht. Über die Auswahl der zur Entscheidungshilfe herangezogenen Hilfskriterien macht Art.33 II GG keine Aussage. Somit steht dem Abstellen auf ein durch einen Verfassungswert in Form eines Staatsziels legitimiertes Hilfskriterium kein verfassungsrechtlicher Einwand entgegen.

Betroffen ist allerdings der Schutzbereich des Diskriminierungsverbotes des Art.3 III GG zugunsten der männlichen Bewerber im öffentlichen Dienst, die eine Benachteiligung aufgrund ihres Geschlechts nach den Vorgaben einer leistungsabhängigen Quote im Regelfall hinzunehmen haben. Die Frage nach der Möglichkeit eines Ausgleichs der sich gegenüberstehenden Verfassungswerte soll zu späterem Zeitpunkt gestellt werden. Auf die grundsätzliche Deckung leistungsabhängiger Quoten durch das Staatsziel der tatsächlichen Gleichberechtigung hat dies zunächst keinen Einfluß.

Offen bleibt jedoch, ob sich von der Legitimation leistungsabhängiger Quoten in der Praxis die rasche Verwirklichung tatsächlicher Gleichberechtigung versprochen werden kann. Das Grundproblem einer gewissen Effektlosigkeit leistungsabhängiger Quoten, bewiesen durch kaum nennenswerte Veränderungen der Frauenbeteiligung im öffentlichen Dienst aufgrund zahlreicher Gleichstellungsrichtlinien und -gesetze, ist durch die Einführung des Art.3 II S.2 GG nicht behoben worden. Noch immer liegt es allein in der Hand des personalentscheidenden Dienstherrn, einer noch so zwingenden Quotierungsregelung unbehelligt zu entgehen, indem er die Beurteilung der gleichen Qualifikation von Bewerberin und Bewerber aufgrund der Bewertung der dehnbaren Leistungskriterien nach seinen Wünschen ausrichtet. Zwar wird in Gleichstellungsgesetzen versucht, den Entscheidungen durch Präzisierung der Auswahlkriterien die Willkür zu nehmen[491]. Jedoch ist die eine übergreifende Durchsichtigkeit gewährende Einengung von Auswahlgesichtspunkten schon deshalb unmöglich, weil jede zu besetzende Stelle ein anderes Anforderungsprofil erfordert. Dem Dienstherrn muß die Möglichkeit verbleiben, in seiner Entscheidung auf die unterschiedlichen Qualifikationserfordernisse der einzelnen Posten zu reagieren. Wahre Beweggründe einer ablehnenden Personalentscheidung können auf diese Weise auch bei gewisser gesetzlicher Einschränkung immer hinter der Qualifikationsbeurteilung als nicht gleichwertig aufgrund schlechterer Eignung, Befähigung oder Leistung verdeckt werden. Der dem Dienstherrn für seine Entscheidung verbleibende Beurteilungsspielraum entzieht sich der Überprüfbarkeit durch die Gerichte. Trotz der nun ausdrücklichen Verpflichtung des Dienstherrn, als Teil staatlicher Gewalt zur Verwirklichung tatsächlicher Gleichberechtigung beizutragen, kann dessen verfassungsrechtlich legitime Bindung an die Beachtung einer leistungsabhängigen Quote somit durch eine abweichende Qualifikationsbewertung als Grundvoraussetzung dieser Maßnahme zur Frauenförderung umgangen werden.

Obwohl leistungsabhängige Quotierungen also grundsätzlich vor dem Hintergrund des hohen Stellenwertes des neuen Staatsziels als verfassungsrechtlich zulässig gelten müssen, können die Zweifel an der tatsächlichen Effektivität für die Frauenförderung mithin nicht beseitigt werden.

cc) Relevanz in der Privatwirtschaft

Vom Wortlaut des Art.3 II S.2 GG her gesehen sind Fördermaßnahmen nicht auf den öffentlichen Dienst beschränkt, sondern sie sind grundsätzlich auch für die Privatwirtschaft in Erwägung zu ziehen. Allerdings stehen hier den gesetzlichen Bevorzugungsmaßnahmen des Staates direkt die Grundrechte der Betroffenen gegenüber. Es ist deshalb vorab zu klären, in welche Grundrechte durch staatliche

---

[491] S. z.B. § 8 I Schleswig-Holsteinisches Gleichstellungsgesetz.

Quotierungsvorschriften eingegriffen wird oder ob schon grundsätzliche Einwände der Anwendung von Quoten in der privaten Wirtschaft entgegenstehen.

(1) Entgegenstehen der allgemeinen Wirtschaftsfreiheit

Der Verwirklichung des Staatsziels "faktische Gleichberechtigung" durch Quotenregelungen könnte in der Privatwirtschaft die allgemeine Wirtschaftsfreiheit entgegenstehen. Schließlich enthält das Grundgesetz keine Aussagen, die den Staat auf eine bestimmte Wirtschaftsform festlegen. Auf diese Weise soll die Möglichkeit zur Anpassung der gewählten Wirtschaftsform an die jeweiligen Verhältnisse gewährleistet werden[492]. Im Gegenschluß bedeutet das aber nicht, daß das Gebiet der Wirtschaft ein von staatlicher Regelungsgewalt freier Raum zu bleiben hat. In den Teilgebieten, die das Wirtschaftsgefüge des Staates in seiner Gesamtheit ausmachen, ist der Gesetzgeber ausdrücklich zur Reglementierung befugt und kann auf diesem Wege die ihm von der Verfassung gesteckten Ziele verwirklichen. Beispielsweise geben Art.74 Nrn.11 und 12 GG dem Bund die Kompetenz zur Gesetzgebung auf den Gebieten des Rechts der Wirtschaft und des Arbeitsrechts als Untereinheiten einer gewählten Wirtschaftsform. Jedoch wird der Privatautonomie des einzelnen als Ausdruck der selbstverantwortlichen Freiheit des Individuums z.B. mit den Grundrechten der Art.12 I, 14 I und 2 I GG ein konkreter Stellenwert eingeräumt, den der Gesetzgeber zu achten hat. Im Falle einer staatlichen Reglementierung kann deshalb nicht der gleiche Maßstab der Verhältnismäßigkeit wie im Bereich des dem staatlichen Gefüge unmittelbar angehörenden öffentlichen Dienstes angelegt werden, sondern eine Beschränkung der Privatautonomie muß weitaus zurückhaltender ausfallen.

(2) Entgegenstehen konkreter Grundrechtspositionen

Von frauenbevorzugenden Maßnahmen können in der Privatwirtschaft sowohl Grundrechte der Arbeitgeber und Arbeitnehmer als auch Rechte der Tarifvertragsparteien betroffen sein.

(a) Rechte der Arbeitgeber

Auf Seiten der Arbeitgeber könnte der Schutzbereich der Grundrechte aus den Art.12 I, 14 I und 2 I GG beeinträchtigt sein.

---

[492] *Jarass*, Wirtschaftsverwaltungsrecht, Rn 8; *Frotscher*, Wirtschaftsverfassungsrecht, Rn 373.

Die Berufsfreiheit des Art.12 I GG schützt für den Arbeitgeber die unternehmerische Freiheit seiner gewerblichen und sonstigen beruflichen Betätigung[493]. Dazu gehört auch die Dispositionsfreiheit über zu besetzende Arbeitsplätze. Indem Quotenregelungen die Bevorzugung der Bewerberin bestimmen, wird dem Arbeitgeber seine Entscheidungsfreiheit genommen. Für die spätere Rechtfertigung eines Eingriffes in die Berufsfreiheit, die anhand der vom BVerfG entwickelten Dreistufentheorie[494] vorzunehmen ist, ist an dieser Stelle zu klären, ob durch Quotenregelungen in die Berufswahl- oder die Berufsausübungsfreiheit des Arbeitgebers eingegriffen wird.

Von wenigen Ausnahmen abgesehen[495] ist es Frauen und Männern gleichermaßen möglich, jeden Arbeitsplatz unabhängig von ihrem Geschlecht gleichwertig auszufüllen. Unter dieser Prämisse ist nicht davon auszugehen, daß die Wahl des Berufs eines Unternehmers damit zusammenhängt, in welchem Verhältnis er Frauen und Männer beschäftigt oder er im Extremfall sogar alle Stellen mit Arbeitnehmern eines Geschlechts besetzt. Wenn durch Quoten die Bevorzugung nur eines Geschlechtes normiert wird, hat das also auf die Berufswahlfreiheit des Arbeitgebers keinerlei Auswirkungen.

Betroffen sein könnte aber seine Berufsausübungsfreiheit. Indem der Arbeitgeber ohne Quotenvorgabe frei darüber entscheiden kann, ob er seine Arbeitsplätze mit Männern oder Frauen besetzt, wird diese Dispositionsfreiheit als Teil seiner Berufsausübung durch Bevorzugungsvorschriften beschnitten. Im Aspekt der Berufsausübungsfreiheit ist die Berufsfreiheit des Arbeitgebers aus Art.12 I GG durch Quotierungen verletzt.

Art.14 I GG gewährt für den Arbeitgeber den Schutz seines Eigentums, unter anderem auch den Schutz für den eingerichteten und ausgeübten Gewerbebetrieb. In Abgrenzung zum Schutzbereich der Berufsfreiheit gilt die Grundprämisse, daß Art.12 I GG den Erwerb, Art.14 I GG hingegen das Erworbene schützt[496]. Durch Quotierungsgesetze wird dem Unternehmer aber nicht eine bereits erworbene, seinem Gewerbebetrieb zugehörige Vermögensposition entzogen. Beeinträchtigt wird nur seine zukünftige Betätigungsmöglichkeit im Bereich der Entscheidungsfreiheit über die Personalauswahl. Der Schutzbereich des Art.14 I GG wird von Bevorzugungsmaßnahmen damit nicht berührt.

Ebenso kann eine Verletzung der allgemeinen Handlungsfreiheit des Arbeitgebers aus Art.2 I GG verneint werden. Zwar umfaßt diese auch die Vertragsfreiheit und die Freiheit zu selbstverantwortlicher unternehmerischer Disposition[497], jedoch tritt

---

[493] *Friauf*, Grundrechtsprobleme, S.9.
[494] BVerfGE 7, 377.
[495] Beispielsweise notwendig männliche Beteiligung in einem Sport-Schaukampf, im Mannequin-Beruf oder bei der Besetzung von Gesangsrollen.
[496] BVerfGE 84, 133 (157); *v.Münch/Kunig-Bryde*, GG, Art.14, Rn 21; *Pieroth/Schlink*, Grundrechte, Rn 979.
[497] *Friauf*, Grundrechtsprobleme, S.10.

Art.2 I GG als sogenanntes Auffanggrundrecht aus Gründen der Subsidiarität zurück, sobald die beeinträchtigende Maßnahme bereits den Schutzbereich eines anderen Grundrechts, hier des Art.12 I GG, berührt[498].

(b)   Rechte der Arbeitnehmer

Gesetzliche Quotierungsvorschriften können zudem Grundrechte der zu den weiblichen Berwerberinnen in Konkurrenz tretenden Männer verletzen. Zwar existiert grundsätzlich kein Grundrechtsschutz gegen unter gleichen Startbedingungen antretende Mitbewerber[499]. Geschützt wird aber im Rahmen der Berufsfreiheit aus Art.12 I GG die Möglichkeit selbstverantwortlicher Existenzgestaltung in Berufswahl und Berufsausübung[500]. Davon umfaßt ist der Schutz, ohne Behinderung durch den Staat mit anderen Bewerbern im Erwerbsleben zu konkurrieren[501].
Durch Bevorzugungsvorschriften zugunsten von Frauen werden die Bedingungen, zu denen ein männlicher Bewerber einen Beruf ergreifen oder in eine höhere Stellung gelangen kann, beeinflußt. Damit ist die Möglichkeit, einen bestimmten Beruf frei zu wählen, beeinträchtigt. Um eine im Rahmen der Dreistufentheorie auf zweiter Stufe zu bemessende subjektive Berufswahlregelung handelt es sich in der Regel, wenn der Zugang zum Beruf von persönlichen Eigenschaften oder Qualifikationen abhängig gemacht wird. Zwar ist das Geschlecht sicherlich ein persönliches Merkmal, jedoch begründet sich die gegenüber objektiven Berufswahlregelungen leichtere Rechtfertigung einer subjektiven Berufswahlregelung aus der Möglichkeit der Einflußnahme, die der Betroffene auf die Änderung von Eigenschaften oder den persönlichen Erwerb von Fähigkeiten ausüben kann. Indem das Geschlecht jedoch zu den nicht änderbaren persönlichen Merkmalen zählt, handelt es sich mit einer auf die Geschlechtseigenschaft bezogenen Fördermaßnahme um eine objektive Berufswahlregelung, die im Rahmen der Dreistufentheorie nur auf höchster Stufe zu rechtfertigen ist.
Daneben ergibt sich die Beeinträchtigung des Diskriminierungsverbotes zugunsten der Männer aus Art.3 III GG. Aufgrund der neuen Staatszielbestimmung werden auf das Geschlecht abstellende Quotenregelungen erlassen, die die Männer aufgrund ihres Geschlechtes von Bevorzugungen bei der Einstellung ausschließen.
Auf Seiten der Arbeitnehmer stehen frauenfördernden Quotierungen also die Grundrechte auf Berufsfreiheit aus Art.12 I GG und auf Nichtdiskriminierung aus Art.3 III GG entgegen.

---

[498] BVerfGE 6, 32 (37); 67, 157 (171); 77, 84 (118); *v.Münch/Kunig-Kunig*, GG, Art.2, Rn12; *Schmidt-Bleibtreu/Klein*, GG, Art.2, Rn 11; *Pieroth/Schlink*, Grundrechte, Rn 402.
[499] *Friauf*, Grundrechtsprobleme, S.9.
[500] *M/D/H/S-Scholz*, Art.12, Rn 9.
[501] *M/D/H/S-Scholz*, Art.12, Rnrn 84, 152.

(c)   Rechte der Tarifvertragsparteien

Schließlich könnten gesetzliche Quotierungsvorschriften in die Tarifautonomie der Tarifvertragsparteien gemäß Art.9 III GG eingreifen. Den Koalitionen steht nach Art.9 III GG das Recht zur "Wahrung und Förderung der Arbeits- und Wirtschaftsbedingungen" zu. Laut der Rechtsprechung des BAG[502] soll als Funktion des Tarifvertragswesens dabei auch dem Wandel der sozialen Verhältnisse und der gesellschaftlichen Wertvorstellungen Rechnung getragen werden.
Gerade die Ergänzung des Art.3 II GG um das Staatsziel der faktischen Gleichberechtigung hat gezeigt, daß das strukturelle Defizit an Gleichberechtigung als zu behebender Mißstand erkannt worden ist. In der gesellschaftlichen Wertvorstellung soll der Frau eine gleichberechtigte Position eingeräumt werden. Somit gehört der Wandel zu tatsächlicher Gleichberechtigung zu dem von den Koalitionen nach Art.9 III GG zu berücksichtigenden Regelungsinhalten. Allerdings bedeutet das nicht, daß dem Zivilrechtsgesetzgeber in diesem Bereich die Hände gebunden sind. Vielmehr gehört es zu den Aufgaben des Gesetzgebers, die Tragweite der Koalitionsfreiheit durch nähere Regelung ihrer Befugnisse genauer zu bestimmen[503]. Jedoch setzt jede die Tarifautonomie einschränkende gesetzliche Regelung voraus, daß den Tarifpartnern ein gewisser Spielraum für detaillierte Festsetzungen verbleibt. Dieses Erfordernis wird von Quotenregelungen, die lediglich gewisse Zielvorgaben vorschreiben, gewahrt. Entscheidungsquoten, die ein Eingehen der Tarifparteien auf branchen- und betriebsspezifische Erfordernisse erschweren, greifen hingegen in den Schutzbereich des Art.9 III GG ein.

dd)   Praktische Konkordanz

Im vorangehenden Abschnitt ist die grundsätzliche Zulässigkeit einiger Spielarten von Quotenregelungen vor dem Hintergrund der neuen Staatszielbestimmung im öffentlichen Dienst und in der Privatwirtschaft festgestellt worden. Allerdings traten in beiden Bereichen Grundrechtspositionen Dritter hervor, die von den Bevorzugungsmaßnahmen berührt werden. Um den kollidierenden Verfassungspositionen gerecht zu werden, bietet sich als anerkannter Lösungsweg ein Ausgleich nach dem Prinzip der praktischen Konkordanz an[504]. Verfassungsrechtlich geschützte Rechtsgüter werden einander in verhältnismäßiger Weise so zugeordnet, daß jedes von ihnen Wirklichkeit gewinnt.

---

[502] Ständige Rechtsprechung des BAG seit BAG, NJW 1955, S.684.
[503] BVerfGE 50, 290 (368); *Schmidt-Bleibtreu/Klein*, GG, Art.9, Rn 12.
[504] *Hesse*, Grundzüge, Rn 72.

(1) Möglichkeit eines Ausgleichs zwischen Grundrecht und Staatszielbestimmung

Als Normalfall der praktischen Konkordanz ist der Ausgleich zweier Grundrechtspositionen zu sehen. Das Staatsziel der tatsächlichen Gleichberechtigung hat dagegen keinen Grundrechtscharakter, sondern entfaltet als nur objektives Leitprinzip Verpflichtungswirkung für den Staat. Die Frage ist, ob die objektive Zielbestimmung gegenüber einem kollidierenden subjektiven Grundrecht in der Lage ist, als Gegengewicht im Rahmen praktischer Konkordanz zu fungieren oder ob sich die beiden Verfassungswerte auf derart unterschiedlichen Ebenen befinden, daß sich ihre Ausgleichung von vornherein verbietet.

Bereits vor Einführung des Art.3 II S.2 GG ist die gleiche Frage nach der Ausgleichbarkeit des subjektiven Grundrechts auf Gleichberechtigung des Art.3 II GG a.F. und dem aus dem Wortlaut des gleichen Grundrechts interpretierten objektiven Förderauftrag an den Staat gestellt worden. Für ein ablehnendes Ergebnis wurde angeführt, daß die den Grundrechten zuerkannte objektive Dimension nur zur Verstärkung der subjektiven Seite dienen sollte. Eine Begrenzung der subjektiven Seite mit Hilfe der objektiven Ausrichtung der Grundrechte läuft damit ihrer ursprünglichen Zweckrichtung als Abwehrrechte gegen den Staat zuwider[505]. Darin wird außerdem die Gefahr gesehen, daß dem Gesetzgeber die Möglichkeit eröffnet wird, über den Vorrang des subjektiven oder objektiven Aspekts eines Grundrechts zu bestimmen. Dadurch steht wieder zur Disposition der Legislative, was sie gerade begrenzen soll, nämlich die abwehrrechtliche Funktion der Grundrechte[506]. Als Beleg wird die Rechtsprechung des Bundesverfassungsgerichtes zitiert, die eindeutig zu einem Vorrang der subjektiven Seite der Grundrechte Stellung bezogen hat. So heißt es in der Lüth-Entscheidung[507]: "Ohne Zweifel sind die Grundrechte in erster Linie dazu bestimmt, die Freiheitssphäre des einzelnen vor Eingriffen der öffentlichen Gewalt zu sichern." Noch eindeutiger wird eine Aussage im Mitbestimmungsurteil[508] bewertet: "Nach ihrer Geschichte und ihrem heutigen Inhalt sind sie (die Einzelgrundrechte) in erster Linie individuelle Rechte, Menschen- und Bürgerrechte, die den Schutz konkreter, besonders gefährdeter Bereiche menschlicher Freiheit zum Gegenstand haben. Die Funktion der Grundrechte als objektiver Prinzipien besteht in der prinzipiellen Verstärkung ihrer Geltungskraft, hat jedoch ihre Wurzel in dieser primären Bedeutung. Sie läßt sich deshalb nicht von dem eigentlichen Kern lösen und zu einem Gefüge objektiver Normen vervollständigen, in dem der ursprüngliche und bleibende Sinn der Grundrechte zurückbleibt." Rechtsprechung und Schrifttum entschieden sich also mit nachvollziehbaren

---

[505] *Sacksofsky*, Grundrecht auf Gleichberechtigung, S.202; *Böckenförde*, NJW 1974, S.1529 (1537).
[506] *Suerbaum*, Der Staat 28 (1989), S.419 (440).
[507] BVerfGE 7, 198 (204).
[508] BVerfGE 50, 290 (337).

Argumenten zum großen Teil gegen eine Ausgleichbarkeit der subjektiven Seite eines Grundrechts mit dessen objektiver Ausrichtung.
Zu erörtern bleibt, ob sich die Gesichtspunkte auf die Konstellation einer Kollision von Grundrecht und Staatszielbestimmung übertragen lassen und auf diesem Wege das gleiche Ergebnis nahelegen. Den subjektiven Grundrechtspositionen tritt mit dem Staatsziel auf faktische Gleichberechtigung ein rein objektiv verpflichtender Staatsauftrag entgegen. Auf den ersten Blick ergibt sich also durchaus die Vergleichbarkeit mit der Situation einer Kollision von subjektiven und objektiven Verfassungswerten. Bei näherem Hinsehen zeigen sich zwischen dem im Vergleich die gleiche Position einnehmenden objektiven Verfassungswert eines Grundrechts und einer objektiven Staatszielbestimmung gravierende Unterschiede. Die objektive Seite eines Grundrechtes verkörpert nur einen Verfassungswert, dem jedoch nicht automatisch ein den Staat verpflichtender Auftragsgehalt zukommt. Eine weitaus höhere Bindungswirkung ist den Staatszielen zuzuschreiben. Ein gesellschaftspolitischer Mißstand ist konkret erkannt und dem Staat die Verpflichtung zur Bekämpfung dieses Mißstandes zur Aufgabe gemacht worden. An exponierter Stelle ist das Staatsziel zur Verwirklichung tatsächlicher Gleichberechtigung neben den Grundrechten in der Verfassung festgeschrieben worden und nimmt die staatlichen Gewalten ausdrücklich in die Pflicht. Zwar ist der Staat auch gehalten, sein Handeln nicht entgegen der objektiven Seite eines Grundrechtes auszurichten. Der explizite Verwirklichungsauftrag mit genau abgesteckter Zielsetzung ist aber nur den Staatszielen zu entnehmen. Ebenso wie das staatliche Handeln also zur Achtung der Grundrechte verpflichtet ist, besteht die zwingende Bindungswirkung an die Zwecksetzung einer Staatszielbestimmung.
Die Ausgleichssituation zwischen objektivem und subjektivem Moment der Grundrechte läßt sich demnach nicht auf die Kollision von Grundrecht und Staatszielbestimmung übertragen. Durch eine gleichartige Verpflichtungswirkung stehen beide Verfassungsinstrumente vielmehr auf einer Ebene, die der Verwirklichung beider Positionen im Rahmen praktischer Konkordanz Raum bieten muß.

(2) Realisierung des Ausgleichs zwischen Grundrecht und Staatsziel

Zur Anwendung des Prinzips der praktischen Konkordanz muß wiederum zwischen Quotierungsregelungen im öffentlichen Dienst und in der privaten Wirtschaft unterschieden werden, da für die Rechtfertigung ein anderer Verhältnismäßigkeitsmaßstab anzulegen ist.
Im Bereich des öffentlichen Dienstes stehen in erster Linie leistungsabhängige Quoten, die das Grundrecht der Männer auf Nichtdiskriminierung aus Art.3 III GG berühren, auf dem Prüfstand. Um zu einem Ausgleich der Fördermaßnahme auf dem Hintergrund des Staatsziels des Art.3 II S.2 GG mit dem betroffenen Grundrecht im Rahmen praktischer Konkordanz zu gelangen, muß die das Staatsziel

verwirklichende Maßnahme dem Verhältnismäßigkeitsgrundsatz genügen. Zu überprüfen sind die Parameter der Geeignetheit, der Erforderlichkeit und der Zumutbarkeit der Maßnahme. Unter dem Vorbehalt, daß die Qualifikationsbewertungen durch den beurteilenden Dienstherrn objektiv durchgeführt werden und somit das Eingreifen der Quotenregelung ermöglicht wird, sind leistungsabhängige Quoten problemlos dazu geeignet, mehr Frauen zu einer qualifikationsgemäßen Stellung oder Beförderung zu verhelfen. Auf diese Weise wird mit der allmählichen Gleichverteilung der Stellen unter den Geschlechtern der nach der Gesetzeslage beabsichtigte Normalzustand hinsichtlich der Gleichberechtigung auch faktisch verwirklicht.

Die Erforderlichkeit leistungsabhängiger Quoten im öffentlichen Dienst ergibt sich, wenn kein weniger einschneidendes Mittel zur Zielverwirklichung zur Verfügung steht. Die Erfahrungen mit dem beruflichen Fortkommen von Frauen beruhend auf der formal gleichberechtigenden Gesetzeslage hat gezeigt, daß Benachteiligungen bei den Stellenbesetzungen und Beförderungen zu einem gravierenden Ungleichgewicht in der Stellenvergabe an Männer und Frauen geführt haben. Maßnahmen auf freiwilliger Basis wurden nicht angenommen oder umgangen, so daß eine Reglementierung der Personalentscheidungen mit Hilfe der leistungsabhängigen Quote erforderlich ist.

Die Zumutbarkeit einer Maßnahme ist durch ihre Angemessenheit an den Einzelfall gekennzeichnet, die auch die weitestgehende Würdigung der entgegenstehenden Grundrechtsposition umfaßt. Die Staatszielbestimmung des Art.3 II S.2 GG soll der faktischen Gleichberechtigung und Nachteilsbeseitigung möglichst effektiv zur Verwirklichung verhelfen. Da die vorhandenen Stellen eine Anpassung an die Zahlen der bisher von Männern bekleideten Positionen durch ebenso viele Frauen nicht erlauben, ist zur Bekämpfung der Unterrepräsentanz der Frauen die vorübergehende Benachteiligung der Männer als Diskriminierung wegen des Geschlechts im Sinne des Art.3 III GG nicht zu vermeiden. Gleichwohl wird der Grundrechtsposition des Art.3 III GG insofern Wirklichkeit verschafft, als verschiedene Parameter für die Begrenzung der auf dem Staatsziel basierenden Bevorzugungsregelungen sorgen. Zum einen entfaltet das Diskriminierungsverbot wieder seine gesamte Wirkung, sobald der Zustand der Unterrepräsentanz beseitigt ist. Eine Quotenregelung macht die Aussicht auf eine Stelle also nicht für einen unabsehbaren Zeitraum unmöglich, wenn die Fördermaßnahme ernsthaft umgesetzt wird. Hinzu kommt, daß jedem männlichen Bewerber durch Verbesserung der eigenen Qualifikation die Möglichkeit verbleibt, die Voraussetzung für ein Eingreifen der Quote, nämlich eine gleiche oder gleichwertige Qualifikation beider Bewerber, erst gar nicht eintreten zu lassen. Die Quote gilt also nicht unüberwindbar. Eine weitere Wirkungseinschränkung ergibt sich aus der gemeinschaftsrechtlich geforderten Härteklausel, die im Sinne eines Regulativs soziale Härten vermeiden will. Die einer leistungsabhängigen Quote immanent anhaftenden Beschränkungen begründen so ihre Zumutbarkeit für die trotz des Diskriminierungsverbots benachteiligten

Männer. Ferner besteht die Möglichkeit, durch die Wahl der Zielvorgabe die Beeinträchtigung des Diskriminierungsverbotes gering zu halten. Indem entweder der anzustrebende Frauenanteil je nach Anteil der reellen Bewerbungen flexibel bemessen wird oder eine 50 %-Marke als bloßer Richtwert im Sinne eines absoluten Grenzwertes der Quotierung gesetzt wird, kann auf den inhaltlichen Wert des Art.3 III GG angemessen reagiert werden.
Leistungsabhängige Quoten im öffentlichen Dienst genügen damit den Anforderungen des Verhältnismäßigkeitsgrundsatzes und sind im Rahmen praktischer Konkordanz mit dem beeinträchtigten Recht aus Art.3 III GG vor dem Hintergrund der Staatszielbestimmung des Art.3 II S.2 GG verfassungsrechtlich zu rechtfertigen.

Auch in der privaten Wirtschaft würden bei der Einführung gesetzlicher Quotenregelungen Grundrechte Dritter in Mitleidenschaft gezogen.
Auf Seiten der Arbeitgeber müssen das Grundrecht auf freie Berufsausübung des Art.12 I GG mit der auf dem Gleichberechtigungsstaatsziel basierenden Fördermaßnahme zum Ausgleich gebracht werden[509]. Eine Einschränkung der Berufsausübungsfreiheit ist im Rahmen der Dreistufentheorie dann zu rechtfertigen, wenn die Maßnahme im Interesse des Gemeinwohls liegt und insoweit den Prämissen des Verhältnismäßigkeitsgrundsatzes genügt. Die Durchsetzung faktischer Gleichberechtigung verhilft einem Großteil der Bevölkerung zu gesellschaftlicher Gleichbehandlung und führt auf diesem Wege zur Verwirklichung des gesellschaftlichen Idealzustandes vollkommener sozialer und gerechter Ordnung in Beziehung auf Erwerbsmöglichkeiten und Selbstverwirklichung. Die privatrechtlichen Quotenregelungen sind zum Erreichen dieses Gemeinwohlinteresses geeignet, indem die Personalentscheidungen des Arbeitgebers durch Zielvorgaben oder leistungsabhängige Quoten auf das Problem der Frauenunterrepräsentanz gelenkt werden und durch die Verpflichtung zur Erhöhung des Frauenanteils die Chancen der Frauen auf gleiche Teilhabe im Berufsleben steigern. Die Erforderlichkeit einer Quotierungsregelung ergibt sich bereits daraus, daß mit der bisherigen zivil- und arbeitsrechtlichen Gesetzeslage kein Anstieg der Frauenbeteiligung gerade in qualifizierten, höherrangigen Positionen zu erzielen ist.
Zuletzt muß die Frauenfördermaßnahme zur Erreichung des Gemeinwohlziels für den Arbeitgeber zumutbar sein. Im Interesse eines Staatsziels, dem durch ausdrückliche Aufnahme in das Grundgesetz ein hoher, generell zu beachtender Wert zuerkannt worden ist, müssen Regelungen, die den Arbeitgeber lediglich in einem Teilbereich seiner Personalentscheidungsgewalt beschränken, zu Gunsten des Gemeinwohlinteresses hingenommen werden. Schließlich ist die Existenz eines Unternehmens von der Qualität seiner Mitarbeiter und nicht von deren Geschlecht abhängig. Dem Anspruch des Unternehmers auf freie Berufsausübung kann durch die Art der Quotierung Rechnung getragen werden. Bloße Zielvorgaben, die in

---

[509] S.o. S.138 f.

einem gewissen Zeitraum zu erfüllen sind, schränken die Freiheit der Einzelentscheidung nicht unüberwindbar ein, sondern beeinflussen nur das Gesamtpersonalkonzept. Ebenso lassen leistungsabhängige Quoten mit Härteklausel dem Arbeitgeber die Möglichkeit, in begründeten Fällen die Entscheidung zu Gunsten des Mannes zu treffen. In Ansehung des neuen Staatsziels, zu dessen Verwirklichung dem Gesetzgeber auch im Privatrecht ein weiter Beurteilungs- und Prognosespielraum zukommt, hat der Arbeitgeber im Gemeinwohlinteresse die Einschränkungen seiner Berufsausübungsfreiheit durch die genannten Quotenformen hinzunehmen.

Unter den Arbeitnehmern führt die Einführung von Quotierungsmaßnahmen zu einer Verletzung ihrer objektiven Berufswahlfreiheit im Sinne des Art.12 I GG[510]. Zu rechtfertigen sind objektive Berufswahlregelungen nur, wenn sie in verhältnismäßiger Weise der Abwehr nachweisbarer oder höchstwahrscheinlicher Gefahren für ein überragend wichtiges Gemeinschaftsgut dienen. Die tatsächliche Gleichberechtigung der Geschlechter, vom Grundgesetz als verpflichtende Zielsetzung anerkannt, ist Grundprämisse einer für das Wohlergehen beider Geschlechter in gleichem Maße zuständigen Gesellschaft. Allein durch gleichberechtigte Teilhabe kann ein Gleichgewicht zwischen Männern und Frauen im Erwerbsleben geschaffen werden, das durch Bewährungsmöglichkeiten und Vorurteilsabbau einen gesellschaftlichen Umdenkensprozeß einleiten kann. Erst mit einem gewandelten Geschlechterverständnis aber ist tatsächliche Gleichberechtigung ohne "gesetzliche Hilfestellung" möglich. Das BVerfG hat beispielsweise mit der Leistungsfähigkeit des Handwerks[511] oder mit dem Jugendschutz[512] hervorragende Gemeinwohlinteressen anerkannt. Die Zielsetzung der Gleichbehandlung von mehr als der Hälfte unserer Bevölkerung ist demgegenüber gleichzusetzen wenn nicht gar höher zu bewerten.

Bevorzugungsregelungen für Frauen zum Nachteil der männlichen Mitbewerber sind dazu geeignet, ihren Anteil an der Erwerbsbevölkerung auf ein Normalmaß zu erhöhen. Das gravierende Defizit gleichberechtigter Teilhabe belegt die Ungeeignetheit bestehender gesetzlicher Maßnahmen, so daß ein vorübergehendes gesetzliches Eingreifen zur Bekämpfung der Unterrepräsentanz auch erforderlich ist. Im Rahmen der Zumutbarkeit spricht für die Rechtfertigung von Quotenregelungen, daß männliche Mitbewerber durch die zeitliche Begrenzung der Maßnahmen bis zum Erreichen eines Ausgleichs nicht für alle Zeit bei einer Bewerbung benachteiligt werden. Zudem wird die Grundrechtsposition der Männer durch beide für verfassungsgemäß erachteten Quotenformen berücksichtigt. Bei Zielvorgaben sind die Männer von vornherein nicht als Regelfall von der Stellenvergabe ausgeschlossen. Die Einzelentscheidung des Arbeitgebers bleibt frei, der lediglich eine

---

[510] S.o. S.139.
[511] BVerfGE 13, 97 (107 f)
[512] BVerfGE 30, 336 (351); 47, 109 (117)

Anteilszielsetzung zu erreichen hat. Leistungsabhängige Quoten wahren schon deshalb den Kernbereich der Berufswahlfreiheit, weil Männer durch eigenständige Verbesserung ihrer Qualifikation die Grundvoraussetzung der Quote vereiteln können. Damit können sie ihre Berufswahlfreiheit durch Eigeninitiative erhalten. Mit der Möglichkeit zur flexiblen Ausgestaltung der Werte, bei denen Unterrepräsentanz angesiedelt werden soll, können ferner in angemessener Weise die Rechte der Mitbewerber Berücksichtigung finden. Beispielsweise ist eine Quotierung je nach Geschlechtsverteilung unter den Bewerbern für den einzelnen nicht so einschneidend, als wenn die Frauenunterrepräsentanz zunächst rigoros bei jeder Einstellung bis zum Erreichen eines 50 %-Anteils auszugleichen wäre. Die flexible Richtwertgestaltung entspräche damit auch der Forderung nach lediglich zu verwirklichender Chancengleichheit. Um dem herausragenden Gemeinschaftsgut der tatsächlichen Gleichberechtigung in der gesellschaftlichen Wirklichkeit Rechnung zu tragen, muß von den männlichen Konkurrenten aber eine verhältnismäßige Erschwerung ihrer Startbedingungen im Beruf vorübergehend hingenommen werden.

Mit den gleichen Argumenten ergibt sich die Rechtfertigung von Quotenregelungen nach Art.3 II S.2 GG im Verfahren der praktischen Konkordanz gegenüber dem Diskriminierungsverbot des Art.3 III GG. Die grundsätzliche Einschränkbarkeit des Art.3 III GG hat sich schon an anderen grundrechtlichen Positionen wie in den Art.36 I, 6 V oder 12 a GG gezeigt. Gegen die Geeignetheit, Erforderlichkeit und Zumutbarkeit von vorübergehenden frauenfördernden Maßnahmen zeigen sich keine Bedenken, wenn das Gewicht des neuen Staatsziels berücksichtigt wird, das dem Verfassungsgeber eine ausdrückliche Klarstellung am Anfang der Verfassung unter den Grundrechten wert war. Gefordert ist vom Staat schließlich eine effektive, rasche Verbesserung versprechende Verwirklichung, die bei einer natürlichen Beschränktheit der Arbeitsplatzressourcen notwendig zu zeitweiliger Benachteiligung führen muß.

Ebenfalls beeinträchtigt wird durch Quotierungsregelungen die Tarifautonomie der Tarifvertragsparteien[513]. Deren Grenzen kann aber der Gesetzgeber bestimmen, soweit ein gewisses Maß an Regelungsfreiheit verbleibt. Um seinem Staatsauftrag aus Art.3 II S.2 GG, an den im übrigen auch die Tarifpartner über Art.1 III GG unmittelbar gebunden sind, gerecht zu werden, kann der Gesetzgeber frauenfördernde Maßnahmen im Tarifbereich festschreiben und gleichzeitig der Tarifautonomie in verhältnismäßigem Maße zur Verwirklichung verhelfen. Denn trotz der in den Tarifverträgen zu beachtenden Zielvorgaben bleibt es den Tarifvertragsparteien frei, sich über die Mittel und Wege zur Zielerreichung zu einigen. Im Fall der leistungsabhängigen Quote haben die Tarifpartner die Möglichkeit zur genauen Ausgestaltung von Qualifikationskriterien, an deren Erfüllung das Eingreifen der

---

[513] S.o. S.140 f.

Quoten gekoppelt sein soll. Durch Anpassung der Definition von Unterrepräsentanz auf die Geschlechteranteilsverhältnisse können die Parteien zudem auf spezifische Gegebenheiten ihres Betriebes reagieren. Es verbleibt also ausreichender Regelungsspielraum für die Tarifpartner, der den Eingriff quotierender Maßnahmen in die Tarifautonomie rechtfertigt.

Im Ergebnis zeigt die Abwägung der beeinträchtigten Grundrechtspositionen mit den verschiedenen auf dem Staatsziel des Art.3 II S.2 GG basierenden Quotierungsmodellen, daß nach einem Ausgleich im Wege praktischer Konkordanz sowohl im öffentlichen Dienst als auch in der Privatwirtschaft leistungsabhängige Quoten und zeitgebundene Zielvorgaben als Eingriff zu rechtfertigen und damit verfassungsrechtlich zulässig sind.

3. Influenzierende Maßnahmen

Neben den sogenannten sanften Maßnahmen und den verschiedenen Formen von Quotierungen kommen als Instrument zur Frauenförderung influenzierende Maßnahmen[514] in Betracht. Darunter werden staatliche Lenkungsmaßnahmen in der privaten Wirtschaft verstanden, die jedoch nicht zwingend zu befolgen, sondern auf freiwilliger Basis erfüllbar sind. Hauptsächlich ist damit die Subventionierung bestimmter Unternehmen gemeint. Darunter fällt jede Leistung, die unmittelbar oder mittelbar einem Unternehmen aus staatlichen Mitteln ohne entsprechende Gegenleistung zum Zwecke der Beeinflussung des unternehmerischen Verhaltens in Richtung auf Wirtschaftsförderungsziele zufließt[515]. Jedoch wird die Wirtschaftssubvention dem Subventionsnehmer nicht in dessen Interesse, sondern zur Erreichung gemeinwohlorientierter Ziele gewährt[516]. Verfolgt werden können neben rein wirtschaftlichen auch sozial- oder gesellschaftspolitische Zwecksetzungen[517]. Bei der Zweckauswahl ist der Staat als Subventionsgeber an das Grundgesetz gebunden. Insbesondere ist der Gleichbehandlungsgrundsatz des Art.3 I GG zu beachten, indem der Vorzug eines Unternehmers durch die Subventionsvergabe nur durch einen sachlich einleuchtenden, die Differenzierung rechtfertigenden Grund erfolgen darf[518].

Das Ziel der tatsächlichen Gleichberechtigung hat durch ausdrückliche Aufnahme in die Verfassung eine Aufwertung und stärkere Gewichtung gegenüber anderen, nicht fixierten Zielen erfahren. Als sozial- und gesellschaftspolitische Forderung

---

[514] Aufgebracht wurde diese Bezeichnung von *Schmitt Glaeser* in DöV 1982, S.381 (385).
[515] *Arndt*, Besonderes VerwR, Abschnitt VII, Rn 190; *Püttner*, Wirtschaftsverwaltungsrecht, S.100; *Jarass*, Wirtschaftsverwaltungsrecht, Rn 3a.
[516] *Stober*, Handbuch, S.1228; *Püttner*, Wirtschaftsverwaltungsrecht, S.98.
[517] So das BVerfG in E 17, 210 (216); 72, 175 (193).
[518] *Battis/Gusy*, Wirtschaftsrecht, S.127.

hohen Ranges ist es auf höchster Normierungsebene festgeschrieben worden. Nach seinen charakterlichen Merkmalen eignet sich das Staatsziel also durchaus, um auf dem Wege der Subventionierung durchgesetzt zu werden. Mit dem Subventionierungszweck werden damit die Grundsätze der Verfassung nicht nur beachtet, sondern es soll einer gleichfalls im Grundgesetz verankerten Forderung zur Verwirklichung verholfen werden.

Zwei Ansatzpunkte sind für Subventionsmaßnahmen mit dem Ziel der Frauenförderung denkbar. Zum einen könnte eine Subventionierung ganz direkt mit der finanziellen Unterstützung von Arbeitsplätzen und Beförderungsstellen für Frauen ansetzen. Durch Erhöhung des Anteils an Frauen an der Erwerbsbevölkerung würde das Ziel der Gleichberechtigung in der tatsächlichen Wirklichkeit erreicht. Es ist allerdings zuzugeben, daß die Realisierung derartiger Unterstützungsprogramme über einen längeren Zeitraum und in einem Maße, das reelle Verbesserung in den bisher stark ungleichgewichtigen Erwerbsbereichen versprechen soll, nur mit Schwierigkeiten zu verwirklichen ist. Der Staat kann Mittel im Haushaltsplan lediglich in begrenztem Maß zur Verfügung stellen, die bei der Subventionierung einzelner Arbeitsplätze in nur annähernd ausreichender Anzahl sehr bald verbraucht wären. Zudem rechnet der Unternehmer mit andauernder Unterstützung und kann die Arbeitsplätze aus eigener Kraft nicht erhalten. Mit daraus resultierenden Entlassungen wäre aber für das Ziel einer gleichberechtigten Frauenbeteiligung im Erwerbsleben nichts gewonnen.

Ein anderer Weg könnte mit der Unterstützung von Unternehmen bei der Planung und Umsetzung von Frauenförderplänen, mit der bevorzugten Vergabe staatlicher Aufträge an Unternehmen mit erfolgversprechenden Frauenförderkonzepten oder auch durch Steuervergünstigungen beschritten werden[519]. Gegenüber der direkten Subvention der Arbeitsplätze hätte dieses Verfahren den Vorteil, daß dem Unternehmer lediglich ein einmaliger Anreiz geboten würde, frauenfördernde Maßnahmen zu verwirklichen, der Staat aber nicht in die Pflicht nicht leistbarer, regelmäßiger Zahlungen genommen wird. Bedenken bestehen allerdings in anderer Richtung: Erreicht werden durch den Anreiz der finanziellen Unterstützung in erster Linie Unternehmen, die auf die Subventionierung angewiesen sind. Schwieriger zu beeinflussen ist damit das Personalentscheidungsverhalten in sich selbst tragenden Unternehmen. In diesem Fall stellt sich die Frage nach der Dauerhaftigkeit von Arbeitsplätzen in aus eigener Kraft wenig leistungsstarken Unternehmen. Auf der anderen Seite wird jeder Betrieb die Chance auf staatliche Beihilfe ohne marktmäßige Gegenleistung gern nutzen, um auch nach außen mit der fortschritt-

---

[519] Fortschrittlich zeigt sich diesbezüglich das Landesgleichstellungsgesetz von Brandenburg vom 4.7.1994 (GVBl 1994, S.254). Nach § 14 I soll beim Abschluß von Verträgen über Leistungen mit einem Aufwand von über 100.000,- DM bei gleichwertigen Angeboten derjenige Anbieter bevorzugt werden, der sich der Gleichstellung der Frau im Erwerbsleben angenommen hat. § 15 I bestimmt, daß bei der Gewährung von freiwilligen Leistungen an Arbeitgeber in geeigneten Fällen die Förderung der Beschäftigung von Frauen berücksichtigt werden soll.

lichen Förderung von Frauen auftreten zu können und so einen Imagezuwachs herbeizuführen. Als gesellschaftspolitisches Anliegen ist die tatsächliche Gleichberechtigung in das Blickfeld der Bürger und Bürgerinnen getreten, so daß Betriebe mit der Umsetzung frauenfördernder Maßnahmen als Aushängeschild nicht schlecht dastehen. In der Hoffnung auf eine entsprechende gesellschaftspolitische Erkenntnis möglichst zahlreicher Unternehmer, ließe sich durch den Anreiz staatlicher Anschubfinanzierungen durchaus ein erheblicher Fortschritt für die faktische Gleichberechtigung mit der Umsetzung von Frauenförderkonzepten erreichen. Von Vorteil wäre, daß durch diese Art staatlicher Frauenförderung Rechte Dritter nicht in Mitleidenschaft gezogen werden. Die Entscheidungsfreiheit der Unternehmer bleibt gewahrt und jeder Betrieb kann nach Belieben die Voraussetzungen erfüllen, um die staatliche Finanzhilfe in Anspruch nehmen zu können.

Staatliche Subventionierung erscheint damit zur Verwirklichung des Staatsziels aus Art.3 II S.2 GG als gangbarer und erfolgversprechender Weg. Bleibt als zwingende Voraussetzung "nur", daß das Parlament als Staatsorgan seine Verpflichtung zur Erfüllung der Staatszielbestimmung ernstnimmt und Mittel in größtmöglicher Höhe im Haushaltsplan für die Zielverwirklichung bereitstellt.

4. Zusammenfassendes Ergebnis

Es hat sich gezeigt, daß auf der Rechtsgrundlage des Staatsziels der tatsächlichen Gleichberechtigung mehrere Frauenförderungsmodelle gerechtfertigt werden können. Sowohl im öffentlichen Dienst als auch in der Privatwirtschaft können sanfte Maßnahmen, leistungsabhängige Quoten und Zielvorgaben sowie influenzierende Maßnahmen im Hinblick auf die Verwirklichung der neuen Staatszielbestimmung gesetzlich durchgesetzt werden.

Im Sinne eines theoretischen Denkmodelles lassen sich die angesprochenen Fördermaßnahmen durchaus hören: Durch hinreichende sanfte Förderkonzepte wird insbesondere die Vereinbarkeit von Familie und Beruf gefördert. Frauen können ohne familiäre Belastungen je nach Belieben ihrer beruflichen Tätigkeit nachgehen. In Fällen gleicher Qualifikation sind durch leistungsabhängige Quoten bestimmte Zielvorgaben an Fraueneinstellungen und -beförderungen zu erfüllen, der Frauenanteil steigt an. Der Staat motiviert durch Subventionen und Auftragsvergaben die Unternehmer, Frauenförderkonzepte aufzustellen und durchzuführen. Sicherlich ist man durch Absicherung dieser Maßnahmen auf der Basis des neuen Staatsziels auf dem richtigen Wege.

Trotz des rechtlich einwandfreien Rechtfertigungsgerüstes drängen sich in der Realität Zweifel darüber auf, ob die absichernde Verfassungsgrundlage allein für die Zielverwirklichung genügt. Zwingend notwendig gehören zur tatsächlichen Gleichberechtigung der Rückhalt und Verwirklichungswille sowohl in der Politik als auch - vor allem - in der Gesellschaft.

Zwar ist die Legislative durch die Aufnahme des Staatsziels in die Verfassung unnachgiebig dazu aufgefordert, gesetzliche Umsetzungsmaßnahmen in die Wege zu leiten. Durch seine Offenheit bezüglich der Mittel und zu erreichender Zielvorgaben läßt Art.3 II S.2 GG aber einen enormen Gestaltungsspielraum. Möglich sind auch rechtlich relativ unverbindliche Maßgaben, wie beispielsweise durch das Zweite Gleichberechtigungsgesetz anschaulich dokumentiert wird[520]. Ebenso hat das zähe Ringen in der GVK um jede möglicherweise zu weit interpretierbare Formulierung der Staatszielergänzung eindrucksvoll bewiesen, daß einige Gruppierungen sich schon mit denkbar kleinsten Schritten auf dem Wege zu faktischer Gleichberechtigung zufrieden geben wollten und am liebsten alles beim alten gelassen hätten. Insofern bedarf es auch in Zukunft des weitreichenden Einsatzes der Politikerinnen und Politiker, um tatsächlich greifende Fördermaßnahmen gesetzlich auf den Weg zu bringen. An der verfassungsrechtlichen Deckung mangelt es nun nicht länger.

Ebenso ist es an der Legislative, der neuen Zielbestimmung in der Haushaltsdebatte Gewicht einzuräumen. Ohne die Bereitstellung ausreichender Mittel kann der Weg der Gleichstellungsförderung über Subventionierungsmaßnahmen nicht beschritten werden. Und gerade dieses Modell ist deshalb in hohem Maße förderungswürdig, weil es den Unternehmen größtmögliche Entscheidungsfreiheit beläßt und weder in Grundrechte der Arbeitnehmer noch der Arbeitgeber unmittelbar eingreift. Eine Lobby für faktische Gleichberechtigung in der Politik wird damit zu den zwingenden Voraussetzungen der Gleichberechtigungsverwirklichung gehören.

Das zweite Standbein zur Zielverwirklichung durch rechtlich gedeckte Frauenfördermaßnahmen ist die Akzeptanz in der Gesellschaft. Zunächst wird sich ein Frauenförderungswille in der Politik nur einstellen, wenn dieser vom Wählerwillen mitgetragen wird. Über die "politische Rückendeckung" hinaus kommt es aber für den Erfolg der Förderungsmodelle entscheidend darauf an, daß die Beteiligten eine positive und kooperative Einstellung zur Frauenförderung mitbringen, sei es, daß Dienstherren im öffentlichen Dienst und Unternehmer in der Privatwirtschaft geschlechtsneutrale Qualifikationsbewertungen vornehmen, die die leistungsabhängige Quote erst zum Zuge kommen lassen, sei es, daß Frauenförderkonzepte im öffentlichen und privaten Bereich mit Ernsthaftigkeit und im Glauben an weibliche Qualifikation vorangetrieben werden. Auch bei den betroffenen männlichen Mitbewerbern muß das Verständnis dafür wachsen, daß Frauen mit den gleichen Chancen und Möglichkeiten ausgestattet werden wollen, ihre beruflichen und familiären Wünsche zu verwirklichen und miteinander zu vereinbaren. Daß dieses Frauenbild noch nicht in das Bewußtsein aller vorgedrungen ist, zeigt sich beispielsweise an den Umfrageergebnissen vom November 1995. Hiernach hielten 14 % der Männer in Westdeutschland beruflichen Erfolg für Männer für sehr wichtig, während nur 8 % den beruflichen Erfolg für Frauen als sehr wichtig

---

[520] S. oben S.42 ff.

erachteten[521]. Aber auch die Einstellung der Frauen ist oftmals noch nicht auf eine geschlechtsunabhängige Sichtweise eingestellt, vielmehr können jahrhundertealte Rollenbilder nur behutsam neutralisiert werden. Als Beleg hierfür ist anzuführen, daß sich in ganz Deutschland im Jahr 1995 noch gut ein Viertel der Befragten gegen die Inanspruchnahme des Erziehungsurlaubs durch die Väter ausgesprochen haben[522]. Der hierin zum Ausdruck kommende Gesichtspunkt sollte bei allem berechtigten und wünschenswerten Einsatz für die tatsächliche Gleichberechtigung nicht in Vergessenheit geraten: Viele Frauen entscheiden sich noch immer sehr bewußt dafür, ihre Kinder in den ersten Jahren selbst zu betreuen und zu erziehen und ihnen den Rückhalt einer intakten Familie zu gewähren.

Man könnte nun fast den Eindruck gewinnen, daß Frauenfördermaßnahmen die Frauen zur Wahrnehmung ihrer Rechte in Berufe hineindrängen möchten und mit aller Macht alte Aufgabenverteilungen egalisieren wollen. Doch das kann nicht das angestrebte Ziel sein, das aufgrund mangelnder Arbeitsplatzressourcen ohnehin von vornherein zum Scheitern verurteilt wäre. Frauen sollen sich aber je nach Neigung für Beruf oder Familie entscheiden können. Der Partner muß als zu gleichen Teilen der Familienarbeit verpflichtet die Familie als Gemeinschaftsaufgabe anerkennen. Erleichterungsmaßnahmen zum beruflichen Wiedereinstieg von Frauen und Männern müssen im öffentlichen Dienst und in der Privatwirtschaft selbstverständlich werden. Vor allem dürfen befürchtete Benachteiligungen bei der Einstellung und Beförderung sowie bei der Entlohnung nicht von vornherein die Entscheidung zur alten Rollenverteilung nahelegen. Damit einhergehen muß als Gegengewicht die gesellschaftliche Anerkennung von Familienarbeit, die eine zeitweise Entscheidung für diesen eminent wichtigen Bereich gegenüber der Entscheidung für den Beruf nicht abfallen läßt. Ohne den wachsenden gesellschaftlichen Willen zum Vorantreiben tatsächlicher Gleichberechtigung ist sehr zweifelhaft, ob allein durch gesetzliche Vorschriften ein Fortschritt zu verzeichnen sein wird.

Es ergibt sich insofern ein in höchstem Maße wichtiges Wechselspiel zwischen gesetzlichem Anliegen und anwachsender Akzeptanz in der Bevölkerung, als es an vielen Stellen für das gesellschaftliche Bewußtsein zunächst eines oktruierten Anstoßes bedarf. Das neue Staatsziel ermöglicht Frauenfördermaßnahmen, die in der Privatwirtschaft und im öffentlichen Dienst den Frauen zu Positionen verhelfen, in denen sie ihre gleichwertige Eignung für den Beruf unter Beweis stellen können, um auf diesem Wege Vorurteile abzubauen und mutmachende Beispiele für andere Frauen abzugeben.

Die mit Art.3 II S.2 GG nun zwangsläufige Beschäftigung der drei Staatsgewalten mit dem Thema Frauenförderung unter Einschluß der Kontroversen über zulässige

---

[521] ipos-Umfrage, S.54: die Kategorien umfaßten dabei vier Entscheidungsstufen von "sehr wichtig" bis "unwichtig".
[522] ipos-Umfrage, S.49.

Verwirklichungsmaßnahmen führt zur weiteren Sensibilisierung für die Problematik in der Gesellschaft. Dies wiederum hat zur Folge, daß der entstehende öffentliche Druck auf greifende Maßnahmen ernster genommen wird und anhand der verfassungsrechtlich abgesicherten Förderinstrumente, ernsthaft angewendet, ein fühlbarer Fortschritt auf dem Weg zum Ziel der faktischen Gleichberechtigung möglich ist. Ohne das Äquivalenzdreieck von politischem Durchsetzungswillen, gesetzlich greifender Förderungsmaßnahme und gesellschaftlicher Akzeptanz läßt sich das gesteckte Ziel nicht verwirklichen.

Schlußbetrachtung

Am Ende steht die Frage, welche Bedeutung Art.3 II S.2 GG letzendlich für die faktische Gleichberechtigung der Frauen beizumessen ist. Ist hoffnungsfroh von einer wirkungsvollen Ergänzung zu sprechen oder handelt es sich tatsächlich nur um einen im Grunde inhaltsleeren Formelkompromiß ?
Nicht an die Hand gegeben wird durch das neue Staatsziel ein konkretes Handlungskonzept, nach dem die staatlichen Gewalten strukturelle Diskriminierung zu bekämpfen haben. Art.3 II S.2 GG ist zu offen formuliert, als daß ihm Aussagen zur ausdrücklichen Rechtfertigung bestimmter Fördermittel zu entnehmen wären. Insbesondere wird die Frage nach der Rechtmäßigkeit quotierender Maßnahmen nicht beantwortet, und auch ein individuelles, im Wege der Verfassungsbeschwerde durchsetzbares Grundrecht auf tasächliche Gleichberechtigung vermittelt die Neubestimmung nicht.
Und doch ist von der Staatszielbestimmung bei ernstgenommener Interpretation einiges zu erwarten: Sie trifft in erster Linie Klarstellungen und eröffnet Möglichkeiten. Art.3 II S.2 GG stellt das Vorliegen eines strukturellen Gleichberechtigungsdefizits unumstößlich fest. Der vormals teils nur widerwillig anerkannte objektive Auftrag an den Staat zur Förderung tatsächlicher Gleichberechtigung und Nachteilsbeseitigung wird aus der Diskussion genommen und seiner Zielsetzung durch ausdrückliche Aufnahme in das Grundgesetz Bedeutung verliehen. In der Aufnahme des sie betreffenden Zieles sehen Frauen ihr Anliegen in der Verfassung bestätigt. Die in die Pflicht genommenen Staatsgewalten können sich nicht mehr über ihre Geneigtheit, tatsächliche Gleichberechtigung zu fördern, abstimmen, sondern haben lediglich die Möglichkeit, über Verwirklichungswege zu dem für sie bereits festgelegten Ziel zu beraten. Vor allem der Legislative bietet sich mit dem neuen Staatsziel eine solide Basis, greifende Fördermaßnahmen gesetzlich umzusetzen. Schließlich steht als Abwägungsgegengewicht ein eine Förder- und Nachteilsbeseitigungspflicht beinhaltendes Staatsziel als Gut mit Verfassungsrang für den Fall der Beeinträchtigung von Rechten Dritter zur Verfügung. Indem Art.3 II S.2 GG keine Beschränkung auf den öffentlichen Dienst vornimmt, besteht zudem die Möglichkeit, auch in der Privatwirtschaft in Ansehung des Staatsziels reglementierend einzugreifen. Auch hier bildet die Neubestimmung im Abwägungsprozeß kollidierender Rechte und Güter ein Gewicht, das zur Rechtfertigung von Fördermaßnahmen selbst im hinsichtlich von Grundrechtsbeschränkungen empfindlicheren privatwirtschaftlichen Bereich in der Lage ist.
Ein für tatsächliche Fortschritte auf dem Gebiet der faktischen Gleichberechtigung ausreichender Handlungsspielraum ist damit durch Art.3 II S.2 GG eröffnet und verfassungsrechtlich abgesichert worden. Seine offene Formulierung ohne konkrete Handlungsanweisungen birgt jedoch auch Gefahren. Bei unzureichender Umsetzungsbereitschaft reichen schon kleinste Schritte aus, um dem Staatsziel zu genügen. Denn auch nur in geringem Umfang greifende Maßnahmen dienen prinzipiell

der Verwirklichung des Zieles. Sie sind aber nicht umfassend genug, um in absehbarer Zeit fühlbare Verbesserungen bei der Bekämpfung struktureller Diskriminierung zu erzielen. Hinzukommen muß ein gesellschaftliches Umdenken, das entsprechenden Druck auf den politischen Prozeß ausübt und auf diese Weise zum Erlaß nutzbringender Fördermaßnahmen bewegt. Als anzustrebender Idealzustand sollen sich Frauen für einen Beruf mit der Aussicht auf gleichberechtigte Teilhabe entscheiden können, und zwar in dem Wissen, daß sich ein intaktes Familienleben mit einer fordernden Tätigkeit verbinden läßt und dies im gesamtgesellschaftlichen Interesse liegt.

Art.3 II S.2 GG hat die Diskussion um Ziele und Wege der Durchsetzung tatsächlicher Gleichberechtigung nicht beendet. Mit Spannung werden die anstehenden Entscheidungen des Bundesverfassungsgerichtes und des Europäischen Gerichtshofes erwartet. Sie können vielleicht maßgeblich zu weiteren Klarstellungen anregen. Die Staatszielbestimmung der faktischen Gleichberechtigung hat aber die Möglichkeit eröffnet, mit verfassungsrechtlich gedeckten Maßnahmen auf dem Weg zu gesellschaftlich real gelebter Gleichberechtigung ein gutes Stück voranzukommen, vorausgesetzt, daß alle männlichen Beteiligten sich die anfangs zitierte Äußerung des alten Cato nicht allzu sehr zu Herzen nehmen.

Literaturverzeichnis

Adomeit, Klaus: Rechtsquellenfragen im Arbeitsrecht, München, 1969 (zit.: Rechtsquellenfragen)

Alternativkommentar: Kommentar zum Grundgesetz für die Bundesrepublik Deutschland in zwei Bänden, herausgegeben von Rudolf Wassermann, Band 1 (Art.1-37), 2.Auflage, Neuwied, 1989 (zit.: AK-Bearbeiter)

Arndt, Hans-Wolfgang: Europarecht, Heidelberg, 1994 (zit.: EuR)

ders./ Köpp/ Oldiges/ Schenke/ Seewald/ Steiner (Hg.): Besonderes Verwaltungsrecht, 4.Auflage, Heidelberg, 1994 (zit.: Bearbeiter, Besonderes VerwR)

Badura, Peter: Der Sozialstaat, in: DöV 1989, S.491-499

ders.: Die Verfassung des Bundesstaates Deutschland in Europa, Köln, 1993 (zit.: Verfassung)

ders.: Thesen zur Verfassungsreform in Deutschland, in: Festschrift für Konrad Redeker, München, 1993, S.111-130 (zit.: FS für Redeker)

Battis, Ulrich/ Eisenhardt, Anne: Neue Gesetzgebung zur Gleichberechtigung, in: ZRP 1994, S.18-24

ders./ Gusy, Christoph: Öffentliches Wirtschaftsrecht, Heidelberg, 1983 (zit.: Wirtschaftsrecht)

ders./ Schulte-Trux, Anke/ Weber, Nicole: "Frauenquoten" und Grundgesetz, in: DVBl 1991, S.1165-1174

Becker, Hans Joachim: Frauenquoten im öffentlichen Dienst?, in: RiA 1991, S.292-296

Benda, Ernst: Notwendigkeit und Möglichkeit positiver Aktionen zugunsten von Frauen im öffentlichen Dienst, Gutachten im Auftrag der Leitstelle Gleichstellung der Frau, Hamburg/Freiburg, 1986 (zit.: Gutachten)

Benda, Ernst/Maihofer, Werner/Vogel, Hans-Jochen (Hg.): Handbuch des Verfassungsrechts, 2.Auflage, Berlin, New York, 1994 - § 5. Bedeutung der Grundrechte, (Bearbeiter: Hesse, Konrad), - § 8, Gleichberechtigung von Männern und Frauen, (Bearbeiter: Ebsen, Ingwer) - § 17 II, Das Sozialstaatsprinzip, (Bearbeiter: Benda, Ernst) (zit.: Bearbeiter, Benda/Maihofer/Vogel-HB)

Berger-Delhey, Ulf: Ein Zweites Gleichberechtigungsgesetz?, in: ZTR 1993, S.267-270

Bieback, Karl-Jürgen: Inhalt und Funktion des Sozialstaatsprinzips, in: Jura 1987, S.229-237

Birk, Rolf: Welche Maßnahmen empfehlen sich, um die Vereinbarkeit von Berufstätigkeit und Familie zu verbessern, in: Beilage zu Heft 25, NJW 1994, S.16-19

Bleckmann, Albert: Europarecht, 5.Auflage 1990, Köln, Berlin, Bonn, München (zit.: EuR)

Böckenförde, Ernst-Wolfgang: Grundrechte als Grundsatznormen, in: Der Staat 1990, S.1-31

ders.: Grundrechtstheorie und Grundrechtsinterpretation, in: NJW 1974, S.1529-1538

ders./ Jekewitz, Jürgen/ Ramm, Thilo (Hg.): Soziale Grundrechte, Heidelberg 1981 (zit.: Autor, Böckenförde/Jekewitz/Ramm)

Bonner Kommentar zum Grundgesetz: Gesamtherausgeber: Dolzer, Rudolf, Heidelberg, Stand: 75.Lieferung, Dezember 1995 (zit.: BonKom- Bearbeiter)

Breuer, Anne: Antidiskriminierungsgesetzgebung - Chance oder Irrweg?, Frankfurt a.M., Bern, New York, Paris, 1991 (zit.: Antidiskriminierungsgesetzgebung)

Brohm, Winfried: Soziale Grundrechte und Staatszielbestimmungen in der Verfassung, in: JZ 1994, S.213-220

Bumke, Ulrike: Art.3 in der aktuellen Verfassungsreformdiskussion: Zur ergänzenden Änderung des Art.3 Abs.2 Grundgesetz, in: Der Staat 1993, S.117-139

Bundesministerium für Familie, Senioren, Frauen und Jugend: Studie: Frauen in der Bundesrepublik Deutschland (Stand: 30.6.1992)- Dokumentation (ipos-Umfrage November 1995): "Gleichberechtigung von Frauen und Männern", Wirklichkeit und Einstellungen in der Bevölkerung, Materialien zur Frauenpolitik Nr.55, April 1996

Colneric, Ninon: Frauenquoten auf dem Prüfstand des EG-Rechts, in: BB 1996, S.265-269

dies.: Konsequenzen des Nachtarbeitsverbotsurteils des EuGH und des BVerfG, in: NZA 1992, S.393-399

Deller, Cornelia: Die Zulässigkeit von satzungsrechtlichen und gesetzlichen Quotenregelungen zugunsten von Frauen in politischen Parteien, Köln, 1994 (zit.: Quotenregelungen)

Denninger, Erhard: Verfassungsauftrag und gesetzgebende Gewalt, in: JZ 1966, S.767-772

Deutscher Richterbund: Von Gleichberechtigung zur Gleichstellung, in: DRiZ 1993, S.201-206

Dieball, Heike: Gleichstellung im Erwerbsleben am Beispiel der Frauenförderung, in: KJ 1991, S.243-249

Dietlein, Johannes: Die Grundrechte in den Verfassungen der neuen Bundesländer, München, 1993

Dix, Alexander: Gleichberechtigung durch Gesetz, Baden-Baden, 1984

Döring, Matthias: Frauenquoten und Verfassungsrecht, Berlin, 1996 (zit.: Frauenquoten)

Dörr, Dieter: Die Verfassungsbeschwerde in der Prozeßpraxis, Köln, Berlin, Bonn, München, 1990 (zit.: Prozeßpraxis)

Ebsen, Ingwer: Leistungsbezogene Quotierung für den öffentlichen Dienst, in: Jura 1990, S.515-523

ders.: Verbindliche Quotenregelungen für Frauen und Männer in Parteistatuten, Heidelberg, 1988 *ders.:* Zur Koordinierung der Rechtsdogmatik beim Gebot der Gleichberechtigung von Männern und Frauen zwischen Europäischem Gemeinschaftsrecht und innerstaatlichem Verfassungsrecht, in: RdA 1993, S.11-16

Eckertz-Höfer, Marion: Frauen kommen - Art.3 Abs.2 GG in Verbindung mit dem Sozialstaatsgebot, in: Festschrift für Helmut Simon, Baden-Baden, 1987, S.447-481 (zit.: FS für Simon)

Fisahn, Andreas: Rechtmäßigkeit von "Quotenregelungen" nach Änderung des Art.3 II GG, in: NJ 1995, S.352-356

Fischer, Peter-Christian: Staatszielbestimmungen und Verfassungsentwürfe der neuen Bundesländer, München, 1994 (zit.: Verfassungsentwürfe)

Franke, Robert/ Sokol, Bettina/ Gurlit, Elke: Frauenquoten in öffentlicher Ausbildung, Baden-Baden, 1991 (zit.: Öffentliche Ausbildung)

Friauf, Karl Heinrich: Die Gleichberechtigung der Frau als Verfassungsauftrag, Hg.: BMin des Innern, Band 12, Stuttgart, Berlin, Köln, Mainz, 1981 (zit.: Verfassungsauftrag)

ders.: Grundrechtsprobleme bei der Durchführung von Maßnahmen zur Gleichberechtigung, Hg.: BMin des Innern, Band 12, Stuttgart, Berlin, Köln, Mainz, 1981 (zit.: Grundrechtsprobleme)

Frotscher, Werner: Wirtschaftsverfassungs- und Wirtschaftsverwaltungsrecht, 2.Auflage, München 1994 (zit.: Wirtschaftsverfassungsrecht)

Fuchsloch, Christine: Erforderliche Beseitigung des Gleichberechtigungsdefizits oder verfassungswidrige Männerdiskriminierung, in: NVwZ 1991, S.442-445

Garbe-Emden, Kristina: Gleichberechtigung durch Gesetz, Hannover, 1984 (zit.: Gleichberechtigung)

Gemeinsame Verfassungskommission (GVK): Sitzungs- und Anhörungsprotokolle, - Anhang zum Anhörungsprotokoll vom 16.6.1992 (Thema: Staatsziele und soziale Grundrechte) - Anhang zum Anhörungsprotokoll vom 5.11.1992 (Thema: Art.3 GG) (zit.: Gutachter/in, GVK-Anhörung vom ...)

Gode, Johannes: Recht auf Arbeit, in: DVBl 1990, S.1207-1213

Gräfrath, Bernd: Wie gerecht ist die Frauenquote ?, Würzburg, 1992 (zit.: Frauenquote)

Graf Vitzthum, Wolfgang: Auf der Suche nach einer "sozio-ökonomischen Identität?", in: VBlBW 1991, S.404-414

ders: Soziale Grundrechte und Staatszielbestimmungen morgen, in: ZfA 1991, S.695-711

Grewe, Wilhelm: Das bundesstaatliche System des Grundgesetzes, in DRZ 1949, S.349-352

Grieswelle, Detlef: Soziale Staatszielbestimmungen gehören nicht ins Grundgesetz, in: ArbG 1993, S.372-374

Häberle, Peter: Verfassung und Zeit, in: Dreier, Ralf/ Schwegmann, Friedrich (Hg.), Probleme der Verfassungsinterpretation, Baden-Baden, 1977, S.293-326

Harms, Peter: Frauenförderung im öffentlichen Dienst - rechtliche und personalwirtschaftliche Grenzen, in: DöD 1991, S.49-58

Heinz, Karl Eckhart: Staatsziel Umweltschutz in rechtstheoretischer und verfassungstheoretischer Sicht, in: NuR 1994, S.1-8

Herrmann, Elke: Vereinbarkeit der Quotenregelung zur Frauenförderung mit nationalem und europäischem Recht, in: SAE 1995, S.229-241

Hesse, Konrad: Grundzüge des Verfassungsrechts der Bundesrepublik Deutschland, 20.Auflage, Heidelberg, 1995 (zit.: Grundzüge)

Hofmann, Jochen: Das Gleichberechtigungsgebot des Art.3 II GG, in: JuS 1988, S.249-258

Hofmann, Klaus: Die tatsächliche Durchsetzung der Gleichberechtigng in dem neuen Art.3 II S.2 GG, in: FamRZ 1995, S.257-263

Hohmann-Dennhardt, Christine: Ungleichheit und Gleichberechtigung, Heidelberg, 1982 (zit.: Gleichberechtigung)

Huster, Stefan: Frauenförderung zwischen individueller Gerechtigkeit und Gruppenparität, in: AöR 118 (1993), S.109-130 *ders.:* Rechte und Ziele: zur Dogmatik des allgemeinen Gleichheitssatzes, Berlin, 1993 (zit.: Rechte und Ziele)

Isensee, Josef: Mit blauem Auge davongekommen - das Grundgesetz, in: NJW 1993, S.2583-2587

ders./ Kirchhof, Paul (Hg.): in: Handbuch des Staatsrechts, Heidelberg, 1992 - Band V: §112: Grundrechte als Teilhaberechte, Soziale Grundrechte, (Bearbeiter: Murswiek, Dietrich) - Band VII: § 164: Die Verfassungsauslegung, (Bearbeiter: Starck, Christian) (zit.: Bearbeiter, Isensee/Kirchhof Handbuch)

Jahn, Friedrich-Adolf: Empfehlungen der Gemeinsamen Verfassungskommission zur Änderung und Ergänzung des Grundgesetzes, in: DVBl 1994, S.177-187

Jarass, Hans D.: Wirtschaftsverwaltungsrecht und Wirtschaftsverfassungsrecht, 2.Auflage, Frankfurt, 1984 (zit.: Wirtschaftsverwaltungsrecht)

ders./ Pieroth, Bodo: Grundgesetz für die Bundesrepublik Deutschland, 3.Auflage, München, 1995

Kirchhof, Paul: Brauchen wir ein erneuertes Grundgesetz?, Heidelberg, 1992 (zit.: Erneuertes Grundgesetz)

Kirsch, Benno: Gerechtigkeit und "Entscheidungshilfen" - die Situation von Frauen im Rentenrecht seit der Rentenreform 1992, in: KJ 1995, S.172-187

Klein, Hans H.: Staatsziele im Verfassungsgesetz - Empfiehlt es sich, ein Staatsziel Umweltschutz in das Grundgesetz aufzunehmen?, in: DVBl 1991, S.729-739

König, Doris: Die Grundgesetzänderung in Art.3 Abs.2 GG, in: DöV 1995, S.837-846

König, Klaus: Staatsaufgaben und Verfassungen der neuen Bundesländer, in: Verfassungsrecht im Wandel, Gedenkschrift zum 180-jährigen Bestehen der Carl Heymanns Verlag KG, Köln, 1995 (zit.: Heymanns-GS)

Körner-Dammann, Marita: Veränderte Erwerbs- und Familienstrukturen als Voraussetzung der Vereinbarkeit von Familie und Beruf, in: NJW 1994, S.2056-2063

Kokott, Juliane: Zur Gleichstellung von Mann und Frau - Deutsches Verfassungsrecht und Europäisches Gemeinschaftsrecht, in: NJW 1995, S.1049-1057

Kowal, Monica: Frauenquotierungen beim Zugang zum Öffentliche Dienst und Art.3 II GG, in: ZRP 1989, S.445-449

Krimphove, Ludger: Frauenförderung durch Gesetz, in: DöD 1990, S.164-166

Kruse, Anne: Verfassungsmäßigkeit von Frauenquoten im öffentlichen Dienst, in: DöV 1991, S.1002-1011

Küfner-Schmitt, Irmgard: Kein Nachtarbeitsverbot für Arbeiterinnen, in: ZTR 1992, S.141-145

Kutsch, Stefan: Die Rechtsprechung des EuGH zur Gleichbehandlung von Mann und Frau, in: BB 1991, S.2149-2152

Ladeur, Karl-Heinz: Gleichberechtigung und "Gleichstellung" von Mann und Frau im öffentlichen Dienst, in: ZBR 1992, S.39-47

Lange, Klaus: Frauenquoten in politischen Parteien, in: NJW 1988, S.1174-1182

ders.: Quote ohne Gesetz? - Zur Quotenentscheidung des OVG Münster, in: NVwZ 1990, S.135-137

Langenfeld, Christine: Die Gleichbehandlung von Mann und Frau im europäischen Gemeinschaftsrecht, Baden-Baden, 1990 (zit.: Gleichbehandlung)

Laubinger, Hans-Werner: Die "Frauenquote" im öffentlichen Dienst, in: VerwArch 87 (1996), S.305-327 (Teil 1) und S.473-533 (Teil 2)

Lenz, Carl Otto (Hg.): EG-Vetrag, Kommentar zu dem Vetrag zur Gründung der Europäischen Gemeinschaften, Köln, Basel, Wien, 1994 (zit.: Lenz-Bearbeiter)

Lerche, Peter: Das Bundesverfassungsgericht und die Verfassungsdirektiven, in: AöR 90 (1965), S.341-372

Limbach, Jutta/ Eckertz-Höfer, Marion (Hgn.): Frauenrechte im Grundgesetz des geeinten Deutschlands, Baden-Baden, 1993 (zit.: Frauenrechte)

Loritz, Karl-Georg: Anmerkung zur Quotenentscheidung des EuGH vom 17.10.1995, in: EuZW 1995, S.763-765

Lücke, Jörg: Soziale Grundrechte als Staatszielbestimmungen und Gesetzgebungsaufträge, in: AöR 107 (1982), S.15-60

Maidowski, Ulrich: Anmerkung zu BAG AP Nr.193 zu Art.3 GG vom 22.6.1993, Blatt 10-13

ders: Umgekehrte Diskriminierung, Berlin, 1989

Majer, Diemut: "Gleiche", "gleichwertige" oder "erforderliche" Qualifikation?, in: KJ 1991, S.151-167

Mauer, Jutta: Das Zweite Gleichberechtigungsgesetz, in: BB 1994, S.1283-1286

Maunz, Theodor/ Dürig, Günter/ Herzog, Roman/ Scholz, Rupert: Grundgesetz Kommentar, München, Stand: 31.Ergänzungslieferung März 1994 (zit.: M/D/H/S-Bearbeiter)

Mengel, Hans-Joachim: Maßnahmen "Positiver Diskriminierung" und Grundgesetz; in: JZ 1982, S.530-538

Menz, Lorenz: Das Grundgesetz im vereinten Deutschland, in: VBlBW 1991, S.401-404

Merten, Detlef: Über Staatsziele, in: DöV 1993, S.368-377

Michel, Lutz H.: Staatszwecke, Staatsziele und Grundrechtsinterpretation unter besonderer Berücksichtigung der Positivierung des Umweltschutzes im Grundgesetz, Frankfurt a.M., 1986 (zit.: Staatszwecke)

Mittmann, Andreas: Das Zweite Gleichberechtigungsgesetz - eine Übersicht, in: NJW 1994, S.3048-3054

Müller, Friedrich: Juristische Methodik, 3.Auflage, Berlin, 1989

v. Münch, Ingo/Kunig, Philip: Grundgesetz-Kommentar, Band 1, 4.Auflage, München, 1992 (zit.:v.Münch/Kunig-Bearbeiter)

Niehmes, Norbert: Der Vorbehalt des Gesetzes im Schulwesen, in: DVBl 1980, S.465-471

Oppermann, Thomas: Europarecht, München, 1991 (zit.: EuR)

Ossenbühl, Fritz: Probleme der Verfassungsreform in der Bundesrepublik Deutschland, in: DVBl 1992, S.468-477

Pestalozza, Christian: Verfassungsprozeßrecht, 3.Auflage, München, 1991

Pfarr, Heide M.: Anmerkung zu BAG AP Nr.193 zu Art.3 GG vom 22.6.1993, Blatt 14-15

dies.: Das Zweite Gleichberechtigungsgesetz, in: RdA 1995, S.204-211

dies.: Die Frauenquote, in: NZA 1995, S.809-813

dies.: Quoten und Grundgesetz, Baden-Baden, 1988

dies./ Bertelsmann, Klaus: Diskriminierung im Erwerbsleben, Baden-Baden, 1989 (zit.: Diskriminierung)

dies./ Fuchsloch, Christine: Verfassungsrechtliche Beurteilung von Frauenquoten, in: NJW 1988, S.2201-2206

Pieroth, Bodo/ Schlink, Bernhard: Grundrechte Staatsrecht II, 10.Auflage, Heidelberg, 1994 (zit.: Grundrechte)

Püttner, Günter: Wirtschaftsverwaltungsrecht, Stuttgart, München, Hannover, 1989

Quambusch, Erwin: Die Benachteiligung der Frau durch Gleichstellung, in: DöD 1993, S.193-204

Raasch, Sibylle: Chancengleichheit für Frauen auf dem Arbeitsmarkt, in: DuR 1985, S.319-334

dies.: Der EuGH zur Frauenquote, Kommentar, in: KJ 1995, S.493-498

dies.: Frauenquoten und Männerrechte, Baden-Baden, 1991 (zit.: Frauenquoten)

dies.: Gleichstellung der Geschlechter oder Nachtarbeitsverbot für Frauen, in: KJ 1992, S.427-436

dies.: Landesarbeitsgericht Bremen zur Quotenregelung (Kommentar), in: KJ 1993, S.225-232

Reiche, Astrid: Gedanken zum Entwurf eines Gesetzes zur Durchsetzung der Gleichberechtigung von Männern und Frauen, in: ZTR 1993, S.103-107

Riedel, Eibe H.: Theorie der Menschenrechtsstandards, Berlin, 1986 (zit.: Menschenrechtsstandards)

Rössler, Beate: Quotierung und Gerechtigkeit, Frankfurt a.M., New York, 1993 (zit.: Quotierung)

Rohn, Stephan/ Sannwald, Rüdiger: Die Ergebnisse der Gemeinsamen Verfassungskommission, in: ZRP 1994, S.65-73

Rupp, Hans Heinrich: Vom Wandel der Grundrechte, in: AöR 101 (1976), S.161-201

Rust, Ursula: Anmerkung zur Quotenentscheidung des EuGH vom 17.10.1995, in: NJ 1996, S.102-104

Sachs, Michael: Gleichberechtigung und Frauenquoten, in: NJW 1989, S.553-558

ders.: Grenzen des Diskriminierungsverbots, München, 1987 (zit.: Diskriminierungsverbot)

ders.: Zur Bedeutung der grundgesetzlichen Gleichheitssätze für das Recht des öffentlichen Dienstes, in: ZBR 1994, S.133-143

Sachverständigenkommission Staatszielbestimmungen und Gesetzgebungsaufträge: Bericht, (Hg.: BMin des Innern, BMin der Justiz), Bonn, 1983 (zit.: SV-Kommission 1983)

Sacksofsky, Ute: Das Grundrecht auf Gleichberechtigung, Baden-Baden, 1991 (zit.: Grundrecht auf Gleichberechtigung)

Sannwald, Rüdiger: Die Reform des Grundgesetzes, in: NJW 1994, S.3313-3320

Savigny, Friedrich Carl von: System des heutigen Römischen Rechts, Erster Band, Berlin, 1840 (zit.: System)

Schaub, Günter: Arbeitsrechtshandbuch, 7.Auflage, München, 1992 (zit.: ArbR)

Schenke, Wolf-Rüdiger: Fälle zum Beamtenrecht, München 1986 (zit.: Beamtenrecht)

Scheuner, Ulrich: Staatszielbestimmungen, in: Festschrift für Ernst Forsthoff, 1.Auflage, München, 1972, S.325-346 (zit.: Staatszielbestimmungen)

Schiek, Dagmar: "Vereinbarkeit von Beruf und Familie" - vereinbar mit der arbeitsmarktlichen Gleichstellung von Frauen?, in: KJ 1994, S.511-531

Schlachter, Monika: Berufliche Gleichberechtigung und Frauenförderung, in: JA 1994, S.72-80

dies.: Wege zur Gleichberechtigung, München, 1993 (zit.: Wege)

Schlaich, Klaus: Das Bundesverfassungsgericht, 3.Auflage, München, 1994 (zit.: Bundesverfassungsgericht)

Schmidt-Bleibtreu, Bruno/Klein, Franz: Kommentar zum Grundgesetz, 8.Auflage, Neuwied, 1995

Schmitt Glaeser, Walter: Die Sorge des Staates um die Gleichberechtigung der Frau, in: DöV 1982, S.381-389

ders.: Gleichberechtigung oder Gleichstellung, in: ArbG 1993, S.416-422

Schneider, Hans Peter: Das Grundgesetz - auf Grund gesetzt?, in: NJW 1994, S.558-561

ders.: Die Gleichstellung von Frauen in Mitwirkungsgremien der öffentlichen-Verwaltung, Baden-Baden, 1991

Scholz, Rupert: Die Gemeinsame Verfassungskommission von Bundestag und Bundesrat, in: ZG 1994, S.1-34

ders.: Grundgesetz zwischen Reform und Bewahrung, Berlin, New York, 1993 (zit.: Reform)

Schweitzer, Michael/Hummer, Waldemar: Europarecht, 4.Auflage, Neuwied, Kriftel, Berlin, 1993 (zit.: EuR)

Slupik, Vera: Die Entscheidung des Grundgesetzes für Parität im Geschlechterverhältnis, Berlin, 1988 (zit.: Parität)

dies.: Gleichberechtigungsgrundsatz und Diskriminierungsverbot im Grundgesetz, in: JR 1990, S.317-324

Sommermann, Karl-Peter: Die Diskussion über die Normierung von Staatszielen, in: Der Staat 1993, S.430-447

Sporrer, Anna: Frauenbevorzugende Quotenregelungen widersprechen EU-Recht?, in: DRdA 1995, S.442-447

Steinmeister, Inge: Der geplante § 611a BGB: Ein frauenrechtlicher Rückschritt, in: ZRP 1993, S.127-129

Stern, Klaus: Das Staatsrecht der Bundesrepublik Deutschland, Band I, 2.Auflage, München, 1984 (zit.: StaatsR I)

ders: Zur Aufnahme eines Umweltschutzstaatszieles in das Grundgesetz, in: NWVBl 1988, S.1-7

Stober, Rolf: Frauenquoten im öffentlichen Dienst?, in: ZBR 1989, S.289-296

ders.: Handbuch des Wirtschaftsverwaltungs- und Umweltrechts, Stuttgart, Berlin, Köln, 1989 (zit.: Handbuch)

Suelmann, Heinz-Gerd: Die Horizontalwirkung des Art.3 II GG, Baden-Baden, 1994 (zit.: Horizontalwirkung)

Suerbaum, Joachim: Affirmative Action, in: Der Staat 28 (1989), S.419-442

Thieme, Werner: Die Frauenbeauftragte als verwaltungswissenschaftliches Problem, in: DöV 1995, S.329-330

Viehweg, Theodor: Topik und Jurisprudenz, 4.Auflage, München, 1969

Vogel, Hans-Jochen: Die Reform des Grundgesetzes nach der deutschen Einheit, in: DVBl 1994, S.497-506

ders.: Verfassungsreform und Geschlechterverständnis, in: Festschrift für Ernst Benda, Heidelberg, 1995 (zit.: FS für Benda)

Wahl, Rainer: Grundrechte und Staatszielbestimmungen im Bundesstaat, in: AöR 112 (1987), S.26-53

Wieacker, Franz: Zur praktischen Leistung der Rechtsdogmatik, in: Hermeneutik und Dialektik, Festschrift für Hans-Georg Gadamer, Zweiter Band, Tübingen, 1970 (zit.: FS für Gadamer)

Wiedemann, Herbert/Stumpff, Hermann: Tarifvertragsgesetz, 5.Auflage, München, 1977

Wienholtz, Ekkehard: Arbeit, Kultur und Umwelt als Gegenstände verfassungsrechtlicher Staatszielbestimmungen, in: AöR 109 (1984), S.532-554

Will, Rosemarie: Die Grundrechtsgewährleistungen und die staatsorganisationsrechtlichen Regelungen der neuen Verfassungen im Vergleich, in: KritV 1993, S.467-488

Wipfelder, Hans-Jürgen: Die verfassungsrechtliche Kodifizierung sozialer Grundrechte, in: ZRP 1986, S.140-149

Wittkowski, Bernd: Die Konkurrentenklage im Beamtenrecht, NJW 1993, S.817-823

Worzalla, Michael: Gleichberechtigung durch Gesetz?, in: ArbG 1993, S.424-426

Zapfe, Dirk: Gleichberechtigung durch die Verfassung?, in: Aus Politik und Zeitgeschichte; Wochenbeilage zu "Das Parlament", B 52-53, 1993, S.11-15

Zuck, Rüdiger: Das Recht der Verfassungsbeschwerde, 2.Auflage, München, 1988 (zit.: Verfassungsbeschwerde)

Studien zum Internationalen, Europäischen und Öffentlichen Recht

Herausgegeben von Eibe Riedel

Band 1 Christian Jutzi: Das Brandwaffenprotokoll: Regelungen und Verbindlichkeit. 1997.

Band 2 Jutta Schumann: Faktische Gleichberechtigung. Die Grundgesetzerweiterung des Art. 3 II S. 2. 1997.